中国社会科学院创新工程学术出版资助项目

马克思主义专题研究文丛

马克思主义文艺理论研究

（第2辑·2012）

陈众议 主编

中国社会科学出版社

图书在版编目(CIP)数据

马克思主义文艺理论研究（第2辑·2012）/陈众议主编.—北京：中国社会科学出版社，2013.6

ISBN 978-7-5161-2730-8

Ⅰ.①马… Ⅱ.①陈… Ⅲ.①马克思主义理论—文艺理论—理论研究 Ⅳ.①A811.691

中国版本图书馆CIP数据核字(2013)第112787号

出 版 人 赵剑英
责任编辑 赵 丽
责任校对 石春梅
责任印制 李 建

出 版 中国社会科学出版社
社 址 北京鼓楼西大街甲158号（邮编100720）
网 址 http://www.csspw.cn
中文域名:中国社科网 010-64070619
发 行 部 010-84083685
门 市 部 010-84029450
经 销 新华书店及其他书店

印刷装订 北京一二零一印刷厂
版 次 2013年6月第1版
印 次 2013年6月第1次印刷

开 本 710×1000 1/16
印 张 18.25
插 页 2
字 数 305千字
定 价 57.00元

前　　言

以毛泽东、邓小平、江泽民为核心的党的三代领导集体和以胡锦涛同志为总书记的党中央始终高度重视党的理论工作，重视全党对马克思主义理论的学习和研究工作。

2004年1月，《中共中央关于进一步繁荣发展哲学社会科学的意见》下发，并决定实施马克思主义理论研究和建设工程。

为贯彻落实党中央关于把中国社会科学院努力建设成为马克思主义坚强阵地、党和国家的思想库智囊团、哲学社会科学的最高殿堂的要求，中国社会科学院采取了一系列重要措施。2009年初决定把加强马克思主义理论学科建设与理论研究作为一项重要工作来抓，并成立中国社会科学院马克思主义理论学科建设与理论研究工作领导小组。领导小组成立后，一方面注重抓好马克思主义理论学科组织机构的建设，设立马克思主义理论类别的研究室和中心等；同时又注重马克思主义基础理论研究。

为了推进马克思主义基础理论研究，决定从2011年开始编辑出版《马克思主义专题研究文丛》，每年收录全国范围内相关学科领域具有代表性的文章。

中国社会科学院马克思主义理论学科建设
与理论研究工作领导小组
2011年9月

目　　录

三　西方马克思主义文艺理论与文化研究

文学原理学批判·导言(代序)

陈众议

文学（或诗学——下同）原理学的首要任务是回答文学是什么，以及文学何为、文学何如等诸如此类的问题。文学（诗——下同）言志，但也能抒情；它有用，但又分明是无用之用；它可以载道，同时还可能指向消遣，等等。凡此种种，说明任何表面上足以自圆其说的文学命题或理论体系，完全可以推导出相反的结论。

由是，迄今为止的文学原理学也每每拘牵于配莱师式的共时性平面叙述，从而难免陷入形而上学的矛盾，譬如前面说到的言志与抒情、有用与无用、载道与消遣，以及写实与虚构、崇高与渺小、严肃与通俗、内容与形式、情节与主题，甚而悲剧与喜剧、人学与物象、传承与创新，等等，时至今日，均可能找到截然相反的佐证。因此，即使各种诗学或比较诗学、文学概论或原理学著作如雨后春笋，却基本未能摆脱如上悖论或类悖论所构成的重重障碍，从而偏离了探寻文学规律、接近文学真谛的可能性。换言之，当文学什么都是时，它也便什么都不是了。这是目下文学的尴尬，也是文学批评、文学原理缺乏标准或放弃高度、自由坠落的窘态。

当然，也许文学不乏不变的因素，而共时性铺陈有利于展示这种因素；但同时文学终究又是变化的，如何发现和归纳这些变化恰恰是文学原理学的要务和难点。换言之，共时性铺陈（譬如将孔子和德里达并置）不仅需要，而且相对简单易行；但若文学原理学仅止于斯，那么发展规律的揭示也就付诸阙如了。

事实上，无论文学多么玄妙、如何言说不尽，它终究是历史的产物。其规律并非羚羊挂角无迹可寻。童年的神话、少年的史诗、青年的戏剧（或格律诗）、成年的小说、老年的传记是一种概括；自上而下、由外而内、从宽到窄、自强到弱、由大到小等，也不失为是一种规律。一如被幽暗的森林（及其狮、豹、狼）阻断前途的但丁必得经历史的维吉尔相助方能豁然；规律的探寻离不开历史的维度。也就是说，文学的言志与抒情、有用与无用、载道与消遣等既可能并行不悖、彼此兼容，但也完全可能形同水火，构成二律背反，恰似矛之于盾、盾之于矛。并行不悖或此消彼长也罢，二律背反或对立统一也好，文学原理只有在历史和时代社会的纵横坐标中才能道明说清。反之，一旦置概念于学术史与现实诉求（或语境）这两个维度之外，接近文学规律或文学真谛的努力也就付诸阙如了。

一

除前面提到的种种悖论外，更有一些伪概念、伪命题困扰着我国文坛。

伪命题之一："民族的就是世界的"。

人们大多将此命题归功于鲁迅，但鲁迅的原话是："现在的文学也一样，有地方色彩的，倒容易成为世界的，即为别国所注意。打出世界上去，即于中国之活动有利。可惜中国的青年艺术家，大抵不以为然。"(《致陈烟桥》)①

然而，笔者不妨就此进行一番逻辑推理："民族的就是世界的"或"越是民族的就越是世界的"符合逻辑（甚至逻辑得像废话），但似乎并不合乎实际。反之，"民族的不是世界的"或"民族的并不一定是世界的"，倒听起来像悖论，譬如白马非马或绿叶非叶，但事实又常常如此。换言之，正如各色叶等与叶的关系、各色人等与人的关系，任何民族都是世界的组成部分，反过来说，世界也理应是各民族之总和。这就是说，民族与世界，本应是个别与全体的关系，但现实常常不尽如是，它有所偏侧。于是，世界的等于民族的似乎更符合实际；至于世界是谁，请允稍后再禀。

伪命题之二："没有继承就没有创新"。

创新确实离不开继承，这是常识。然而，继承针对已然和过去，创新面向不曾和未来；二者的关系究竟如何却非三言两语可以说清，故而它往

---

① 《鲁迅全集》第12卷，人民文学出版社1981年版，第391页。

往只是人们随口一说，却缺乏学理支撑和深入探赜的“常识”。

伪命题之三：“形式即内容”。

这是现代文学的一个重要命题，与文学性（甚至现代性）等重要话题密切关联。反过来说，20 世纪西方学界围绕文学性的讨论大抵与此有关，当然问题的提出可以追溯到浪漫主义、启蒙运动、古典主义甚至更早，比如巴洛克艺术等。

如此推论听起来像诡辩，却可使“常识化”的命题成为问题。类似情况多多，而笔者之所以拿上述三个伪命题为例，主要是因为它们有一个共同的指向，那就是传统（广义的民族传统或狭义的文学传统）。其次，它们及诸如此类恰似芝诺悖论或罗素悖论，一经提出就可能入心入脑，引发思考，而且事实如此。然而，很多人在使用术语、概念、理论时并不关心它们的来龙去脉；一如小和尚念经，有口无心。在日常生活中，我们也经常犯同样的错误，一是轻视常识，二是缺乏常识（当然常识本身也有被否定的）。这两者皆可以通过传统这个问题来加以说明。但这需要基本的学术史精神。随便举个例子，如果说我们的传统源自三皇五帝，至少我们得清楚三皇五帝是谁。而事实上，笔者发现大多数同胞根本不知道三皇五帝是谁。即使学术界没有定论，言者亦当自知，就像我们列举的三个悖论：随口一说是一回事，知其然是另一回事，而所以然的追问与思考却常常是阙如的。

回到三个伪命题，一方面它们及诸如此类为文学批评构筑了形而上层面的巨大空间，但也对文学批评及其理论体系的建构构成了威胁。之所以选择这些命题作为切入点，无非是因为它们指向共通的文学及文学批评之纲。所谓纲举目张，没有制高点，就无法厘清错综复杂的文学历史、缤纷如梦的文学现状。而所谓的纲，就是规律、原理。这是将复杂问题简单化的一种方法。然而，迄今为止，笔者所见到的文学批评理论都有一定局限性，这是自然的。因此，相对特殊的个案、现象，既可能佐证，也可能解构它们所提供的概念或原理。这是当今文学批评理论和整个文学王国所面临的复杂局面。这是因为，古今中外的文学原理大都热衷于回避规律的提炼与探究，而是将复杂化的问题简单化。就拿“民族的就是世界的”这个命题而论，即使民族（比如中华民族）的概念是基本清晰的，世界的概念却是模糊的、不确定的。首先，世界是谁？是所有国家吗？非也。在很大程度上，现在的所谓世界实际上只是西方。在这个跨国资本主义时代，真正的世界，即作为绝大多数的发展中国家正不同地面临两难选择：顺之，可能被化；逆之，可能被灭。真正的多元早已不复存在。由此可见，真正的马克思主义文学原理也远未建立。

古来大哲多热衷于探寻文学真谛，盖因文学最敏感，其触角直击世道人心，被誉为时代晴雨表。如此，有关文学原理的讨论如长江之水从远古走来，向未来奔去，滔滔不绝。中国古典诗学被认为发轫于老庄和孔子，西方诗学则明显起自柏拉图和亚里士多德。此等滥觞随着历史的沿革不断丰富乃至汇集成目下的汪洋大海。在此过程中，德国古典哲学的思辨传统和俾斯麦时代建立的学术史范式使美学在本体论和方法论两个维度上完成了交织与融合。但这种学术史范式在我国学术研究中还相当欠缺。

为说明问题起见，不妨缩小范围，拿近百年影响我国文坛的文学原理说事。从1925年马宗霍先生发表首部现代意义上的《文学概论》到1953年苏俄作家季莫菲耶夫的《文学原理》的引进、1964年以群的《文学的基本原理》或波斯彼洛夫的同名著作或蔡仪的《文学概论》（发表于1982年，但实际写作时间为20世纪60年代）到现如今令人眼花缭乱的文学原理、文学概论或诗学、诗论等，洋的、土的、古的、今的，可谓汗牛充栋。下面笔者姑且以我们相对熟识的近百年历史为经，以三种代表性著述所蕴含的时代为纬，来简要假说文学原理及批评理论、批评方法的局限。

首先是马宗霍先生的《文学概论》，它凡三篇，由“绪论”、“外论”和“本论”组成。作者试图将本体论与方法论相结合，但因攫取的几乎皆为中国本土材料，且偏重于文字学方向，故而略嫌褊狭。虽如此，然作为首创，他却功不可没。在界定完一般意义上的文与学之后，作者认为凡文学者，“一属于知，一属于情。属于知者，其职在教。属于情者，其职在感”①。在“法度”章中，作者认为文学既不可无法，也不可泥法；复在“内相”章中说到古来文学一曰有神，二曰有趣，三曰有气，四曰有势；又在“外象”章中归纳出四曰：即声、色、格、律。如此等等，基本以汇集古来文人学者并各家之说而成，尽管偶尔也会牵涉西洋人等的相关点滴学说。此类以中国古典诗学观念为基准的文学原理学延绵不绝，且愈来愈多地同西方诗学杂糅。当然，坚持中国诗学体系纯粹性（包括材料和认知）的学者依然不在少数。比如，认为中国有独立完备的诗学体系，相关

① 马宗霍：《文学概论》，商务印书馆1935年版，第6页。

观点不仅足以与西方各色流派对应，而且在神韵、意境、风骨、气势等方面具有相对广阔的审美的维度。但从方法论的角度看，它们基本是配菜师的做法，缺乏纵深感（即学术史意识），比如说到修辞，它们可以将孔子、刘勰、归庄等并置一处，全然不顾之间的承继与变异；说到意境或其他也是如此。殊不知同样一个美字，古今中外的认知却是同少异多。再说美是客观的还是主观的？如果是客观的，为什么萝卜白菜、燕瘦环肥各有所爱？如果是主观的，为什么青山绿水人见人爱、窈窕淑女君子好逑？虽然难有定论，但若不顾时代的偏侧、历史的衍变，单说文艺司美又有什么意义？况且近百年来许多被定于一尊的所谓现代经典不仅彼此殊异，而且与古典美学的界定大相径庭。

其次是蔡仪先生的《文学概论》。正所谓“时运交移，质文代变”，蔡仪先生的这部文学概论在原理性揭示方面广泛接受马克思主义文艺观，尽管这一文艺观带有鲜明的苏联色彩。作品凡九章，是谓“文学是反映社会生活的特殊的意识形态”、“文学在社会生活中的地位和作用”、“文学的发生和发展”、“文学作品的内容和形式”、“文学作品的种类和体裁”、“文学的创作过程”、“文学的创作方法”、“文学欣赏”和“文学批评”。其中，第一章开宗明义，认为文学与社会生活的关系是文艺理论的一个最根本的问题。① 也就是说，文艺的首要标准是反映生活，而且是客观的社会生活。这里最重要的当然是客观这个词。且不说客观是相对的，即使照相也有光与对象与角度等诸多因素构成，遑论作为语言艺术的文学。在这一时期的文学原理或文学史写作中此类问题多多，但根本的问题仍是学术史方法的缺失，盖因单就西学而言，客观论从摹仿说到反映论经过两千多年的沿革，甭说还有不少后续者，譬如20世纪泛而滥之的超现实主义、超自然主义（也即超级现实主义、超级自然主义）等。

最后是董学文、张永刚先生的《文学原理》。这是我国近一个时期出版的诸多《文学原理》当中的一部，拿它作个案有一定的任意性，也就是说视它为之一并不意味着多少特殊的价值判断。这部作品显然自觉地糅进了西方文论的不少精髓，并从“文学的本体与形态”、“文学的客体与对象”、“文学的主体与创造”、“文学的文本与解读”、“文学的价值与影响”、“文学的理论与方法”六个方面阐释中外文论，演化出文学的观念与

---

① 蔡仪：《文学概论》，人民文学出版社1983年版，第1页。

现象、真实与超越、语言与修辞、形象与意境、体裁与类型、通俗与高雅、游戏与宣泄、阐释与批评等数十个话题。其中有关“言、象、意”，“作家、文本、读者”等尤为明晰地糅合了古今中西文学思想。但作者在解释文学理念、文学现象时总体上是以西方现当代文艺理论为主要参照的，而且是平面化的和相对任意的攫取。换言之，从方法论的角度看，这样的原理依然缺乏基本的学术史维度，依然像是在文学概念的版图上指点江山，因而依然缺乏纵深感、历史意识和唯物辩证法思想（这正是马克思在《黑格尔法哲学批判》中所批判的）。反之，真正的历史意识、问题意识必须尽可能地置概念、问题于历史当中，比如文本一词，假使你还有起码的作家关注、读者关注，那么就应该尽量回避之，盖因它是形式主义美学崛起之后，尤其是结构主义强调作品独立性时常用的一个称谓；再比如同样这些个话题，完全可以取法学术史方法，在来龙去脉中去粗存精、推导规律。当然，这并非否定他们在兼容古今中外、厘清文学研究与文化研究的关系及扬弃文学研究碎片化、去原理化等方面所作出的努力和贡献。但这只是个新的开始，用作者的话说，“对文学原理某些从思辨性讨论转向实证性研究的趋势并没有表明文学基本理论的探索已经完结。相反，实践表明文学原理基本概念、深刻内涵、应用前景及其新形态的展示，还远未被发掘出来，一个很大的必然王国还摆在我们面前”①。既然必然王国尚在前方，那么我们距离自由王国必定还很遥远。由是，他们提出的文学功利性与非功利性、文学感性之象和理性之意以及文学认识和评价等问题当然也远未解决。

以上所述，无论是将复杂的问题简单化，还是将简单的问题复杂化，都是相对之谓。时间关系及篇幅所限，笔者不能，也无须就迄今为止多如牛毛的文学原理著述进行更多的概括与评点，但归根结底，一切文学原理终究是为了研究、总结和引导文学批评，梳理、概括和揭示文学创作的基本规律（认知、鉴赏和评判文学经典亦在其中）。有鉴于此，并有鉴于目前我们面临的困境，笔者首先就一个不大不小的问题展开讨论：传统的界定与重估。

---

① 董学文、张永刚：《文学原理》，北京大学出版社 2001 年版，第 1、第 25—26 页。

二

传统关涉了几乎所有文学原理以及文学批评的诸多悖论。这是由传统的内涵外延所决定的。因此，我们必须首先对它作一点梳理，进而确定文学及文学批评的基本范畴（包括认知、价值和审美判断等）。非如此，一切文学创新、理论创新便无从谈起。

不消说，我们几乎天天都在谈传统，天天活在传统之中。但就传统这个东西而言，却非三言两语可以道尽，远不及“黑头发、黑眼睛、黄皮肤”那么来得容易（尽管《现代汉语词典》的解释只有二十三个字：“世代相传、具有特点的社会因素，如文化、道德、思想、制度等”）。盖因传统并不具象，它和文化、道德、思想一样抽象。而词典所说的社会制度、社会因素又恰好是变迁的。从这个意义上说，笔者宁可相信一切传统归根结底都是时代的选择（就像克罗齐说“一切历史都是当代史”），而非简单的世代相传（用赫拉克利特的话说，“人不能两次踏进同一条河流”）。换言之，它或它们取决于时人对古来（包括境外）思想、习俗、经验、常识等诸如此类的认知和接受。汉武帝时由“黄老之学”转为独尊儒术是中国古代的一次巨大的思想运动。太史公以“究天人之际，通古今之变”，“稽其成败兴坏之理”记述了这次巨变，从而否定了董仲舒“天不变，道亦不变”之谓。魏晋玄学及众多谶纬之术的流行则多少应该归功或归咎于时人对释道等传统思想的借鉴或歪曲。一如马克思只有一个，但不同民族、不同时代可以有自己的理解和侧重；文学的诸多原理、诸多经典同样面临时代和接受的偏侧。后者确实可以反过来丰富前者；但无论如何，这种丰富（或“民族化”、“中国化”）的底线终究应该是合理的互动，否则就会滑向极端主义（譬如相对主义或实用主义、虚无主义或机会主义，后现代主义，我们曾经奉行的“马克思主义”，等等）如是，窃以为传统恰似万花筒，古来（包括外来）的那些“玻璃片”是相对客观的（比方说我们暂且可以将我们传统的一个重要发端设定在先秦，尽管先秦及诸子对于之前的传统也是有取舍、有推演、有鼎新的；后来又加上了佛教以及印欧或古希腊文化、两河流域或犹太—基督教文化，甚至还有晚到的伊斯兰文化，以及近现代的科学理性等，这就已经相当庞杂），但它们应后来人等演化出的斑驳景象却主要是时世的取舍。这里不存在简单的好与不好、是与不是问题，关键在于立场。问题是，伟大的文学传统似乎往往在鼎新中取法保守，因为文学很大程度上是由情感因素决定的，其基础、载体或基因（那便是记忆，或者主要是记忆）才是决定性的；尽管特殊的认知和时尚、价值观和审美观等也很重要，它们总能更快地随时迁移并击败情感、左右世道人心，从而空留下王国维们孤雁似的悲鸣在苍穹回荡。

在跨国资本主义时代，没有什么可以幸免“全球化”的影响，文学也是如此，甚至首当其冲。这就牵涉“全球化”（本质上即跨国资本主义化）时代的伪多元问题。关于这个问题，这里也只能点到为止。比方说微博，表面上看，它是自由多元的见证，加上五花八门的小报小刊，这世界确实充满了喧哗与骚动、自由与狂欢。但事实上主宰这个世界的唯有资本及其支配者。当然，坚船利炮依然重要。

且说文学与社会政治、世道人心的关系。远的不论，苏联及华约的解体、阿拉伯世界的所谓民主化裂变，文学及文学批评的作用不容忽视。拿利比亚来说，生于1942年的前作协主席和卡扎菲的次子一样曾留学英国，他表面上与卡扎菲过从甚密，但内心深处却牢骚多多、早有异心。20世纪90年代，他在三部曲（《我将献给你另一座城市》、《这是我的王国》、《一个被女人照亮的隧道》）中就表现出了明确的离心力，除了在第二部中描写到一个没有秘密警察、没有政治迫害、没有强权统治的乌托邦之外，其余笔墨均落在知识分子的两难处境：一边是现代生活，一边是传统习俗；一边是西方价值，一边是伊斯兰教。埃及的纳瓦勒·赛阿维达则索性早早地与伊斯兰传统决裂，她自然也就得到了西方更大的欢迎，甚至激赏。还有刚刚斩获奥斯卡最佳外语片金像奖的伊朗影片《分居风暴》（《纳德和西敏：一次别离》）表面上说的是普普通通的一场夫妻分居风波，却被无如的烦恼和无奈的遭遇巧妙地擢升到情与理、情与法以及利与德、利与信的高度。除却看不见的阿訇和看得见的法官，所有人（包括老人和孩子）都显得很可悯、很无辜。当然，影片之所以得到西方的青睐，导演阿斯哈·法哈蒂与伊朗政府的摩擦是原因之一。此外，作为故事导火线（或前提）的“离开伊朗”则意味深长，尽管很容易被人忽略（妻子执意带着女儿离开伊朗，丈夫却因无法割舍罹患老年痴呆症的父亲及生活习惯等原因不与认可。女方因此提出离婚诉讼）。

人类社会的许多情况可以通过政治经济学、社会学、统计学等专门学科来描述和计算，唯世道人心非文学艺术不能反映。至于反映得如何，则取决于作者的立场、观点、艺术水准和审美取向。顺言之，我们的许多“大片”，除了投资规模大得惊人，而且愈来愈大，内涵却常常小器得可怜，不仅不能让人感同身受地体味鲜活的生活；即使拍人马屁，都不知道怎么拍、往哪里拍。而苏联后期的去意识形态化写作（其实是另一种意识形态）与白银时代作家及俄国形式主义批评的走红，联手瓦解了社会主义现实主义等（社会主义现实主义的主旋律，即文艺自身的问题另当别论）。同样，苏联晚期的文学批评率先为戈氏“新思维”提供了温床。“人心向背”，犹如冰冻三尺非一日之寒。文学在此过程中像寒风，似冻雨，潜移默化，润物无声；批评则不同，它好比哲学，具有更为鲜明、更为直接的意识形态属性。这是毋庸置疑的。如是，一旦时机成熟，批评的武器对于上层建筑便是烈火对干柴，而哗啦啦大厦倾覆多为一朝一夕之工。但后者的发生，往往还要从世道人心中去找答案，当然经济基础和上层建筑的矛盾等是更为客观，也更为重要的因素，文学艺术则如盐入水，虽化于无形，却可使其咸度陡增。正所谓人心似水，可载舟，亦可覆舟。这也是唯物辩证法的基本原理。

对于这样一些问题，我们却很少深究（即使究过，也没有究好），倒热衷于把巫不巫傩不傩、求仙拜佛做道场、装鬼弄神测八字当作民族传统、文化遗产，以致家国旗幡与坊间知行大相径庭、人心人口判若霄壤。于是，一边是“五个一工程”，一边是超女和穿越、无厘头式的帝王将相和哼哼唧唧的才子佳人；一边是雷锋、郭明义，一边是封建迷信肆虐、谶纬之术泛滥。这表面的多元共存似乎有利于一时一地的和谐安定、文化繁荣，实则却是自毁长城、自折脊梁。

如今，资本逻辑与技术理性合谋，并与名利制导的大众媒体及人性弱点殊途同归、相得益彰，正推动世界一步步走向跨国资本主义这个必然王国，甚至自我毁灭。于是，历史必然与民族情感的较量愈来愈公开化、白热化。这本身构成了更大的悖论、更大的二律背反，就像早年马克思在面对资本主义及其发展趋势中所阐述的那样。君不见人类文明之流浩荡？其进程确是强制性的，不以人的意志为转移。不宁唯是，强势文化对弱势文化的压迫性、颠覆性和取代性来势汹汹，却本质上难以避免。这一切古来如此，在可以预见的未来仍将如此，就连形式都所易甚微。这在全球化时代更是显而易见。我们当何去何从？我们的文学和文学批评当何去何从？

这本来就是个难以回避的现实问题。逆时代潮流而动？明知不可为而为之？不错，这才是笔者心目中真正的君子之道、文学之道（正是在这个意义上，笔者一直认为伟大的文学往往是保守的。（见《下现实主义与经典背反》，《当代作家评论》2010 年第 6 期；《保守的经典　经典的保守》，《当代作家评论》2011 年第 5 期，等等）然而，令人担忧的是，我们的文学及文学批评正一点点丧失立场和职责，甚至完全扯下遮羞布、欢天喜地地以资本（或谓市场）的帮凶、同谋、吹鼓手的面目招摇过市。

反过来说，倘非村上春树或赛阿维达或波拉尼奥似的“国际化”（实则是西方化），我们的文学能轻易走出去吗？笔者看难，而且千难万难。这牵涉我们对时代社会主要矛盾的认知。在笔者看来，我们所面临的最大国际矛盾发生在民族利益、民族情感同跨国资本及其主要支配者所奉行的资本逻辑之间；最大的内部矛盾则是经济基础与上层建筑的严重错位，乃至尖锐对立。这些矛盾在社会的各阶层、各领域或多或少、或深或浅地因生产关系和认知方式、价值取向、生活习俗等变得错综复杂。文学及文学批评领域亦然。

这对于所有重情重义之人都是一种可怕的现实。而我们要做的和能做的便是尽可能地从学术史的角度“还原”人（即社会人）或由各民族文学组成的真正的世界文学的进化过程及其要因（而不仅仅是他或它的所谓“本来面目”），从而尽可能地通过“熏、浸、刺、提”守护民族利益，守望民族理想，让中华民族及其文学在自由王国到来之前不至于变成无根之萍；甚至随风飘荡，任人蹂躏、拿捏、遗弃的散沙。庶乎既见树木，又见森林及其然与所以然（尤其是所以然）；这便是呼唤既有纵向概括，也有横向观照的文学原理学的理由。但是，这并不容易，否则富有思辨和学术史传统的德国学者当不致怯而避之（当然，其中或则还有学术立场等诸多方面的原因）。

总而言之，批评的悖论也即文学的悖论、文化的悖论。遥远的本体暂且不论，文学缘何发展至目下这个样子？它与生产力及人类社会的历史演革、发展方向的关系如何？文学有外部规律和内部规律之分吗？如果有，它们如何交融？文学的历史本质上是经典的历史，文学的原理本质上也是经典的原理。那么，从发生学的角度看，经典（及某些“经典”的非经典化过程）是怎么产生的呢？它们同传统（包括外来影响，如果有的话）及时代社会（包括被称之为“通俗”的大量时代文学）的关系如何？从传播学或影响学的角度看，它们的影响力与接受土壤或环境的关系又如何？还有，经典的特殊性与普遍性、民族性与世界性又是怎样一种关系？它们是时代的、民族的还是永恒的、普世的？如果是时代的、民族的，为什么莎士比亚是说不尽的？如果是永恒的、普世的，为什么（尽管它早已被移译至几乎所有西方语种）《红楼梦》并不被西洋人看好？既然经典的阅读和阐释是变化的，而且了无止境，那么文学原理（或批评）的基础又在哪里？传统中学和西学对经典的界定方式有何区别？在文学的世界里有中国立场、中国利益、中国价值、中国审美吗？有没有是一回事，要不要是另一回事。如果有，如果要，那么它们的可能性及其内涵外延是什么？其边界或底线又在哪里？凡此种种，以及众多相生相克的重大问题，譬如载道与消遣、内容与形式、崇高与戏谑、写实与虚构、陌生与熟悉，精气神与书言意、法理情与情理法、真善美与假恶丑等诸多关系及其界定方式与演变规律都远远没有被揭示出来或阐释清楚。还有众多在传统诗学中至为重要的概念和因素，如小说和戏剧中的人物和情节、旨趣和细节，诗歌和散文中的风格与韵律、辞藻与意境等，都没有得到应有的梳理和研究（笔者指的是学术史意义上的梳理和研究）。迄今为止，文学原理及文学史书写中的潮起潮落，譬如形形色色的肯定与否定、内相与外延、现实主义与浪漫主义、新柏拉图主义与新亚里士多德主义等，也都是悬而未究的问题。

于是，天地玄黄，宇宙洪荒。且不论能不能产生伟大作品，即使产生，也只会明珠暗投。于是，人们当然可以在似是而非或似非而是中开掘与发现、构筑与填充文学的无限空间，以至于你好我好大家好、不痛不痒不刺人的好好批评和说东说西不说理、能叫能喊不能提（升）的恶搞谩骂充斥文坛，具有高度的民族立场、文化自觉和鲜明的学术观点以及与之相适应、相匹配的学术方法的批评少之又少，更谈不上有多少令人心悦诚服的批评或原理学批评；但伟大文学（包括文学批评）的神圣使命，无论有意无意、隐性显性，都是致力于拥抱或创造规律、总结或预见规律的伟大探险。这中间充满了不同立场与方法的博弈。

这就又回到了批评与创作的关系，它不仅影响着作为基础的文学原理、文学理论体系的建构，而且直接考验作家、批评家的立场与方法、情趣与心志；屈为比附，面对自然循环、民族兴衰，他（或他们）可以是东郭先生，也可以是猎人；可以是旁观者、豢养者，也可以是逃兵或叛徒，等等。再屈为比附，古来文学原理与文学创作的关系有如抽象人与实际人

（社会人）的关系。前者重在概括人的共性，只是偶尔兼顾其差异性；而后者却把主要矛头指向了差异性，尽管有时也会兼及共性。广义的批评本该两者兼顾，却始终没有做到，盖因前者未及有效抵达必然王国，而后者距离自由王国还十分遥远。关于这一点前面已经说过。首先，迄今为止的种种文学原理好比抽象的人论，大都将注意力集中在人的动物性与社会性，譬如人的五官六感、五脏六腑、七情六欲，玄一点儿的还有气血、阴阳、经络等。其次，文学创作无论多么特殊，终究是生产力和社会发展水平的表征，无论怎么幻想、穿越，也不能拽着自己的小辫离开地面。

三

最后回到悖论或伪命题，若非从纯粹的地理学概念看问题，这世界确实不常是所有国家、民族之总和。在很大程度上，现在的所谓世界文化实际上只是西方文化。而且如前所述，强势文化对弱势文化的压迫性、颠覆性和取代性不仅气势汹汹，且本质上难以避免。至于文学，它充其量只是世道人心的表征，并在一定程度上影响世道人心，却终究不能左右世道人心、改变社会发展的这个必然王国，而自由王国还非常遥远。

现在笔者不妨拿《红楼梦》为例。十八、十九世纪姑且不论，除凤毛麟角似的汉学家外，试问有多少西方作家或学者喜欢甚或通读过《红楼梦》。乔伊斯？卡夫卡？普鲁斯特？马尔克斯？卡尔维诺？还是巴赫金或韦勒克或布鲁姆或伊格尔顿？博尔赫斯倒是读过，却认为《红楼梦》是典型的幻想小说。反之，中国作家、批评家又有哪个不是饱读洋书，哪个不是对西方经典如数家珍？

显然，中西之别是毋庸置疑的客观存在。关于这个问题，已然是说法颇多。稍加引申，即有“黄土文明”和“海洋文明”、“内敛文化”和“外向文化”；以及中国人重综合，西方人重分析，等等。但这样的二元对立同样很不可信，尽管一定程度上（完全是相对而言）中国的内敛以农耕为基础，西方的外向以扩张为取向。农耕文化崇尚自给自足，这一点西方人早就心知肚明，盖他们同样经历过重农轻商的前工业时代。但近代西方得风气之先，从而藉工业文明称霸世界。

光阴荏苒，时间流水般一晃又过去了诸多岁月。如今，跨国资本汹涌，中华民族面临更大，也更严峻的考验。自给自足的小农经济一去不复返了。无论愿意与否，中华民族都必须敞开血脉。即使不以扩张为目的，由内向外的转变却难以避免。而这正不可逆转地改变着我们的传统、我们的性格、我们的一切。比如，中华民族及其民族认同感曾较为牢固地建立在乡土乡情之上。这显然与几千年来中华民族的文化发展方式有关。从最基本的经济基础看，中华民族是农业民族。中华民族故而历来崇尚“男耕女织”、“自力更生”。由此，相对稳定、自足的“桃花源”式的小农经济和自足自给被绝大多数人当作理想境界。正因为如此，世界上没有第二个民族像中华民族这么依恋故乡和土地。同时，因为依恋乡土，我们的祖先也就相对追求安定、不尚冒险。由此形成的安稳、和平的性格使中华民族（尤其是汉族等）大大有别于一般游牧民族和域外商人。反观我们的文学，最撩人心弦、动人心魄的莫过于思乡之作。如是，从《诗经》开始，乡思乡愁连绵数千年而不绝，其精美程度无与伦比。“昔我往矣，杨柳依依；今我来思，雨雪霏霏”（《诗经》）；“露从今夜白，月是故乡明”（杜甫）；“举头望明月，低头思故乡”（李白）；“春风又绿江南岸，明月何时照我还？”（王安石）如此等等，不一而足。当然，我们的传统不仅于此，重要的经史子集和儒释道，仁义礼智信和温良恭俭让等都是中华传统文化的组成部分。而且，这里既有六经注我，也有我注六经；既有入乎其内，也有出乎其外，三言两语断不能含括。然而，随着跨国资本主义的发展，资本对世界的一元化统治已属既成事实。传统意义上的故土乡情、家国道义等正在淡出我们的生活，麦当劳和肯德基，或者还有怪兽和僵尸、哈利波特和变形金刚正在成为全球孩童的共同记忆。年青一代的价值观和审美取向正在令人绝望地全球趋同。与此同时，我们的文化取向也从重道轻器转向了重器轻道。四海为家、全球一村的感觉正在向我们逼近；城市一体化、乡村空心化趋势不可逆转。传统定义上的民族意识正在消亡。作为文学表象，那便是充斥的山寨版产品。它们较之有毒食品、伪劣货物更有过之而无不及。与此同时，批评界或轻浮或狂躁，致使伪命题及去心化现象比比皆是；文学语言简单化（却美其名曰“生活化”）、卡通化（却美其名曰“图文化”）、杂交化（却美其名曰“国际化”）、低俗化（却美其名曰“大众化”），等等，以及工具化、娱乐化等去审美化、去传统化趋势在网络文化的裹挟下势不可当。进而言之，作为我们民族文化根脉和认同基础的语言已然面临被肢解和淹没的危险。看看我们的文艺作品（比较极端的例子有新近“闪亮”登场的《亲密敌人》，而相对普遍的则是洋文充斥的夹生文学和某些网络书写），但凡敏感一点的、读过都德《最后一课》的人都会感到毛骨悚然，因为这才是真正的釜底抽薪。面对外邦入侵，都德藉人物“老师”之口对同学们说：“只要法语不灭，法兰西将永远存在。”而当今世界，弱小民族（部落）的语言正以高于物种灭绝的速度迅捷消亡。难道我们不应对自己的语言危机有所警觉吗？可怕的是事实并非如此。我们的许多知识分子尚且缺乏意识和警觉，况乎少男少女！诚然，即使是同处西方中心的西欧如法国、德国、意大利或西班牙等，像《亲密敌人》这样的影片恐怕也不会有人去导、去拍，且不说它所张扬的是那样一种浮世绘式的“尚贵”生活。凡此种种所导致的价值混乱和认知错乱愈演愈烈。中华民族又到了最危险的时候！

话已至此，我们还能睁着眼睛坦然地说民族的就是世界的吗？

当然，这种诘问和忧心不应排斥我们守护广义的、优秀的民族传统的努力。事实上，这种努力既非狭隘的民族主义，也非文化相对主义，而是守望真正的差异性、多样性的一种善意的诉求，无论它多么艰难。当然，这里有历史必然和情感诉求的矛盾。化解这些矛盾绝非易事，但一如马克思面对资本主义这个必然王国的态度，我们理应有所觉悟，有所行动。举凡城乡一体化，我们自然不能像诸多西方人类学家那样站着说话不腰疼，从而无视广大农民（在国外譬如印第安人）享受现代文明成果的要求。再举凡国际化，我们自然又不能盲目跟从西方模式，从而无视中华民族赖以生存的文化传统。总之，矛盾是客观存在的，但解决矛盾的方法取决于我们的立场。

本文旨在改变迄今一般文学原理或概论的平面叙述方式，即试图藉历史唯物主义和辩证法对历史的文学思想进行历时的梳理和共时的观照，以期探视文学的基本规律；但因文学原理所涉深广，且本人条件、学识所限，在此既不敢求全，也不想钻牛角尖，只能尽力取精用宏、以点带面。换句话说，这充其量只是一个粗陋的开始，倘得抛砖引玉，裨于读者思考、方家指评，则于愿足矣。

（文选特稿）

一

马克思主义文艺理论与当今时代

重读经典文本对发展马克思主义文艺理论的重要意义

陆贵山

马克思主义文艺理论具有宏观视野、历史意识、辩证思维、实践观点、批判精神等，这是它的强项、优势和独特的学术品格。借鉴西方文论和中国传统文论的理论资源，提升当代中国文学的实践经验，是推进马克思主义文艺理论建设的重要途径。重读、细读和精读马克思主义文艺理论的经典文本，对发展和重构马克思主义文艺理论具有十分重要的意义。

一　拓展马克思主义经典文本中的人学理论

马克思主义文艺理论的经典文本仍然具有蓬勃的生命力。经典文本是永远的，常读常新。由于历史和文化机缘的召唤和触发，我们可以从对经典文本的重新解读中，发现一些富有时代感和现实感的新思想和新的学术内涵。一方面，应当发挥马克思主义文艺理论的学理优势，使原有的强项变得更强；另一方面，应当通过对经典文本的再阐释，开拓和发掘马克思主义文艺理论著作中所蕴藏的、以往研究相对薄弱的理论空间，使其更加充实、完整和系统。

一些中外学者通常把马克思主义和马克思主义文艺理论归属为社会历史学派。这种论断大体是正确的，符合马克思主义和马克思主义文艺理论的实际情况。但这并不意味着马克思主义和马克思主义文艺理论中没有关于人学的思想、理论和观点。通过重读、细读和精读马克思主义文艺理论的经典文本，可以发现马克思主义的文艺论著中拥有丰富、深刻的人学理论和科学、系统的人学思想。梳理和提升这些人学理论和人学思想，对发展马克思主义文艺理论、优化和弘扬马克思主义文艺理论的人文精神、应对西方新人本主义思潮的挑战、寻求创新和发展的机遇，都有着重要意义，同时，这也是马克思主义文艺理论工作者的学术使命。

萨特曾断言，马克思主义“见物不见人”，独尊历史，无视人文。这种看法无疑是对马克思主义的误读。诚然，马克思主义特别强调社会存在的优先性和第一性的原则。但马克思主义并没有忽略人，而是把人放在历史唯物主义的框架里加以考察，认为人是历史的、现实的、具体的人。马克思、恩格斯把人的社会称为“作为主体的社会”①。

实质上，马克思主义的史学理论和人学理论、史学思想和人学思想、史学观点和人学观点、历史精神和人文精神是有机融合在一起的。

在马克思主义看来，人是历史的人，历史是人的历史。历史活动是人的历史活动。人的劳动、实践和生产活动被视为“人类生存的第一个前提”、“人类生活的第一个基本条件”、人类“第一个历史活动”。从这个意义上说，“劳动创造了人本身”②。“现代唯物主义把历史看作人类的发展过程。”③“在社会历史领域内进行活动的，是具有意识的、经过思虑或凭激情行动的、追求某种目的的人。”④“历史什么事情也没有做……创造这一切、拥有这一切并为这一切而斗争的，不是‘历史’，而正是人，现实的、活生生的人……历史不过是追求着自己的目的的人的活动而已。”⑤“历史中的决定性因素，归根结蒂是直接生活的生产和再生产”，同时也是“人自身的生产”⑥。

马克思、恩格斯既重视历史状态，也关注人的生态。当人的观念阻遏历史的发展时，他们主张通过社会革命，改变人的生存环境，推动历史转折和社会进步。恩格斯通过评论巴尔扎克的创作，列宁通过评论托尔斯泰的创作，都充分肯定了从封建农奴制向市民共和制的社会变革，从经济、政治、文化、道德等方面，展现了新兴的市民阶级取代腐朽贵族阶级的历史过程。当历史状态和社会境况压抑人的生存和发展时，他们又倡导人文精神、提振人文关怀，反对现实生活中的鄙俗气。马克思、恩格斯满腔热

① 《马克思恩格斯全集》第3卷，人民出版社1960年版，第42页。
② 《马克思恩格斯选集》第4卷，人民出版社1995年版，第374页。
③ 《马克思恩格斯选集》第3卷，人民出版社1995年版，第364页。
④ 《马克思恩格斯选集》第4卷，人民出版社1995年版，第247页。
⑤ 《马克思恩格斯全集》第2卷，人民出版社1957年版，第118—119页。
⑥ 《马克思恩格斯选集》第4卷，人民出版社1995年版，第2页。

忱地赞美和讴歌文艺复兴时代焕发出来的健全和高昂的人文精神，却对当时他们的祖国——德国人文精神的低迷感到焦灼和忧虑。恩格斯认为：这种积淀为习惯势力的鄙俗气是可怕的，即便是伟大诗人，“连歌德也无力战胜德国的鄙俗气；相反，倒是鄙俗气战胜了他……他的气质、他的精力、他的全部精神意向都把他推向实际生活；而他所接触的实际生活却是很可怜的。他的生活环境是他应该鄙视的，但是他又始终被困在这个他所能活动的唯一的生活环境里”①。“黑格尔……和他的同时代人歌德一样，拖着一根庸人的辫子。歌德和黑格尔在各自的领域中都是奥林波斯山上的宙斯，但是两人都没有完全摆脱德国庸人的习气。”②

马克思、恩格斯反对把历史拉向倒退的复古主义。他们抵制“用真正的田园诗的笔调”，“把已经在所有文明国家中成为严峻的社会变革的先驱者的现实社会运动，变为安逸的、和平的改变，变为宁静的、舒适的生活”③。他们警惕和抵制当社会变革风暴即将来临时，“反动势力便发出悲叹，祈求回到封建主义，回到美好的宗法式生活里，恢复我们祖先的淳朴的风尚和伟大的德行”④。

马克思、恩格斯非常重视人的解放问题。他们把人的解放问题理解为一种历史的运动。他们认为，从一定意义上说，共产主义不是学说，而是运动。归根结底，人的解放问题不是靠语言修辞和审美救赎所能实现的。

马克思主义的经典文本中包含极其丰富和重要的思想。马克思主义经典作家对理论包括语言所承载和叙述的理论与实践的关系的论断，特别富有启发意义。一方面，他们非常强调正确的、科学的、革命的理论的重要性。正确的、科学的理论是达到预期目的和实现变革蓝图的必要前提，好比过河的船和航行的灯塔。另一方面，他们也强调理论必须付诸实践。实践不仅是检验真理的唯一标准，而且是产生和实现真理的唯一途径。语言所承载的思想和理论都是有局限性的。理论和思想本身并不能实现什么东西。只有通过实践，转化为现实的物化形态，只有落实和兑现了的理论和思想才具有实效性，否则只能停留在人们的思维中和幻想里。语言承载着

---

① 《马克思恩格斯全集》第4卷，人民出版社1958年版，第256页。

② 《马克思恩格斯选集》第4卷，人民出版社1995年版，第218—219页。

③ 《马克思恩格斯全集》第3卷，人民出版社1960年版，第639页。

④ 《马克思恩格斯选集》第1卷，人民出版社1995年版，第183页。

的理论和思想所蕴含的意义、价值和作用是很不相同的：有的关乎人类的命运和社会发展的前途，有的则非常低微。即便是高超的理论和思想，也必须或只有通过实践，才能挣脱和超越人们的思维、心理和幻想的层面，变成现实生活中的事实。

人类的发展、时代的变迁、历史的转折和社会的进步都不是说出来和唱出来的，而是做出来的，是人类社会实践具有创造性的伟大成果。因为新事物和新人物的诞生不取决于理论本身的自我繁衍。“思想从来也不能超出旧世界秩序的范围：在任何情况下它都只能超出旧世界秩序的思想范围。思想根本不能实现什么东西。为了实现思想……就要有使用实践力量的人。”① 妄图通过审美乌托邦和审美救赎的理论预设来实现人的解放问题，只不过是被压抑又耽于幻想的知识分子的浪漫的美梦。正如马克思、恩格斯明确指出的：“否认纯理论领域内的解放”是“世俗社会主义的第一个原理”，“认为这是幻想”②。

二 发掘马克思主义经典文本中关于文艺内部规律的理论

马克思主义经典文本中关于文艺内部规律的论述是不多见或相对薄弱的。正因为如此，更应当从经典文本中挖掘和发现关于文艺内部规律的理论。应当承认，文艺是具有内部结构和内在因素的，存在着内部规律。矛盾分为内部矛盾和外部矛盾，事物演变的原因分为内因和外因。实质上，文艺的外部规律即是文艺存在和发展的外因，文艺的内部规律即是文艺存在和发展的内因。著名文艺理论家杨晦曾把文艺的外部规律和内部规律比喻为地球公转和自转的关系，对我们颇有启发。一方面，应当尊重文论家们研究形式语言符号等特殊的内部规律所取得的学术成果；另一方面，也要防止和克服在强调文艺普遍的外部规律时，忽视对文艺特殊的内部规律的研究。问题的关键在于正确地理解和阐发文艺的内部规律和外部规律的相互关系。

① 《马克思恩格斯全集》第2卷，人民出版社1957年版，第152页。

② 同上书，第121页。

（一）关于形式和内容的理论

形式和内容的关系是辩证关系。经典文本中关于内容和形式的主要观点是：内容决定形式，形式依赖于内容，同时形式对内容具有反作用；内容是相对稳定的，而形式却是相对活跃的。新内容可以利用旧形式，新形式也可以表现旧内容。形式和内容的关系是复杂的，但两者之间的基本规定是不可随意消解、颠倒和互易其位的。即便是从审美的意义上说，尽管审美具有相对意义上的独立性和自主性，但这种特殊规律应当是对普遍规律的丰富和补充，而不应当是对普遍规律的否定和颠覆。在形式和内容的辩证关系中，内容起着主导、制约乃至决定的作用。

一些当代著名文艺理论家也没有超越马克思主义关于形式和内容的理论原则。詹姆逊在 20 世纪 70 年代初的《马克思主义与形式：20 世纪辩证的文学理论》一书中倡导“辩证的文学理论”，强调作品本身的辩证的统一性和整体性，形式与内容的适应性和社会历史因素对构成形式的根源性。他认为，形式作为与内容相对应的“深层的社会和历史结构的符号”，实际上是内容在上层建筑领域的完成。形式主义的探索，深化和细化了对文学形式的研究，丰富和拓展了文学外形式和内形式的理论空间。有选择地、批判地吸取这些成果，对发展内容和形式的辩证关系颇有裨益。

但有些形式主义的理论却极端地夸大了形式对内容的改制和重组的作用。完全脱离内容的形式实际上是不存在的。至于“内容是完成了的形式”和“内容是有意味的形式”等界说，在肯定形式组构作用的同时，也不可能排除“内容的意味”。诚然，在反作用的意义上，可以适度强调形式对内容的征服。席勒为了追求人的“审美自由”，曾在《美育书简》中表达和抒发“靠形式完成一切”的奢望。受到康德和席勒的形式主义美学思想的影响，以海德格尔为代表的浪漫主义诗学，都无限度地夸大了文本、形式和语言的作用，使作品中的内容被淡化和弱化，同时泛化和强化了主体的随意性，不同程度地消解了客体的先在性和对创作的制约性。

（二）关于文本和语言的理论

语言本来是人的语言，本来是人的世界的语言。西方的“语言学转向”，尽管深化和细化了对语言的研究，但又极端地夸大了语言的作用和功能，实质上把语言与人的关系和语言与人的现实世界的关系搞颠倒了。

这些语言学家们认为人和人的世界作为存在不是语言的家，反而说“语言是存在的家”；不是人说语言，而是语言说人；不是人塑造语言，而是语言塑造人。他们把语言视为第一性和第一位的东西，不适度地夸大了语言的地位、作用和功能。

西方现当代一些具有变革意识和注重批判精神的左翼知识分子，把对现实的变革一定程度上归结为对语言的变革，幻想通过语言变革实现对现实的变革。他们的动机可能是真诚的，但结果却是不尽如人意的。

“语言学转向”实际上是20世纪60年代“五月风暴”失败的产物。由于法国爆发的左翼学生运动受挫，使法国左翼知识分子意识到当代西方的社会结构和政治体制极其牢固，引发了他们对现行体制和结构的普遍反感，从而导致从现实批判向语言解构的转移。英国著名的西方马克思主义者伊格尔顿在《当代西方文学理论》中，以“后结构主义”为例分析了崇尚语言功能的现象，他说：“后结构主义是1968年那种欢欣和幻灭、解放和溃败、狂喜和灾难等混乱的结果。由于无法打破政权结构，后结构主义发现有可能转而破坏语言的结构。”① 他还指出：“后结构主义者们无力打碎国家权力机构，但是他们发现，颠覆语言结构还是可能的。总不会有人因此来打你脑袋。于是，学生运动从街上消失了，它被驱赶入地下，转入话语领域。”② 正是出于对现存牢固体制的反叛意向，一些西方左翼知识分子从对当局公开的斗争转向语言领域的变革。另外一些知识分子——主要是语言学家，他们的学术策略是通过修辞学从事语言改革，从而实现社会变革，这实质上是一种变相的“词句革命论”。语言重组和文本颠覆并不意味着对现实生活能发生什么实质性的改变。

语言和文本的自主性、本体性和独立性是相对的，是有边界的，语言的重塑功能是有限度的。语言在文本中所经历的命运，从陷入“文字游戏”到打破“语言的牢笼”，都非常有说服力地证明：语言只能在反作用的意义上决定现实。语言和“语言中的精神生产”包括语言所体现的思想、观念和意识都是人们的物质活动和实际生活过程的产物。精神生产中的语言，又是“与现实生活中的语言交织在一起的”。“应当根据经验来揭示”人们的生产，包括“语言中的精神生产”与“社会结构和政治结构”

① 伊格尔顿：《当代西方文学理论》，中国社会科学出版社1988年版，第206页。

② 伊格尔顿：《二十世纪西方文学理论》，陕西师范大学出版社1987年版，第156页。

的联系，“而不应当带有任何神秘和思辨的色彩”[1]。不能把语言的生产和“语言中的精神生产”仅仅局限在和归结为语言和词句本身的自我繁衍。

马克思、恩格斯说：“语言是思想的直接现实”，“无论思想或语言都不能独自组成特殊的王国，它们只是现实生活的表现”[2]。语言总会受到现实生活的“纠缠”，“语言和意识具有同样长久的历史；语言是一种实践的……现实的意识。语言也和意识一样，只是由于需要，由于和他人交往的迫切需要才产生的”[3]。他们指出，用语言变革代替现实生活的变革，“从语言过渡到生活的整个问题，只存在于哲学幻想中”[4]。马克思、恩格斯在批判青年黑格尔派的思辨哲学时说：“他们之中最年轻的人……说他们仅仅是为反对‘词句’而斗争。不过他们忘记了：他们只是用词句来……反对现存世界的词句”，那么他们实际上只是通过词句来反对现实的、现存世界，而绝对不是“反对现实的、现存的世界”[5]本身。

妄想通过对语言词句的主观解释和修辞，打乱和重组语言结构来改变现实生活中的历史结构和政治结构是不可能的。把语言批判作为反对现实生活的手段，并不意味着对现实生活发生什么实质性的改变。因为“意识的一切形式和产物不是可以用精神的批判来消灭的……而只有实际地推翻这一切唯心主义谬论所由产生的现实的社会关系，才能把它们消灭”[6]，“要真正地、实际地消灭这些词句，要从人们的意识中消除这些观念，只有靠改变条件，而不是靠理论上的演绎”[7]。这种语言的变革行为实质上是在纯粹精神的领域中发生，不会解决任何实际问题。因此，马克思、恩格斯尖锐地批评：“尽管青年黑格尔派思想家们满口讲的都是‘震撼世界’的词句，而实际上他们是最大的保守分子。”[8]

西方的新历史主义社会文化思潮发现了文学文本和历史文本的互文性，企图通过对文学文本的带有解构主义意向和批判精神的阐释，对历史文本施加影响。这种互文性的理论既把历史和文本联系起来，同时又把历

---

① 《马克思恩格斯全集》第3卷，人民出版社1960年版，第29页。
② 同上书，第525页。
③ 同上书，第34页。
④ 同上书，第528页。
⑤ 同上书，第22—23页。
⑥ 同上书，第43页。
⑦ 同上书，第45页。
⑧ 同上书，第22页。

史和文本混为一谈。这种文本的历史观有悖历史唯物主义的基本原则。

马克思、恩格斯主张应当把“文献的历史”和“现实的历史”严格地区分开来，反对用语言和文本承载和包装的“意识、观念、圣物、固定观念的历史称为‘人’的历史并用这种历史来偷换现实的历史”①。马克思、恩格斯反对一些人“把文献的历史和现实的历史当作意义相同的东西而混淆起来……他们把自己的始终非常丰富的幻想和现实等量齐观，以此来掩饰他们在现实的历史上曾经扮演过的并且还在继续扮演的可怜的角色”②。

归根结底，文学文本不能不受到历史文本的影响和制约。文学文本所表现出来的复杂的思想矛盾，是由一定时代和历史条件下的复杂的社会矛盾决定的。文本结构非但无法超越和摆脱历史结构，反而是历史结构在文本结构中的投影和折光。正如恩格斯评论伟大诗人歌德的思想结构和文本结构时所指出的：“歌德在德国文学中的出现是由这个历史结构安排好了的。”③ 马克思主义文艺理论经典文本中的这些思想，对正确分析和评价形式主义和新历史主义的理论观点都具有深刻的方法论启示。

西方的批评理论多半局限于对文本和语言层面再创造的批评活动中。相对而言，在文艺创作的过程中，对语言本身的重释和重塑并不重要。文艺创作的基本问题是人物塑造和情节设计。这种传统意义上的文艺创作的基本问题，反而被悬置或抛弃了。各式各样的批评理论，如修辞学、解释学、接受美学和读者反应批评理论，对文艺创作可能具有这样那样的参照意义。但是，研究人物塑造问题，仍然是文艺创作的首要问题。

马克思主义经典文本中关于人物形象塑造，特别是关于塑造新人形象的思想，具有重要的指导意义。这些思想是：倡导塑造新人形象是一脉相承的，从呼吁塑造“革命的和叱咤风云的无产者”，到反映“新事物”，到“表现新人物，新的世界”，到塑造现代化事业中的“创业者”和“新人形象”；坚持塑造人物形象的唯物辩证法，强调社会历史环境对人物形象的制约作用，认为“人创造环境，同样环境也创造人”④；明确区别“新人”和“旧人”的首要标志是能否“改变这种环境”⑤；新人形象是具

① 《马克思恩格斯全集》第 3 卷，人民出版社 1960 年版，第 200 页。
② 同上书，第 551 页。
③ 《马克思恩格斯全集》第 4 卷，人民出版社 1958 年版，第 254 页。
④ 《马克思恩格斯全集》第 3 卷，人民出版社 1960 年版，第 43 页。
⑤ 同上书，第 234 页。

有变革意识和"实践力量的人"；只有新的社会状况和历史条件，才能为新人提供生存和发展良好的环境和土壤；只有新人形象作为新的历史使命的承载者，才能从正面体现出新的思想体系和核心的价值体系。

三　重释马克思主义经典文本中的美学理论

马克思主义经典文本，是从历史精神和人文精神的联系中提倡美学精神的，是从史学观点和人学观点的联系中提倡美学观点的。历史精神、人文精神和美学精神，史学观点、人学观点和美学观点是有机地融为一体的。

美和美感都是人的劳动的产物。人的劳动创造形成了属人的世界，创造了人本身，也创造了属人的世界的美和人本身的美。"五官感觉的形成是以往全部世界历史的产物"，"只是由于人的本质的客观地展开的丰富性，主体的、人的感性的丰富性，如有音乐感的耳朵，能感受形式美的眼睛，总之，那些能成为人的享受的感觉，即确证自己是人的本质力量的感觉，才一部分发展起来，一部分产生出来"①。美的存在和发展都是有规律的。对"美的规律"的阐释，尽管各有所解，但"两个尺度"对美的存在和创造，都是无法回避的。同时，审美特性不同于对象的物质属性和商品属性，而是一种特殊的与人相关的价值属性。"凡是有某种关系存在的地方，这种关系都是为我而存在的。"② "忧心忡忡的穷人甚至对最美丽的景色都没有什么感觉；贩卖矿物的商人只看到矿物的商业价值，而看不到矿物的美和特性；他没有矿物学的感觉。"③ 审美感觉表现为一种富有个性的情感、激情和爱憎态度。

美学的基本问题是审美关系。马克思主义的经典文本对审美关系的论述是既唯物又辩证的。毛泽东《在延安文艺座谈会上的讲话》既强调美的唯物论，认为现实生活是创作的源泉，主张艺术和艺术美是现实生活在作家的头脑中反映的产物，同时又超越了车尔尼雪夫斯基的"美是生活"的论断，特别强调美的辩证法，提倡艺术美应当比生活美"更高"、"更强

① 《马克思恩格斯全集》第 42 卷，人民出版社 1979 年版，第 126 页。

② 《马克思恩格斯全集》第 3 卷，人民出版社 1960 年版，第 34 页。

③ 《马克思恩格斯全集》第 42 卷，人民出版社 1979 年版，第 126 页。

烈”、“更有集中性”、“更典型”、“更理想”、“更带普遍性”。即便是在国难当头、民族危机的历史条件下，《在延安文艺座谈会上的讲话》也没有忽视对文艺创作审美品位的倡导和要求。

审美主客体的关系是审美关系的核心问题。马克思、恩格斯抵制黑格尔的“存在和思维的神秘的统一”，反对“抱着这个目的，用虚幻的联系、神秘的主客体来代替世界秩序和世界事件之间的自然的合乎人性的联系”①。马克思非常强调审美主客体的关系的“交互作用”所产生的“规定性”。他在《1844年经济学哲学手稿》中说：“对象如何对他来说成为他的对象，这取决于对象的性质以及与之相适应的本质力量的性质；因为正是这种关系的规定性形成一种特殊的、现实的肯定方式。”② 马克思反对“从现实的关系和运动中撷取一种规定性，把这种规定性变为想像的规定性、变为范畴，并把这个范畴充作产物、关系或运动的观点”，甚至“把现实的人变成了抽象的观点”③。按照马克思的解释，“这种规定性”不能理解为抽象的和想象的“规定性”，而是主客体之间，即“对象的性质”和“与之相适应的”人的“本质力量的性质”这两方面的交互作用所形成的既唯物又辩证的“关系的规定性”。“这种关系的规定性”不可能是完全均衡的，如向客体方面倾斜，形成现实主义一类创作和作品；如向主体方面倾斜，形成浪漫主义一类创作和作品。诚然，马克思、恩格斯是倚重于倡导现实主义的创作和作品的。

反映在结构情节和塑造人物的问题上，马克思、恩格斯主张遵循客观对象的逻辑来结构情节和塑造人物，并不认同像“欧仁·苏书中的人物”那样，“必须把他这个作家本人的意图……充作他们自己思考的结果，充作他们行动的自觉动机”④。《巴黎的秘密》中的人物形象玛丽花本来是一个“朝气蓬勃、精力充沛、愉快活泼、生性灵活”、像太阳和花一样的少女，而欧仁·苏通过思辨哲学和基督教教义对她进行改造和重塑，使她变成“有罪意识的奴隶”，从“本来的形象”变成“批判的变态”。而当作者“打击了资产阶级的偏见”，“超出了他那狭隘的世界观的界限”时，

① 《马克思恩格斯全集》第2卷，人民出版社1957年版，第213页。

② 《马克思恩格斯全集》第42卷，人民出版社1979年版，第125页。

③ 《马克思恩格斯全集》第2卷，人民出版社1957年版，第246页。

④ 同上书，第233页。

读者“所看到的都是玛丽花本来的、非批判的形象”[①]。马克思、恩格斯反对用“批判的原则”改制人物和环境，这样做的实质是用“思辨的黑格尔的形式恢复基督教的创世说”[②]。崇拜语言批判的“自我意识”使其从“人的属性变成了独立的主体”，“这种自我意识的本质不是人，而是理念”，即“人化了的理念”[③]。

反映在对作家艺术家的评价上，马克思、恩格斯主张应当遵循客观和公正的原则。如对歌德的评价，恩格斯反对一些有偏见的评论家只对所谓的“歌德的人的内容”进行片面的挖掘和夸张的解释，防止和克服只凸显歌德的所谓“人的内容”中的那些怯于变革，喜欢宁静、安逸、平庸、亲和、耽于幻想的一面，而故意遮蔽和掩盖“歌德伟大的一面”，甚至把歌德涂抹得与“德国的小市民一模一样”。马克思、恩格斯指出：作为阐释者的格律恩之所以这样做的真正目的，实质上是用“被歪曲了的歌德的权威来支持自己的狭隘性”[④]。

当代中国的马克思主义文艺理论工作者，在重读、细读和精读马克思主义文艺理论经典文本的基础上，应站在时代前沿，增强问题意识，倾听实践呼声，不断推进马克思主义文艺理论的时代化、中国化和大众化的历史进程，努力开创马克思主义文艺理论建设和发展的新局面。

（原载《中国人民大学学报》2011 年第 5 期）

---

① 《马克思恩格斯全集》第 2 卷，人民出版社 1957 年版，第 216—218 页。

② 同上书，第 174 页。

③ 同上书，第 175—176 页。

④ 《马克思恩格斯全集》第 4 卷，人民出版社 1958 年版，第 275 页。

马克思主义文论与当今时代

赖大仁

一

马克思主义时代化是一种趋势和必然要求，其文论同样如此。一方面，它是对当时社会和文艺现实问题的回答，具有鲜明的时代性；另一方面，在其后世影响中，也总是不断启示和激发后人探索新的时代问题，显示出它穿越时代的强大生命力。在当今时代，仍然需要我们在这种思想智慧的启示和感召下，努力关注和回答当今社会现实与文艺现实中的重要问题，推动当代文论不断创新发展。

马克思主义文论区别于其他文论形态的一个重要特点，在于它不是一种纯粹的关于文艺自身问题的理论，而是植根于马克思主义思想体系的一种开放性文论形态。它不是封闭在文艺自身的小圈子里，仅仅局限于文艺现象本身来说明文艺问题，而是在其宏阔的历史视野中，在对社会历史发展及其现实变革的深刻观照中，来关注和说明文艺问题。纯艺术论者往往对这种理论形态不屑一顾，特别是在纯审美论等文论观念大行其道的时候，其价值就更被低估。然而，马克思主义文论的生命力，正在于它的时代性与思想性，即把文艺问题与当今时代的重大理论和现实问题联系起来，在对这些重大问题的研究和回答中，提出富有时代性的文论命题，阐述其文艺观点，给人们以深刻的思想启示。

比如，马克思主义并不是孤立地、理想化地看待文艺现象和艺术问题，而是把文艺放到整个社会结构系统和历史发展进程中加以观照说明，从唯物史观视野中科学地说明文艺在社会结构中的地位与作用，并且切实回答关于文艺的发展规律问题。又如，马恩特别关注和高度评价现实主义文学，一方面他们看到了资本主义大发展与批判现实主义文学发展之间的关系，看到了当时现实主义文学在反映现实中所凸显的真实性、典型性、倾向性等特征，从而给予了深刻揭示；另一方面也看到了现实主义文学具有巨大的认识和批判反思功能，能够起到“批判的武器”的作用，这对于唤起人们的觉悟，推动社会现实的变革发展，无疑十分重要。这种现实主义文学观，应当说是当时的时代条件和他们的思想观念决定的。再如，马克思主义的文艺思想最根本的价值归宿，在于追求人的解放与自由全面发展。这不仅包括人的社会解放与人在现实关系中的合理发展，也包括人的审美解放，以及人性及人的一切本质力量的丰富发展。这显然也是在资本主义社会条件下提出来的富于时代性的理论命题。还有关于文艺批评的“美学观点”与“历史观点”，前者要求尊重艺术审美规律，重视文艺作品的美学价值；后者实质上是要求从唯物史观视野来认识文艺现象和评价文艺作品，要求洞察评论对象所关联着的那些历史条件和现实关系，尤其要把握人物事件所处的历史潮流，从历史的必然要求与现实可能性之间的关系中，深刻认识和准确评价人物事件，马克思、恩格斯自身的批评实践无不体现了这种基本特点。总之，理解马克思主义文论形态，既需要着眼于那些具体语境中的具体论述和基本观点，更需要在更深广的历史语境中理解它的基本精神，它对重大现实问题的回答中所体现的时代性和思想性，这才是它具有长久理论生命力的根源所在。

诞生于19世纪的马克思主义文论，无疑被打上了那个时代的深刻烙印，具有典型的时代特征。然而，理论如果具有真理性，那么它就不仅仅属于过去，不会随着时间的流逝而过时，而是可以穿越时代烛照后世。只要这种理论所关联着的现象与问题依然存在，它就仍然富于启示意义，仍然具有阐释的有效性和巨大空间。而马克思主义文论对后世的影响，其实并不仅仅表现在那些现成的理论观点仍然被后人所引用和阐释，更在于那些重要理论命题和深刻思想，依然给后人以启示，激发人们不断探索和回答新的时代问题，显示出马克思主义文论穿越时代的强大生命力。

比如西方马克思主义文论学派，着重从马克思主义理论资源中开掘其社会批判理论，将关注和批判的重心集中在西方现代社会日益严重的“物化”倾向和“人的异化”现象，看到了现实社会的“同化”力量使人日益丧失主体性，个人已丧失反抗现实的能力，“物化”使人沦为“单向度的人”，人性遭到压抑和摧残；大众文化及流行艺术、机械复制的艺术，普遍忽视乃至淹没人的个性、独创性和精神性，使人和艺术都成为“他律”的存在，等等。因此，他们倡导“否定的艺术观”，主张艺术超越现实反抗“同化”，从而解放和拯救人性。这正是西马学派汲取马克思主义文论的批判反思精神，积极回应时代发展中的新问题，从而推进了马克思主义文论在西方的发展，并由此而产生了广泛影响。

马克思主义文论中国化与时代化密切相关，从早期中国共产党人把马克思主义文艺观引入中国，到毛泽东《在延安文艺座谈会上的讲话》强调从实际出发，将马克思主义文论命题转换为文艺与人民、文艺与生活、文艺与政治、文艺与时代、文艺批评的价值标准等中国化的文论命题，回答和解决了当时社会生活与文艺实践中的一系列重大现实问题，推动了社会生活与文艺实践的变革发展，体现了中国化的马克思主义文论的时代性与实践品格。新时期以来我国文论的变革发展，在一些重要理论命题上的突破和创新，也无不是在坚守马克思主义文论立场的基础上，特别关注和回答新时代最需要解决的问题而逐步推进的。比如在新时期拨乱反正进程中关于“审美反映论”、“审美意识形态论”等理论命题的探讨，在实践论与真理标准讨论时代背景下兴起的实践美学、审美活动论与审美创造论等理论探讨，在市场经济改革和大众文化兴起背景下展开的关于人文精神与新理性精神等问题的探讨等，都受到文论界的普遍关注。这种努力正体现了马克思主义文论的时代性与实践精神品格。

二

在当今时代，坚持和发展马克思主义文论面临的主要问题，除了如何正确理解其本身的特点和价值，更重要的是如何在它的启示下，继续探索当代文论的创新发展之路。首先，有必要调整理论姿态，即按照马克思主义文论的启示，把着眼点调整到关注当今社会现实和文艺现实中的重要问题上来，立足于对此做出自己独立的思考和回答。其次，在具体的理论方法和策略上，致力于把马克思主义文论中的思想方法、理论智慧和价值理念引入当代文论，有针对性地解决当代文论发展中的根本性问题。笔者以为，对当代文论最富于启示意义的也许主要有以下几个方面。

一是从现实问题出发的理论立场和现实关怀精神。马克思主义既注重解释世界，更强调改变世界，而解释世界的目的正在于更有效地改变世界。马恩创立唯物史观，力图对人类社会发展历史做出科学解释，其根本目的，在于更清楚地认识说明资本主义社会现实，从而为改变这一社会现状实现人类解放寻找道路。根源于这一思想体系，他们把文艺纳入社会结构系统，考察说明其地位、特性与功能，着眼于文艺能够在人类社会变革发展中起到应有的作用。而他们对现实主义文学特别关注，对当时一些文艺现象和作家作品加以评析或批判，也正是根源于此。并且如前所说，马克思主义文论中国化的一条重要经验，包括新时期以来一些重要的文论创新，都是从实际出发而不是从文学艺术的定义出发，提出符合时代要求的理论命题，通过回答和解决这些现实问题，来推动文艺和社会的变革发展。当今文论的萎靡不振，很大程度上就是由于缺少这种现实精神，因而目前也最需要这种精神。这里首先是要抓住问题，而且应是当今中国本土问题，而不是国外“引进”的问题；是现实的真问题，而不是虚拟的假问题。目前社会上存在诸多现实问题，如畸形发展、生态恶化、特权腐败、社会不公、贫富分化、拜金主义、信仰缺失、道德失范、价值迷乱等，都关涉社会能否健全稳定发展，人民能否真正生活得幸福而有尊严，这无疑值得一切有良知有责任感的文艺家、理论家认真关注。其次是需要以适当的方式，将社会现实问题转换成为文艺问题，并且也确实是当今文艺中实际存在的问题，比如当前文艺与文论中的价值观问题，关涉社会历史观、人生价值观、道德观、人性观、审美观、娱乐观等方面，其中尤应注重对文艺精神价值取向问题的探讨。同时，在对上述问题的思考探讨中，还需要具有一定的理性反思精神，不能放弃应有的批判态度，这也是马克思主义一以贯之的理论品格，值得发扬光大。

二是开放的理论姿态和宏阔的理论视野。马克思主义是开放的思想体系，不仅解释历史和说明现实，而且也展望未来，因此它同时向着历史、现实和未来开放。这就使其具有一种宏阔的理论视野，它观照和研究事物的一个重要特点，是特别注重从事物的普遍联系中认识其特性，从事物的动态变化中把握其规律。马克思主义文论同样是一种宏阔开放的文论系统，它把文艺纳入社会结构系统说明其特性功能，把美学观点和历史观点作为观照评论文艺的出发点，把文艺现象、作家作品以及文艺作品中所描写的人物事件，放到特定的历史语境或现实关系中加以阐释评析，因而具有历史感和深刻性。然而从当代文论的现状来看，“回归自身”之后却走向了封闭与“自恋”，在自我设定的有限范围里转圈圈，用概念解释概念，用文本证明文本；或者仅限于用审美来解释文艺，或用文艺来说明审美，除了陷入自我阐释循环之外，并不能说明更多的东西。然而实际上，当代文艺的种种变革发展，包括文艺的大众化、市场化以及现代传媒对文艺变革的影响等，也都需要放到文艺活动所依存的现实关系中，从经济社会发展的根源来考察和说明。还有文艺理论中的一些基本问题，如文艺与社会历史、文艺与审美、文艺与意识形态、文艺与政治、文艺与道德、文艺与人性、文艺与文化，以及文艺的人民性、时代性、民族性、世界性等，也都还需要在新的时代条件下继续探索和解答，因为这些问题永远处于历史进程中的开放状态，永远有新的阐释的可能性与理论空间，需要理论家们联系新的时代生活及其现实问题，运用自己的理论智慧做出新的回答。而要重新思考和回答这些问题，显然还是需要把它们放到马克思主义所昭示的社会结构系统中，放到文艺实际所处的复杂关系去认识思考。因为文艺本身是一种“关系”中的存在，也只能从这种“关系”中去说明。而且，只要把这种“关系”中的基本问题探讨清楚了，所谓“文艺自身”的问题也才能认识得更清楚。似乎可以说，当代文论只有不断调整其理论姿态，努力获得宏阔开放的理论视野，才有可能真正克服自身的褊狭与片面。

三是追求社会与人的合理健全发展的价值理念。不言而喻，马克思主义始终以解决社会现实问题，谋求建立合理公平的社会，追求人的解放与自由全面发展为价值目标。这种价值理念同样贯注在马克思主义文论中，成为其探讨文艺问题和观照评析文艺现象的基本出发点与精神灵魂。因此，从根本上说来，马克思主义文论并不只是一种知识形态，更是一种价值形态。这也就昭示我们，讨论文艺问题，不应只关注文艺的文本结构与特点，更应关注它所表现和传播的价值观。因为文艺往往会以自己特有的方式反映社会生活中的价值观，反过来文艺所表现的价值观也会对社会价值观产生很大影响。而对于文论本身来说，也不能仅仅把它看作知识形态，更要把它视为价值形态，因为文论中的价值观念，不仅会对文艺实践产生直接影响，甚至也会影响社会现实。然而当今文论的一种偏向是，在追求科学化、学科化的过程中，文论知识系统化、谱系化方面得到了空前重视和加强，而它的价值特性却被忽视和弱化了。这就使得我们在学习研究中外各种文论形态时，更为偏重知识系统而较少关注价值内涵，即使对于马克思主义文论形态也是如此。至于当代文论研究本身，也似乎对知识形态的探求更感兴趣，而对价值形态的问题少有顾及，这与上面说到的理论脱离实际和漠视现实问题直接相关。即便是在当代文艺批评中，也往往仅限于对文艺现象的描述和阐释，缺少理性观照和价值评判，缺少怀疑反思和批判分析，让人感到存在合理，所谓评论也只是为某些现实存在增添某种文本注释。应当说，当今社会和文艺中存在的某些价值迷乱与价值失范现象，与文艺理论批评的这种价值理念缺失不无关系。而要改变这种现状，致力于强化当代文论的价值理念，那么马克思主义文论中的人学价值论思想，就仍然具有重要的现代启示意义。

（原载《文学评论》2011 年第 3 期）

马克思的幽灵

——评特里·伊格尔顿新著《马克思为什么是对的》[①]

程 巍

一

如果说旅居英国的德国犹太人马克思将19世纪中期的曼切斯特当作工业资本主义时代的一个活体进行观察，那么，他的隔代的信徒、爱尔兰裔的英国人特里·伊格尔顿则将2008年的华尔街看作后工业时代资本主义的一个病体，并发现马克思在一百多年前对曼切斯特的诊断同样适用于一百多年后的华尔街。当然，观察华尔街的金融危机的并不止是伊格尔顿，例如纽约《时代》在2008年夏就以显著的字体吓唬它的读者："他回来了！"这个"他"，谁都知道，是马克思。实际上，对那些自20世纪70年代以来就已退守到书斋的马克思主义者来说，马克思一刻也没有离去，只不过他们将马克思从街头革命带向了"象征革命"。与平静的大学校园内轰轰烈烈的马克思主义思潮——几乎所有流行的激进理论都打着马克思主义的名义或者声称从马克思主义中获取了灵魂——相反，对生活在纽约以及别的西方大都市的大多数市民来说，马克思仅仅是一个带点儿魔力的名字，但仅仅这个名字，就能唤起一种——根据他们各自不同的性情——动荡的焦虑或革命的激情，他们压根儿就没兴趣像那些书斋马克思主义者一样挑灯夜读，书桌上摆满了自马克思本人到"马克思主义者"的大部头著作。

① 特里·伊格尔顿：《马克思为什么是对的》，李杨等译，新星出版社2011年版。

在马克思最细心的读者当中，还包括马克思本人以及后来的马克思主义者视为理论敌手的那些人，他们在如今的西方政治话语中常常被称作“右翼”。他们阅读马克思，不是为了唤起自己本来就缺乏的革命激情，恰恰相反，是为了把马克思的“精神鸦片”从当代思想中清除出去。自马克思以来，一百多年里，欧美的马克思主义者们一直在前赴后继地为其对手——那个一次次被预言“垂死”而竟一次次“不死”的资本主义——进行诊断。不过，他们的理论对手却偷来了他们的诊断，将其化作多少带点儿复杂意味的技术手段，以改良资本主义，使之渡过一次次经济危机，且在里根—撒切尔夫人时代使资本主义自诞生之日起就一直处在高度不稳当状态的合法性浴火重生，到苏联解体之时，资本主义似乎已取得全球的胜利，以致弗朗西斯·福山匆匆预言历史的终结，似乎人类对政治体制的想象力到资本主义就已抵达其可能性的终点：如果存在一种最佳的体制，那除了是资本主义，还能是什么别的？此时，反倒是马克思主义者的阵营日渐凋零，并被里根—撒切尔夫人时代的自由主义者哈耶克指控为一种偏执的有害的理论。

其实，与其右翼对手一样，那些书斋马克思主义者也不建议采取街头革命的方式。自意大利马克思主义者葛兰西以来，这种革命在他们看来已技术性地失去其可能性，你不可能通过一支游击队来战胜拥有强大的暴力机器以及意识形态国家机器的当今西方资本主义国家。在这种情形下，所谓“新马克思主义者”实际成了资本主义的诤友，他们提供的任何具有现实意义的诊断很快就被资本主义体制采纳，其结果反倒是资本主义体制似乎显示出一种越来越宽广的容纳性，而这种宽容性又被理解为民主和自由的胜利。如果说马克思当初的本意是颠覆资本主义制度，那么，后来的事实证明恰恰是马克思拯救了风雨飘摇的资本主义。这就印证了一个屡试不爽的定理：一个聪明的论敌远比一个愚蠢的盟友能够提供更多的洞见。对此，伊格尔顿也深有体会，他说：“如今，马克思最忠实的信徒似乎反而是那些对马克思的历史理论不屑一顾的人们。这些人包括银行家、金融顾问、财政官员、公司管理人员等。他们的所作所为无不证明他们坚信经济的重要性。他们全都是自发的马克思主义者。”

里根—撒切尔夫人时代是真正的马克思主义者最不好过的时候。资本主义在他们的窗外攻城略地，不时传来一阵阵为资本主义喝彩的欢呼声，而退居书斋的马克思主义者除了整天孤独地凝望着窗台上摆着的一朵玫瑰，一边回忆当初的辉煌岁月，于窗外的现实就似乎无足轻重了。他们痛定思痛，并且从苏联解体的事实发现，如果社会主义不是把资本主义当作一个敌人，而是一个必要的条件或者补充，那或许更加符合马克思的本意，按伊格尔顿的说法，“有一种运动被马克思认为是必然的，那就是社会主义的建设离不开资本主义”。但那些“自发的马克思主义者”也完全可以把这句话反过来说：资本主义的建设离不开社会主义。当伊格尔顿把那些处于资本主义社会的统治阶层的“银行家、金融顾问、财政官员、公司管理人员”说成是“自发的马克思主义者”时，言下之意，是马克思的理论变成了资本主义用以改造自身的一种良方。以此来看，金融危机爆发之时，《时代》宣布“他回来了！”，只不过是为了制造舆论效应而使用了耸人听闻的词汇而已，因为马克思的幽灵从来就没有离开过纽约，从来没有离开过书斋马克思主义者及其对手“自发的马克思主义者”。

不过，一句“他回来了！”，还是能振奋自里根—撒切尔夫人时代以来在将近30年的时间里一直被哈耶克主义者痛加指责并感到失落和抑郁的书斋马克思主义者的精神，尽管他们既不乐意也不指望一场街头革命的到来。或许，华尔街的危机使他们感到自己为之辩护的理论并非如同其理论对手所说的那样过时，因为马克思一百多年前所宣布的“危机周期”在经历长达几十年的潜行后如今又重新浮现出来，以致自里根—撒切尔夫人时代的末年以来匆匆宣布资本主义已在全球大获全胜的“自发的马克思主义者”大吃一惊。对书斋马克思主义者来说，这是一个难得的向其理论对手发难甚至报一箭之仇的机会。这种辩论的动机，使他们还来不及对刚刚爆发的危机进行长时间的观察以及理性的分析，就匆匆宣布当初的马克思——或者说这些书斋马克思主义者所理解的马克思——是对的。这一点，倒缺乏马克思本人的辩证风格以及历史唯物主义思路，并且将马克思减损为一系列的箴言，而不是一个复杂的甚至某些地方不乏前后矛盾的发展的思想体系。

二

2011年4月1日，伊格尔顿在美国耶鲁大学出版社出版新著《马克思为什么是对的》（*Why Marx Was Right*）。稍稍有些奇怪的是，尽管他在书中谈论起马克思来就像马克思是一个同时代的人，却在书名中使用了

"was"这个表示过去的词，因而可能造成一种歧义，即如果说"马克思［过去］是对的"，那就意味着"马克思［现在］是不对的"。当然，也可以这样理解："马克思过去是对的，现在依然是对的。"——这正是伊格尔顿想要论证的观点。正如上文所言，说"马克思是对的"，就等于将马克思简单化或者说平面化了，连马克思本人都不会说自己的每一个结论都是对的，因为马克思与他所反叛的唯心主义传统不同的是，他将自己对社会问题的分析牢牢扎根于特定的历史语境和历史条件，一旦将结论从具体历史语境中抽离出去，就可能成为谬论。因此，马克思的那些结论可能并不重要，但其无可比拟的伟大之处恰恰在于他提供了一种分析问题的高度复杂的方法，它既是历史的，又是辩证的，同时不放过哪怕微小却掩藏着重大意义的细节，以此构成一个整体的视野。

当伊格尔顿将"银行家、金融顾问、财政官员、公司管理人员"说成"自发的马克思主义者"时，他自己就以正统的马克思主义者自居了。他像在论战中搜集对手言论似的将这些"自发的马克思主义者"有关马克思的种种说法归纳为十条，逐一反驳。如果说这种论战风格损害了论述的严谨性，那么，对论战的修辞策略的过度使用则使一部本来严肃的理论之作变得过于花哨，仿佛马克思主义的思想魅力已退化为一种修辞魅力。的确，自"马克思主义者"退入书斋之后，他们有着大量的时间模仿马克思那种高度风格化的修辞魅力，但马克思本人不仅仅是一个修辞家，此外，他还否认自己是一个马克思主义者。

《马克思为什么是对的》出版次月，英国皇家历史学会成员瞿斯权·亨特就在《观察家》上发表书评，称"老伊格尔顿"这个"诱惑人的天主教的思想家"（暗指伊格尔顿的爱尔兰裔）的这部新作尽管不乏机智的句子，但整体上令人失望。它本来是为马克思辩护的，到头来却削弱而不是增加了马克思的思想魅力。他特别指出伊格尔顿此书与其说是冷静的论证，不如说是火气的论辩，而且过度使用了修辞术。他说："偏离了马克思，结果就使得马克思和恩格斯的那种火气、活泼的文笔以及虚张声势变得毫无意义；幽默、嘲讽和新奇的表达并非马克思遗产的核心部分。说实话，此书读起来倒像是为美国中西部大学的某门课程而匆匆写下的一连串提要，里面充斥着课堂风格的玩笑以及没有多少价值的夸张。"

有意思的是，伊格尔顿本人似乎反感这种夸张的修辞手法，尽管他在《马克思为什么是对的》中大量使用此类修辞，以达到一种戏剧效果，却在书中写道："也许马克思当初根本没有想到后人会咬文嚼字地解读他的思想。毕竟马克思写作《共产党宣言》是为了宣传他的政治思想，而这类宣传性的作品中往往会充满夸张的修辞。即便如此，马克思的理论涉及多少内容仍然是一个重要的问题。一些马克思主义者似乎将马克思主义思想视作无所不包的万物理论，这样显然是不对的。即便马克思主义不能告诉你怎样酿造麦芽威士忌酒，怎么理解潜意识的本质，为什么玫瑰花的香味如此令人难忘，或者世界终究是'有'还是'无'，马克思的理论仍然真实可信。马克思主义本来就不是一种全面的哲学。它没有提及美或者色情，也根本没说为什么诗人叶芝的作品能让人感到如此强烈的共鸣……"这样的句子在他笔下不断涌现，是一些说得十分俏皮的废话，可其中有多少理论，却是一个问题。

三

没必要逐条评论伊格尔顿在《马克思为什么是对的》一书中对他归纳的十条"反马克思主义"的谬论的批驳，仅分析其第十章就能大致了解他的批评的锋芒及其限度。在第十章，他主要批驳"反马克思主义观点之十"："过去四十年中，所有引人注目的激进运动都源自马克思主义以外的思想。女权主义、环保主义、同性恋和民族政治、动物权益、反全球化以及和平运动已经超越了马克思主义以阶级斗争为纲的陈旧传统，它们所代表的全新的政治激进主义形式也已经将马克思主义远远地甩在后面。马克思主义对于政治激进主义的贡献微乎其微，也无法引起人们的兴趣。政治左派却是依然存在，但是它适合一种后阶级、后工业化的时代。"

但这些"谬论"似乎是伊格尔顿本人虚构出来的，因为无论女权主义、环保主义、同性恋还是民族政治、动物权益、反全球化运动及和平运动都声称从马克思主义那里获得了一些理论灵感、批评资源乃至话语方式，而且，当马克思在《共产党宣言》中开宗明义地说"至今一切社会的历史都是阶级斗争的历史"时，其"阶级"一词并非特指资本主义时代的无产阶级和资产阶级。在相当晚出的资本主义时代之前，存在别的阶级的斗争。哪怕是在进入资本主义时代之后以及无产阶级和资产阶级的斗争成为核心斗争的时刻，也还存在别的类型的斗争，例如男人与女人、殖民者与被殖民者、异性恋者与同性恋者等。实际上，在《共产党宣言》中，紧接着“至今一切社会的历史都是阶级斗争的历史”一句，是以下文字：“自由民和奴隶、贵族和平民、领主和农奴、行会师傅和帮工，一句话，压迫者和被压迫者，始终处于相互对立的地位，进行不断的、有时隐蔽有时公开的斗争，而每一次斗争的结局是整个社会受到革命改造或者斗争的各阶级同归于尽。在过去的各个历史时代，我们几乎到处都可以看到社会完全划分为各个不同的等级，看到由各种社会地位构成的多级的阶梯。在古罗马，有贵族、骑士、平民、奴隶，在中世纪，有封建领主、陪臣、行会师傅、帮工、农奴，而且几乎在每一个阶级内部又有各种独特的等第。从封建社会的灭亡中产生出来的现代资产阶级社会并没有消灭阶级对立。它只是用新的阶级、新的压迫条件、新的斗争形式代替了旧的。但是，我们的时代，资产阶级时代，却有一个特点：它使阶级对立简单化了。整个社会日益分裂为两大敌对的阵营，分裂为两大相互直接对立的阶级：资产阶级和无产阶级。”

西语“class”一词并非只有“阶级”之意，它还可以被理解为“阶层”、“等级”、“等第”等，因此，马克思又说“几乎在每一个阶级内部又有各种独特的等第”。“阶级”无所不在，充斥于迄今为止的人类社会历史之中，其中自然也就包括父权制对于女人的压制，因此，马克思没必要特别强调男人和女人，而是谈论“人”的最终自由和解放，其中自然就包括女人的自由和解放。没有任何理由将马克思主义与女权主义对立起来，或说马克思主义对女权主义毫无影响，甚至马克思和恩格斯漠视女权等——这不过是伊格尔顿自己假定的一个“反马克思主义观点”，而他驳斥此观点的方式则大有可能是男权主义甚至殖民主义的，他说：“恩格斯娶了一位工人阶级姑娘。他通过这种方式把同无产阶级两性间的团结和政治团结同时付诸实践。妇女解放与阶级社会的终结是密不可分的，这就是他的看法（恩格斯的爱人是爱尔兰人，这为他的夫妻关系中增添了反殖民的内容）。”以恩格斯（他至少在资产的意义上是资本家，尽管是一个资助革命的资本家）娶了一个英国殖民地爱尔兰的年轻女工为恩格斯的男女平权思想辩护，可以说举错了例子，因为女权主义和后殖民主义会分别将其解释为资产阶级对无产阶级、宗主国对殖民地的征服的性隐喻。假若有财产的恩格斯是女人，嫁给了英国殖民地爱尔兰的一个穷男工，那对殖民体系以及种族政治来说倒具有真正的颠覆作用。

一个白人奴隶主与他的女黑奴之间发生性关系（假若不是强迫性的性

关系）并不会引起白人社会的愤怒（自古以来，对外族女人的性征服，都是提升本族骄傲的事），而一个白人奴隶主的女儿与男黑奴之间发生自愿性关系，就等于黑人对白人的性征服，这肯定会使白人产生一种种族贬低感，是绝不能宽容的行为。实际上，在后来美国突破黑白之间的种族界限的斗争中，黑人男子对白人女子的性征服起了重要作用，它击中了白人种族的最为骄傲也最为脆弱的地方。并非偶然的是，在美国60年代的黑人民权斗争中，一些同情黑人的主张的白人女子就常常以同黑人男子发生关系的方式来打击白人种族优越感。换言之，如果伊格尔顿准备反驳他自己假定的那种“反马克思主义观点”，那他似乎更应以普通市民出身的马克思与贵族之女燕妮的性关系而不是以贵族出身的恩格斯与爱尔兰女工的性关系为例。

伊格尔顿在上面的引文中以括号的方式说明“恩格斯的爱人是爱尔兰人，这为他的夫妻关系中增添了反殖民的内容”，是为了反驳那种认为马克思、恩格斯在殖民问题上态度暧昧的观点，尽管他承认：“马克思自己在反殖民主义政治问题上态度很不明朗。早年的马克思只对那些他认为有助于实现社会主义运动整体目标的反殖民斗争表示支持。他也曾经令人惊愕地宣称，某些民族是‘没有历史的’，是应该消失的。他以一种欧洲中心论的姿态，傲慢地认为捷克人、斯洛文尼亚人、达尔马西亚人、罗马尼亚人、克罗地亚人、塞尔维亚人、摩拉维亚人、乌克兰人等都应该被扔进历史的垃圾箱。恩格斯一度强烈支持法国殖民阿尔及利亚和美国征服墨西哥。马克思也曾对拉美解放运动者西蒙·玻利瓦尔缺乏尊重。他评论说印度自身没有什么值得骄傲的历史，英国人的征服却无意中给了南亚次大陆社会主义革命的条件……马克思对殖民主义持肯定态度不是因为喜欢看到一个民族被另一个民族践踏，而是他认为这种压迫虽然肮脏可耻，却能够将资本主义的现代性因素带给‘未开发’的地区。而这些地区不仅能够从中获得好处，还能够为实现社会主义做好铺垫。”

伊格尔顿在这里转换了逻辑，即一方面承认马克思和恩格斯基本上是在默认、肯定甚至支持殖民主义，但另一方面却说他们对殖民主义的默认、肯定甚至支持乃是因为殖民行为会给这些“未开发”地区带来好处，为此，伊格尔顿——作为爱尔兰裔的英国人——不惜以爱尔兰遭受英国殖民的经历为例，写道：“像殖民主义这种庞大而复杂的现象，席卷了广大的土地，历经了数个世纪，难道不会产生任何一点积极效果吗？19世纪的爱尔兰在英国统治下经历着饥荒、暴力、贫困、种族至上主义和宗教迫害，但很大程度上也因为英国的殖民统治而有了文学、语言、教育、有限的民主、技术、传媒和民间机构的起步发展，这给民族主义运动的组织和最终夺取政权提供了条件。这些东西都无比宝贵，正是它们促进了一场意义深远的政治事业。”

伊格尔顿是在英国接受的教育，而英国的教科书声称英国在爱尔兰的殖民统治并非一无是处，至少给它带去了文学、语言、教育等“无比宝贵”的东西。可是，在英国殖民爱尔兰之前，爱尔兰难道不拥有自己的语言（凯尔特语）、文学以及教育？早在公元6世纪和7世纪，爱尔兰已达到一个文学、艺术、学术和文化空前繁荣的阶段。12世纪中叶，英国入侵爱尔兰，到1801年，爱尔兰被并入英国版图。英国在爱尔兰的殖民统治伴随着对于当地语言的消灭，语言被消灭，也就不可能产生以这种语言写就的文学作品，而在英国消灭爱尔兰语言而使爱尔兰语的文学探求停滞下来的几个世纪中，英国作家们却得以磨砺他们的语言和文学才能，如在14世纪出现“英国文学之父”乔叟，在16世纪末出现莎士比亚。作为一个马克思主义的文学批评家，伊格尔顿当初在他众多文学研究著作中深刻揭露了英国对爱尔兰的殖民统治造成的恶果，诸如持续的停滞状态等，而在这里，在一部为马克思辩护的著作中，仅仅为了给马克思和恩格斯在殖民问题上的暧昧态度开脱，他却声称英国对爱尔兰的殖民统治实际有利于爱尔兰。

有意思的是，伊格尔顿当初的论敌哈耶克也是以几乎相同的话反驳社会主义者对资本主义的“诬陷”，他称之为“神话”：“在所有这些神话中，有一个最离谱的超级神话，人们一直用它来贬低令我们当今的文明受益匪浅的经济体系……这个神话就是：随着‘资本主义’（或者是‘制造业’、‘工业制度’）的兴起，工人阶级的状况反而恶化了。有谁没听说过‘早期资本主义的惨状’？有谁没有下面的印象：这种制度的出现，给从前知足常乐、心满意足的广大民众带来了罄竹难书的新痛苦？”哈耶克则以他的证据证明，在资本主义制度下，工人阶级的状况不是恶化了，而是大大改善了，工人阶级应该对这种制度心存感激，而不是在“神话”的煽动下破坏它。哈耶克以下一段话，如果我们将“工人阶级”一词改为“爱尔兰”，就几乎是伊格尔顿上面那段有关英国对爱尔兰的殖民统治的评论的引文倒置，由于倒置，这段话听起来就比伊格尔顿的话更委婉一点：“承认工人阶级作为一个整体从现代工业的崛起中受益匪浅，与下面的事实当然并不冲突，也即，这个阶级中有一些个人或一些群体，或者还有其他阶级，可能在一段时间内遭受了这一过程带来的痛苦。”

《马克思为什么是对的》本意是为马克思的正确性辩护，不过，当伊格尔顿不是从马克思主义的伦理价值而是从“论战策略”来向自己虚构的“谬论”进攻时，他——按照瞿斯权·亨特的说法——就“偏离了马克思”。

（原载《外国文学动态》2011年第6期）

伊格尔顿为什么是对的

——从唯物主义文化批评角度看《马克思为什么是对的》

赵 文

在中国，伊格尔顿的名字总是与《文学理论引论》（也有版本译作《20世纪文学理论》）、《马克思主义与文学批评》等著作联系在一起，他也被公认为是在汉语文学批评界声誉最高的国外马克思主义文学理论家之一。进入21世纪之后，这种声誉似乎越来越成为一种“刻板印象”，在某种程度上妨害了国内批评界对不断“延伸”其批评触角的伊格尔顿的理解。

“现代文学理论的历史就是我们这个时代的政治和意识形态史的一部分……文学理论一直同政治信仰和意识形态价值不可分割地联系在一起。文学理论本身与其说是理智探索的对象，不如说是观察我们自己的时代的一种视角。”[①] 早在1983年，伊格尔顿对文学理论做出的这个判断也构成了他自己“政治批评”的基本出发点。21世纪以来伊格尔顿连续发表的《理论之后》、《陌生人的困扰》、《马克思为什么是对的》[②] 三部作品见证了他从文学和文化的“政治批评”向自觉建构“批评的政治”的过渡转型。《理论之后》解构了后现代语境中的“理论狂欢”，重申理论和批评不可或缺的现实政治维度，《陌生人的困扰》所考察的是自埃德蒙·伯克，经斯宾诺莎、康德、尼采，直至莱维纳斯的现代资产阶级“伦理话语”的意识形态机制，而最近一部作品《马克思为什么是对的》则通过“交锋”的方式表明了伊格尔顿本人所实践的“政治批评”的理论基础——马克思

---

① Terry Eagleton, *Literary Theory: An Introduction*, 2nd ed., Blackwell, 1996, pp. 169 - 170.

② Terry Eagleton, *After Theory*, Basic Books, 2003; Terry Eagleton, *Trouble with Strangers: A study of Ethics*, Wiley-Blackwell, 2009; Terry Eagleton, *Why Marx Was Right*, Yale University Press, 2010.

学说——的正确性。也正是由于这种“交锋”形式，使得《马克思为什么是对的》发表以来，引发了人们极大的关注和热烈的讨论。随着该书被译为中文,[①] 汉语读者表现出了同样的关注度——中文版在各大城市图书销售网点近期销售排行上榜上有名似乎就是一个明证,[②] 特别是在理论著作（尤其是国外的马克思主义理论著作）很难占有较大销售份额的今天。

围绕这部作品，有人赞同，反对的人也不少。无论是国外思想界还是中国的读书界，最主流的一种反对声音似乎是伊格尔顿语言犀利有余，但却没能直接回答对马克思主义的批评，这部作品充其量只是一部中世纪“护教文章”的现代版本，或者如有的国内论者所说的，“他根本就没有立论，辩论的目的是驳倒对方，至于自己想表达什么，建构什么，反而一时没有了主意”。[③]

但事实并非如此，伊格尔顿在这部作品中找到了比较“恰当”的形式表述自己的立场，以统一的形式和内容表述了“马克思何以是对的”这一主旨。

一

伊格尔顿是对的，他对当代西方那些反马克思主义论点的选择和安排并非随意，而是以马克思学说的整个理论立场为结构框架。从表面上看，他所列出的十条反马克思主义论点确乎没有什么新鲜，但表述的顺序所反映的理论的顺序才是关键所在。在对这些非难进行驳斥的过程中，伊格尔顿实际上已经给它们归了类。

第一类非难强调“现实历史已经证明马克思学说无效”。其中，第一个论点认为，马克思主义已经过时，资本主义的更新机制似乎让这种社会制度“充满活力”，同时宣告了马克思“危机预言”的无效；第二个论点认为，马克思主义的实践历史本身就是与反对市场、限制个体自由的政治实践相联系的。从理论上说，这类非难指向的是马克思主义的“历史局

---

① 特里·伊格尔顿：《马克思为什么是对的》，李杨、任文科、郑义等译，新星出版社 2011 年版。

② 比如北京“万圣书园”2011 年 9 月的销售排行，参看 http：//www. allsagesbooks. com/index. asp。

③ 《让时间检验马克思为什么是对的》，《广州日报》2011 年 9 月 10 日。

限”。然而，无须伊格尔顿的申述，众所周知，马克思学说作为一种探索“历史科学”的努力，不仅向现实的历史持开放的态度，而且也提出了正确理解历史现象的理论方法。当伊格尔顿将那种用局部的、暂时的资本主义当代繁荣景象来做论据的非难，与强调世界历史、世界整体结构的马克思主义历史观并置的时候，前者的局限不言而喻。发达资本主义之所以摆脱危机、实现当代繁荣与印度、东南亚大量存在的血汗工厂之间并非没有历史的逻辑关系，正如苏联的政治实践和经济困难与同时代西方铁幕及其经济封锁有着历史的因果关系一样。

第二类非难强调“马克思学说是决定论”。持这种论点的论者也分为两类，第一类认为马克思学说是“经济决定论”，第二类认为马克思学说是“历史—阶级决定论”。但正如伊格尔顿从思想史角度所列举的那样，强调物质经济基础对社会整体的支配作用，并不是从马克思才开始的；而最早发现阶级在历史结构中的重要性的也并不是马克思。马克思并不比西塞罗、启蒙思想家们，甚至弗洛伊德更“经济决定论”；[①] 观念论大师黑格尔更合适被称为“历史—阶级决定论”的创制者。[②] 伊格尔顿正确地指出，马克思的最大功绩在于，将经济的基础结构与阶级间关系的能动力量相结合，从而科学地阐明了经济结构是如何在这一能动力量推动之下形成有规律可循的历史的。谁能主张说，在以人身依附、土地依附为基本条件的社会形态中会出现现代资本主义文明及相关的思想形式呢？而另一方面，“阶级”这种社会关系，固然不能直接解释具体的文学创造、文本结构、艺术风格的形成等，但能为这类解释提供最基本的历史参照框架[③]——我们都知道这样的文学常识：如果不以爱尔兰的阶级—民族冲突为参照，就难以理解贝克特的特殊美学的追求指向，正如《红楼梦》的伟大艺术成就也应在中国早期现代性社会特殊的历史—阶级构成参照系当中得到考量一样。

第三类非难强调“马克思主义是乌托邦”。这种非难如果不是出于恶意，就是出于对马克思主义学说的无知，伊格尔顿之所以专门予以驳斥，想必也是因为这种论点的“市场”相当大的缘故吧。“乌托邦”在汉语语

---

① 特里·伊格尔顿：《马克思为什么是对的》，李杨、任文科、郑义等译，新星出版社 2011 年版，第 120—122 页。

② 同上书，第 35 页。

③ 同上书，第 39—40 页。

境中就是“乌有假托之邦”的意思，而“Utopia”的西语语义也是“空想之国”。如果把发现并解释了历史规律，进而武装起无产阶级政党，使之通过理论的实践极大地改变了20世纪至今的社会—政治格局的马克思主义称为“乌托邦”，显然是极荒谬的。一种乌托邦思想怎么能与“利润率下降规律”、“剩余价值”、“生产关系”等科学概念共存共融呢？伊格尔顿说“马克思既对人类的历史无比悲观，又对人类的未来无比乐观”。① 也就是说，马克思理论具有两个基本向度，一个是客观直面迄今为止阶级社会所产生的种种压迫，另一个则是积极地、科学地探索可能的、美好的人类未来，二者互为依存。科学、客观、历史的认识方式，使马克思对人类未来的乐观不再是乌托邦的乐观，之所以如此，可以用伊格尔顿也援引过的马克思本人的表述来解释：作为历史力量的工人阶级对历史的掌握，“不是要实现什么理想，而只是要解放那些由旧的正在崩溃的资产阶级社会本身孕育着的新社会因素”，② 也就是说，“从工人阶级运动成为现实运动的时刻起，各种幻想的乌托邦消失了”。③

第四类非难是“马克思主义在理论上过时了”。如果说用现实历史来“证明”马克思主义过时乃是经验主义的常用策略，那么“理论过时论”则是“学院派”的一种话语策略。据称马克思主义在知识学上无法适用于女权主义、生态主义、民族政治、反全球化运动，因而左派的理论不得不另寻理论资源。正如伊格尔顿指出的那样，“无论文化、性别、语言、身份以及种族问题，都离不开国家权力、物质不平等、劳动剥削、帝国主义掠夺、群体政治反抗以及革命改造”。④ 只批判文化、性别、语言、身份和种族的压迫的种种文化现象，并不能直接改变造成这些压迫的真正社会条件。这也正是当今各种“新左派”理论相比于马克思主义，激进有余，但总给人以乏力之感的原因所在。而至于“生态问题”，如果马克思主义理论本身不具有对生态问题的开放性，怎么会形成在当代批评话语中相当具有活力的“生态主义马克思主义”或“马克思主义生态学”的思想流派

① 特里·伊格尔顿：《马克思为什么是对的》，李杨、任文科、郑义等译，新星出版社2011年版，第101页。

② 《马克思恩格斯文集》第3卷，人民出版社2009年版，第159页。

③ 同上书，第208页。

④ 特里·伊格尔顿：《马克思为什么是对的》，李杨、任文科、郑义等译，新星出版社2011年版，第218页。

呢？伊格尔顿也暗示道，通过增加浪费、奢侈和毁灭性开发的生产方式来推迟“危机”的资本主义，与从来都强调人与自然整体关系的马克思主义相比，谁是“生态主义”的，答案是显而易见的。

通过伊格尔顿的“归类”，我们清楚地看到以上种种类别的“责难”所代表的几大策略：一是用永恒化、狭隘化了的“现状”宣告马克思主义的“失败”；二是用神秘化的精神、因果律的复杂性宣告马克思主义为“独断”；三是指抓住马克思主义的理想维度而宣布其为“幻想”；四是以知识更新为名宣告马克思主义已经“陈旧”。不管它们采用的策略是什么，都有一个共同点，那就是从未真正进入马克思主义理论和实践的内部。这样的“责难”当然无法令人信服。

二

从语义上来说，“真假”和“对错”是两类不同的判断范畴，前者涉及理性认识的客观性，而后者则与实践的有效性有关。在这个意义上来说，伊格尔顿对马克思做出的判断是对的，因为他的判断是在马克思学说的历史实践语境及其作用层面做出的。伊格尔顿的判断之所以正确，正是因为他从未将马克思主义学说当作“万能理论”，而是强调其实践品格。在实践层面并为了实践而谈“马克思为什么是对的”才把握到了真正的问题，才是有意义的。

伊格尔顿是对的，因为他的这种辩驳行动所坚持的正是马克思主义理论的实践品格，体现了马克思主义理论在西方世界中提出话语“领导权”要求的正当性。认为马克思主义“太物质主义”、“太经济决定论”、“太强调政治”的那些斥责，无非是要剥夺马克思主义话语对文化、科学、观念等一切“高级”精神领域的发言权，进而褫夺其文化领导权。但正如伊格尔顿在该书中所揭示的那样，“马克思主义在这个问题上的观点并非还原论。政治、文化、科学、观念和社会存在并非是经济因素改头换面后的表象……经济基础与上层建筑之间的互动不是单向的”。① 仅就现代文学艺术来说，沉浸在现代高级文化中的批评者们忘记了一点，19 世纪资产阶级

---

① 特里·伊格尔顿：《马克思为什么是对的》，李杨、任文科、郑义等译，新星出版社 2011 年版，第 117 页。

艺术、文学的形式和内容，与其说超越了孕育它们的“卑污的现实”，不如说是从那种“卑污的现实”中汲取了真正的营养。在发表于《新左派评论》的“资本主义与形式”一文中，伊格尔顿对此作了详尽的说明：资本主义是本质上富有侵凌性的社会结构，商品拜物教使这个社会的真正追求永远焦躁不安、不断探求发现、永远扰动分解，永远毁灭破坏。“这种秩序在结构上是自我毁灭的，并且是陷入永恒骚动之中的”，① 也正是在这种背景下，现代以来的西方叙事获得了市场与道德、欲望与良知、犯罪与救赎、个体与社会、欲望与理想、幻觉与现实等一系列不可克服又激动人心的二元对立叙事主题和相关形式。这种精细化了的文化形式和文化母题在获得了高级文化的代言“经典”地位之后，却又被利用来掩盖制造了那一系列二元对立的社会“起源”——“统治阶级当中不少人一直在努力将其阶级诞生于其中的血污从历史记忆当中抹除”② ——以使整个社会患上一种健忘症。相反，马克思则不会满足于用“审美”、“虚构”的方式解决那种不可克服的矛盾，而马克思主义则在理论和实践上提出了终结这类矛盾的可能，“为人们指引解决问题的合理方向”。③ 作为“哀歌”的文化形式，作为尽管具有高度精美的艺术形式和深刻的观念形态，但与积极地、现实地创造未来的马克思主义实践相比，谁更具有“为人们指引解决问题的合理方向”的文化领导权，这个问题的答案也是显而易见的。

伊格尔顿是对的，因为他在辩驳的过程中，保持着对现实的“健康的常识”，体现了判断的正确性。或者说，伊格尔顿正确的判断力来自于他对身体所能直观感受到的“美丑”的直接辨识。早在写作《审美意识形态》时，伊格尔顿就强调了将身体感觉当作文化唯物主义认知的一种认识论条件。在伊格尔顿看来，人是认识的主体、实践的主体，也是感觉的主体。人的身体是人与自然界、社会和同类之间交往的最直接的感觉中介，尽管不同历史情境中的统治阶级意识形态会对这种中介进行“规范”和“塑造”，确立“美丑”的规范，但归根结底还是有一些最根本的“美丑”感受和价值判断反应是超越时间和空间而为整个人类所共有的。在《马克思为什么是对的》一书中，这种身体美学可以说是作为伊格尔顿对当代知

---

① Terry Eagleton: “Capitalism and Form”, in *New Left Review*, 14, March-April 2002, p. 121.

② Ibid., p. 119.

③ 特里·伊格尔顿：《马克思为什么是对的》，李杨、任文科、郑义等译，新星出版社2011年版，第73页。

识环境和现实政治做出直接判断的感知背景而发挥作用的。对马克思和马克思主义的非难形形色色，有的披着科学的外衣，有的摆出历史学家公正的姿态，有的宣告市场就是一切，有的断定历史已经终结，有的说工人阶级已不复存在，有的预言消费主义将造就最大的平等。但对实质从未改变过的那些“痛苦”和“野蛮”的感知判断，让伊格尔顿在这些说法前坚持马克思仍是对的。随处滋生的种族主义、广泛散播的愚民文化、迫使人们相互战争的竞争、源于独占的资源匮乏以及由这种匮乏所造成的核战争阴影、南半球的普遍贫困①、抢夺养老金的金融投机、以自由市场之名进行的赤裸裸的掠夺②——有正常感觉能力的人对这些“痛苦”和“野蛮”的感受根本不可能由新自由主义经济学理论或民族主义国家学说、后殖民主义或历史终结论转变成愉悦的轻松感；而有正常判断能力的人在追究这些“痛苦”和“野蛮”的根源的时候，也不可能发现不了那个作为制度框架存在的“匮乏的结构”：“匮乏的状况很大程度上就是资本主义的‘杰作’”。③ 也正是这种“匮乏的结构”滋长了以次充好、偷工减料、食物造假等不断突破底线的道德堕落，马克思本人就曾说过：“一个人除非由于上帝的恩赐而成为资本家、大地主或领干薪者，否则必须汗流满面来换取面包，但是他不知道，他每天吃的面包中含有一定量的人汗，并且混杂着脓血、蜘蛛网、死蟑螂和发霉的德国酵母，更不用提明矾、砂粒以及其他可口的矿物质了。”④

而只要这种制度性、结构性的“痛苦”和“野蛮”还存在一天，就不能说马克思学说在理论上是虚假的，就不能说马克思主义在实践上是不对的。

伊格尔顿是对的，因为面对那些实际上并未真正了解马克思和马克思主义的指责，他并没有陷入对方的逻辑（那种“八面锋”式的逻辑，总让人想到鲁迅在杂文《论辩的灵魂》中所戏拟的那种“逻辑”），他没有——实际上也无须——从理论“内部”，用说理的方式去为马克思辩驳，而是以一种“述行性”（performative）言语方式展示了马克思主义话语提

---

① 特里·伊格尔顿：《马克思为什么是对的》，李杨、任文科、郑义等译，新星出版社 2011 年版，第 12—15 页。

② 同上书，第 95 页。

③ 同上书，第 13 页。

④ 《马克思恩格斯文集》第 5 卷，人民出版社 2009 年版，第 289 页。

出领导权要求的正当性，唤醒人们正确的判断力。实际上，马克思本人就曾经面对他自己所处的时代，表现出了对那种结构性“苦难”和“野蛮”的准确的判断力，并且以这种判断力为基础对未来充满了信心，形成了理性而乐观的愿景，正是因此，他才能在1843年给阿诺尔德·卢德的信中写下这样的词句：“如果说我对现今社会仍然没有失望，那只是因为现今社会的这种令人失望的形势使我满怀希望。”①

三

貌似客观的论辩最终会说：“让时间证明马克思是对的。”然而，这种论调的吊诡之处就在于，如果事先就让马克思主义失去了指导实践的观念上的领导权，就算是等千年、万年，也不会得出有利于马克思主义理论的结论。伊格尔顿清醒地指出，“除非你认识到婴儿终将长大成人，否则你根本无法真正明白作为一个婴儿究竟意味着什么。资本主义内部蕴藏着无比强大的力量和超乎寻常的可能性，而正是资本主义妨碍了这种力量的爆发和这些可能性的实现”。②

以“后工业社会”为根据的论辩会说：“马克思相信变革的力量是工人阶级，既然工人阶级在后工业时代不复存在了，这种变革还是可能的吗?”伊格尔顿当然承认“在马克思的思想中，连通现实与未来的是工人阶级——这不仅是现实的一部分，也是彻底改变现实的动力。工人阶级在现实与未来之间架起一座桥梁，成为未来与现实的交汇力量”。③ 而同时伊格尔顿也承认，当今社会结构中“工人阶级”的人员构成及其生产、生活条件发生了很大的变化，但其作为“劳动阶级”（working class）的实质未尝改变，凡是创造社会价值但却被无产阶级化的被剥削劳动者都可以被算作这个有能力改变现实的阶级。④ 只有这个已经存在的阶级，获得了对自身处境认识和自我意识之后，从纯粹“自在”的存在，变成一种“自为的”力量，变成一种可以证明“马克思是对的”的力量，变革才能成为

① 《马克思恩格斯全集》第43卷，人民出版社2004年版，第62页。

② 特里·伊格尔顿：《马克思为什么是对的》，李杨、任文科、郑义等译，新星出版社2011年版，第81页。

③ 同上书，第74页。

④ 同上书，第175—179页。

现实。

“马克思主义太注重阶级物质利益了，格调不高，社会中人与人之间都友爱一点，相互容忍一点，用兄弟情谊化解物质冲突，难道不是更好?”——高尚的“道德主义”的论辩也会提出这样的指责。伊格尔顿直接回答说，马克思从来都相信爱和兄弟情谊，但不能让“爱”或“兄弟情谊”建立在无私的人被授予“自我牺牲”美名的同时却受尽奴役、损害甚至欺侮的基础之上。[①] 这类“道德主义”是阻止马克思主义证明自身正确性的最冠冕堂皇的理由。

为了不陷入论敌们的“论辩的灵魂”的逻辑，伊格尔顿在反驳过程中采取了一种相当有意思的语言风格，亦庄亦谐，风趣机智，以便通过戏仿式地“复制”对方的“逻辑”而制造出“间离效果”，让读者看到原来听上去言之凿凿、貌似有理、占据“道德制高点”、崇尚精神、捍卫人性的那些驳斥之辞暴露出它们自身的荒谬。因此在读这部书的时候，往往会让人想起布莱希特所营造的戏剧效果。

伊格尔顿与这套论辩之词的“交锋”，的确与布莱希特的戏剧《屠宰场里的圣约翰娜》展现的各种立场之间的“交锋”非常相似。对这部戏剧略加说明，应该说有助于说明19世纪30年代资本主义与21世纪的当代西方的“意识形态环境”之间的类似，进而也可以从文化唯物主义的角度说明制造了这种“意识形态环境”的社会机制的稳定性。这部戏剧以20世纪30年代芝加哥“肉类制品业”中的劳资矛盾为背景，情节在芝加哥肉业大亨、牛类饲养者、饲养场工人、罐头工厂主、具有高尚基督教牺牲精神的救世军和有组织的工人之间展开。

肉业大亨们结成同盟，尽可能压低工资，延长劳动时间，将利润用来购买更先进的机器，为的是再进一步压低工资。在肉业大亨克里德勒的眼中，再美好不过的就要算是先进工艺技术的机器带来的真正“解放”了：

> 新玩意儿。真有想象力
> 猪坐上了铁丝网传送带
> 被送到顶层

① 特里·伊格尔顿：《马克思为什么是对的》，李杨、任文科、郑义等译，新星出版社2011年版，第88页。

开始屠宰。猪

无力反抗，在刀子跟前

引颈就戮。还不赖，是吧？看啊，这猪自己把自己屠宰，自己把自己灌成香肠。

一层又一层地降落，先是褪了自己的皮，皮可以制成皮革然后是去鬃，鬃毛可以制成刷子最后脱骨——这是我们骨粉的原料——在重力作用下，入听装罐只需在下面等着，便万事大吉。还不赖，是吧？①

工人在共产党人的领导下组织起来，准备抗争，但最终维护克里德勒及其合作伙伴利益的当局镇压了工人的抗争活动。克里德勒的合作伙伴、更有“手腕”的肉业大亨毛勒暗中买下了市面上的所有牲口，同时与所有罐头加工厂厂主签下大笔订购合同。这些罐头厂主为了履行合同，又必须从毛勒手里买下生肉，毛勒的代理商遂漫天要价，毛勒终于从罐头厂主手中大赚一笔，而罐头厂主只能将债务转嫁到罐头厂的工人头上。由于罐头厂在这次“风潮”中大量倒闭，许多工人只能面对失业的残酷现实。工人彻底失败。接下来，毛勒用这样赚来的钱做起慈善，为约翰娜的救世军们提供善款，让他们在广场搭起粥棚，招揽失业的工人领受毛勒的恩泽。全剧在失业、慈善和宗教中收场。

布莱希特要展现的不是别的，而是这样一组主题：资本主义制度结构使技术进步成为制造普遍贫困的条件、资本主义自由市场不可能逃避大资本家的操纵、当受剥削者努力抗争时维护“市场秩序”的某种力量将暴露出彻底暴力的一面，虔诚信仰的基督教徒约翰娜及救世军在劳资双方间的斡旋、调停不能帮助改善“被侮辱和被损害者”的境况，只能帮毛勒和克里德勒们的忙。正如布莱希特在这出戏里所说的，被约翰娜动摇、被毛勒们破坏的工人失去的将是一切，获得的将是这样一种终结了的历史和永恒场景：

风雪这般呼啸怒号

而谁又愿逗留于此？

① 转引自 Roberto Schwarz *Brecht's Relevance*: *Highs and Lows*, *New Left Review*, 57, May-June 2009, p. 99。

像以前一样纹丝不动的
只有石头般的冻土和赤贫者。[1]

或许将伊格尔顿的论据转换成布莱希特在这出戏里勾勒的具体可感的审美形象，更能让人意识到伊格尔顿为什么是对的吧?

伊格尔顿是对的，恰恰是因为马克思是对的。因为马克思是对的，所以以“贪婪是对的”（Greed is Right）为口号的华尔街才被剥夺者们当作晚近资本主义形态的象征予以占领，发泄他们的不满。但实际上，不用伊格尔顿去证明，西方晚近资本主义社会中越来越多地被剥夺者已经意识到了自身命运的改变不能依靠剥夺者的慈善、被许诺的虚幻的未来以及个人的“幸运”。

（原载《文艺理论与批评》2011 年第 6 期）

---

① 转引自 Roberto Schwarz *Brecht's Relevance*: *Highs and Lows*, *New Left Review*, 57, May-June 2009, p. 102。

关于马克思主义文艺理论与批评的几点思考

——写在当前文论界学术论争之后

马建辉

学术论争是学术活跃、学术民主的表象，是学术进步的阶梯。论争始于质疑和诘难，始于对既有学术成果的重审及对其存在问题的发现与探究，显然，这是学术研究得以推进的必要路径。那么，为什么说写在学术论争之“后”呢？“后”字有两个向度的含义，一是时间、次序上的后，比如一场学术论争偃旗息鼓之后；另一是空间上的后，是指观察者站在论争现场之后，与其保持一定距离，这样会有一个较为平静的心态。这里的论争之“后”是指后者。近年来，我国文艺理论界展开了两次比较集中的论争。一次围绕文学“审美意识形态”论展开，一次围绕“实践存在论”美学观展开。“审美意识形态”论的论争始于2005年下半年，余波延宕至今；“实践存在论”美学观的论争始于2009年年中，当前讨论正日益深入。这两次论争凸显了马克思主义文艺理论与批评在我国的当下特点和境遇，准确把握、深入认识、勇于面对这些特点和境遇，为我们在新的历史时代开拓马克思主义文艺理论研究，开展马克思主义文艺批评将奠定一个重新出发的基础，这是这两次论争带给我们的重要启示。

一　马克思文本诠释的多向度趋势

20世纪初以来，在西方国家，对马克思文本的多向度诠释一直是马克思研究的常态。但在我国学术界，尤其是文艺理论界，马克思文本诠释的多向度趋势成为一个明确的指标还是近年来的事情。一个表象是我们对待西方马克思主义的态度的转变：开始大家主流的声音多是“西马非马”，少有可取之处；后来是“西马”虽“非马”，但多有可取、可资借鉴之处；最后发展到“西马”才是“马”，才是创新马克思主义研究的正途。这直接导致马克思主义文艺理论研究与西方一些理论主张，尤其是后现代主义理论主张“接轨”。比如在最近的理论论争中，“实践存在论”美学就表现出了这样的特征。还有一个表象是形式主义地或实用主义地去理解和把握马克思主义文艺理论相关命题，即有的学者在论著中采用马克思主义经典文本使用的概念，但在对此概念的具体阐释上背离了马克思主义的根本方法和价值观取向，概念在这样的文本中成为形式主义的“马克思主义”的存在。在这方面，一些学者的“审美意识形态”观就是一例。

我国文论界近来展开的这两次学术论争都带有一个鲜明的特点，即论争双方大都把“自己的主张符合马克思主义，而反方观点背离马克思主义”作为论争的重要聚焦点。他们都称自己的主张才是真正坚持了马克思主义，才是真正符合经典作家文本原旨的。这一令人玩味的现象生动地表明了一个时期以来马克思主义在文艺理论界的处境，即在包括文艺学学科在内的哲学社会科学领域对马克思主义相关概念的理解和阐释日益多元了。比如对马克思主义的实践观点、本体论观点、意识形态观点等都有着比较错综的分歧：有学者认为“实践涵盖着人的整个社会生活”，包括单纯的意识活动甚至无意识活动；另一些学者则认为“整个社会生活在本质上是实践的，而并非所有生活都是实践的”，那些脱离了社会实际的“抽象的思维”以及虚妄的感觉和无意识等所谓“纯粹个体性的冲动”，都不应作为马克思主义的实践范畴的内容。对于马克思的“本体论”，有学者主张“实践本体论”，有的主张“物质本体论”，有的主张“辩证唯物主义本体论”。如何看待文学的意识形态性质，在不同学者那里，见解大有不同，甚至对意识形态概念的理解也有很大差异。有学者把它理解成一个整一的概念，即对“ideology”的汉译；有的则是从汉语词组的意义上理解意识形态，把“意识形态”看作“意识”与“形态”的组合，把意识形态理解为“意识的形态”，把“审美意识形态”理解为“审美意识的形态”。而这样有着明显分歧的观点，却都自称是合乎经典文本原旨的马克思主义的观点。

在论争中已经有学者指责其他学者在制造“两个马克思”；也有学者指出，有的观点是在制造“两个马克思主义”，其实，从马克思主义文艺理论的实际研究状况看，这已不是“两个马克思”或“两个马克思主义”

的问题了，而是“多个马克思”、“多个马克思主义”了。在马克思主义文艺理论研究上，多向度诠释马克思的发展趋势已相当明晰。在笔者看来，马克思诠释的多向度处境在学术研究范围内可能是个好事情，如果把握好尺度的话，它或许可以推动马克思主义文艺理论研究走向纵深，可以推动马克思主义文艺理论不同学派的形成，经过一个阶段的讨论争鸣之后，再找到大家一致认同的马克思。那么这个新的一致认同的马克思就是一个更高的、更丰富的马克思了。当然，马克思诠释的多向度处境也要求我们对之加以引导，对那些名义上的马克思主义、严重偏离或背离马克思主义的研究或阐释倾向加以明辨，揭示其虚假性和非科学性，使马克思主义文艺理论研究能够走在科学或比较科学的道路上。

二　批评尤其是马克思主义批评的难度

总体上看，目前在文艺理论界进行真正的批评，尤其是马克思主义批评还是相当困难的。这直接导因于一些学者对于批评，尤其是马克思主义批评的偏见。通过这两次论争，笔者感觉，就当前学术界的实际情况看，缺乏的不是五花八门的所谓“创新”或“发展”的学术观点，而是不同观点彼此间的批评和交流。可是，当前仍有些从事文艺理论研究的学者，包括一些一直主张“对话理论”、“交往理论”和“主体间性理论”的学者，一看到批评，尤其是马克思主义批评，就以为是要搞什么“运动”了，或是又要打什么“政治棍子”了。这些学者可能对“文化大革命”话语仍心有余悸，但这样去理解当下的文艺批评或马克思主义文艺批评，无疑就会显得既缺乏对我们这个时代语境的真切理解，也缺乏对自己所持学术观点的自信。马克思主义理论体系是意识形态，也是一门社会科学。在当今学术领域，它将更多地发挥其作为科学或学术的功能，而非仅仅政治的功能。在21世纪的今天，学术界的“政治棍子”早已进了历史博物馆，即便有谁真的拿出来挥舞一番，大概也很难再吓到人。所以，笔者想，学术界应当正确理解“批评”二字，尤其应当正确理解马克思主义批评，应当想到学术界缺少了批判精神将会是怎样一种状态。我们理想的学术生态是“百花齐放，百家争鸣”，而这其中必然要蕴含一种批判精神。批评或批判，当然应该“好处说好，坏处说坏”，然而，当前“好处说好，甚至坏处也说好”的批评并不鲜见，我们缺少的是“坏处说坏”的批评或批判。

而马克思主义文艺批评由于其强烈的求真意识和批判意识，无疑是“好处说好，坏处说坏”的批评的一种典型模式。但由于那种“友好型”交往状态的长期持续，以至于几乎成为一种批评习惯，所以不少学者对“坏处说坏”的批评缺乏必要的心理准备，于是就常常出现“一点就跳，一碰就闹”的情况，不能以正确的理性的态度看待“坏处说坏”的批评，更不用说虚心接受批评或接受批评中的有益成分了。批评与反批评，可以说是深化理论探讨的必要过程，相对正确的判断往往是在批评与反批评的交互辩驳中诞生的。而双方要想从中有所收获，就必须抱着认真、严肃、实事求是地对待对方观点的态度，如果只是非理性的义气之争，那么就不可能从对方真正学到什么。批评与反批评对其而言也就失去了学理上的意义。

苏汶在《一九三二年的文艺论辩之清算》一文中评价关于文艺自由和“第三种人”的论争时，说过这样的话：在论争中“可以找到许多重要的，宝贵的，而且的确是对各方面都有利的结论；这些结论便是这次论争的最实际的意义”。他举出了那次讨论得出的三点共识：“第一，文艺创作自由的原则是一般地被承认了。”“第二，左翼方面的狭窄的排斥异己的观念是被纠正了。”“第三，武器文学的理论是被修正到更正确的方面了。”苏汶总结道：“以上三点，大体地说，可以称是左翼文坛因这次论争而得到的，无疑是更进步、更正确、更切实的观点。在以前，对这些观点虽然并不绝对不理解，但至少是模模糊糊地理解着；而尤其是在应用的时候，则更完全不把这些放在心上。幸而左翼文坛并不固执；尤其是何丹仁先生那样的勇于替过去认错的精神和态度，更使问题得到愉快的结束。”① 当年的这种学术辩论风气，无疑是令人追思和怀念的。这些前辈学者的做法，或可给今天身处学术论争旋涡的学者们应该以怎样的态度、风度和气度对待批评有所启发。

三　马克思主义文艺理论与批评要走向精致化

以前的一些马克思主义文艺理论与批评有种粗线条的倾向：重论断，不重论证；重结论，不重过程；重本质，不重形式。现在虽有所改观，但精致化的程度尚远为不够。随着人们理论思维的发展和眼界的拓展，今天

① 苏汶：《一九三二年的文艺论辩之清算》，《现代》1993 年第 2—3 期。

的诠释比以往可能更要求逻辑的严谨、论据的扎实、视阈的开阔、分析的细密、形式的精致。因此在诠释上必须戒除粗枝大叶、大而化之的叙述，尤其是戒除那些主观的想当然的判断。我们知道，马克思主义是最彻底的理论，马克思主义文艺学说也是最彻底的文艺学说，但在今天这个语境中，尤其对于文艺理论的诠释来说，只“彻底”还不够，它还要求诠释中介环节的生动、丰富和耐人寻味，要求我们的诠释必须走向精致化。诠释问题，最终还是一个思维方式的问题，所以诠释的精致化，最终是思维方式的精致化。

首先，马克思主义文艺理论与批评走向精致化要戒除定性思维的倾向。每一观点都有其发生的复杂的现实背景和思想渊源，有其或多或少的存在的合理性，因此对待它们不能简单定性，不能简单判定其正确或错误，不能简单判定其是或否马克思主义的。戒除定性思维，不是要取消定性，而是要求人们在作出判断前，要对对象进行深入、全面地研究，对其做细致审慎的剖析。甚至我们可以不给对象定性，而只是在学术的“解剖台”上打开它，展览给人们观看和鉴别。定性思维的一个缺陷是会在陈述中省略许多中间环节，而直接切入本质；或者不计枝节，只抓住能揭示本质的现象进行探讨。这样无疑有很多直截了当、一语中的的好处，但也往往容易忽略对象的丰富性和其他可能性。

其次，马克思主义文艺理论与批评的精致化还要求建构起阐释和分析的微观模式。马克思主义文艺理论与批评的传统模式常常是宏观模式，是文艺理论上的宏大叙事，这是与马克思主义文艺理论高屋建瓴的特质相适应的，也是马克思主义文艺理论与批评的明显优势，在此方面其他理论和批评模式是难望其项背的。精致化并不排斥宏观模式，而是要求在此模式的基础上，加强微观实证模式的探索，使宏观模式能够落到实处，从而改善宏观理论易流于空洞化的弊端。比如，单就马克思主义文艺理论的经典文本研究而言，我们可以在深刻把握宏观语境或大语境之外，加强微观语境或小语境的探究。微观语境或小语境，这里是指“文本内部的语境，也就是文本自身的术语、概念、命题所结构而成的语境”[①]。加强小语境的探究就是要细读文本，细读文本的文化意蕴，从微观的层面去把握其细微差别和真切含义，并与宏观模式下的阐释和结论相对

① 马建辉：《中国现代文学理论范畴》，兰州大学出版社2007年版，第7页。

比、印证，达到融汇综合的、更高层面的科学理解，这是做到“精致化”的重要途径之一。

四 建构马克思主义文艺理论解释学之必要

论争和批评有一个逻辑上的前提，即双方对彼此观点的理解或诠释，以及双方对同一个探讨对象（比如马克思主义的实践观或文艺意识形态论）的理解或诠释。争执往往起于双方间的误读或对同一研究对象理解与诠释上的分歧。马克思主义是什么，马克思主义文艺学的基本观点是什么，这个可能在一个时期内已经不是问题的问题，之所以在今天又成为一个问题，就在于由于社会语境和研究者知识结构与立场的迁移而对其有了更多向度的诠释。正因此，笔者在去年的一次学术研讨会上提出要建构马克思主义文艺理论诠释学的设想。在诠释马克思主义文艺思想时，我们必须确立一些必要的规则和依据，以保障马克思主义文艺思想诠释的完整性和科学性。诚然，马克思主义美学及文艺学要随着时代的进步而发展，要在新的历史进程中不断获得其丰富性和更多可能性。但是，这种丰富性和可能性的获得与发展必须要以科学性诠释为前提，要以符合马克思主义性质为保障。如果没有这个前提和保障，这个发展可能就会成为对其进行拆解和扭曲的一个借口。

实际上，大约从20世纪90年代开始，我国马克思主义研究就已经进入到一个解释学时代。这个时代的来临是和以下几个方面的因素分不开的：由于对经典著作中概念及观点的不同理解而引发的理论论争；德语马恩全集第2版（MEGA2）的陆续出版；中文新版马恩选集、列宁选集的出版，以及中文新版马恩全集、列宁全集的陆续推出；对西方马克思主义研究的日益深入；西方“马克思学”影响的扩散；“回到马克思”话题（或思潮）的升温；西方解释学（或诠释学、阐释学）理论在我国学界的深度传播和发展。在具体的研究实践中，这个时代的一个基本特征是更关注文本解读，更关注语境，更关注解释学要素对于经典著作研究的意义。进入21世纪后，更有学者提出了马克思主义解释学的概念，并力图建构起马克思主义解释学学科。这样的解释学语境已经给马列文论经典文本研究带来了很大变化，它要求我们在马克思主义文论经典文本释读上做一些扎扎实实的推进工作，并在此基础上建构马克思主义文艺理论解释学，以确立起其基本的解释理论、解释逻辑和解释原则。[①]

当然，马克思主义文艺理论解释学的建构，不只是文本本身的诠释问题，还有方法论、历史观和价值观的问题。从某种意义上说，后者往往是更为重要、更为根本的方面。当我们阐释文本时，不能忽视经典作家渗透进文本中的方法论、历史观和价值观。我们以这两次文艺理论论争中涉及的概念为例，在马克思恩格斯那里，意识形态也好，实践也好，都不是抽象的一般性范畴，而是具体的历史性范畴，其含义中鲜明地体现着马克思恩格斯的价值观取向。比如实践范畴，当马克思说“社会生活在本质上是实践的”时候，是站在工人阶级的立场上，提出了一种对资本主义的充满神秘主义气息的理论体系进行科学剖析的方法论。所以，这个实践不是抽象的、一般的。那些“把理论导致神秘主义的神秘东西”，显然只是能够“在人的实践中以及对这个实践的理解中得到合理的解决”的东西，而并非实践本身。[②] 而“实践存在论”美学的主张者，却由此出发，认为人类所有的意识甚至无意识都是实践，将其抽象化、一般化了，将其所指泛化了。该学者显然只是从文本出发，而忽视了解读马克思的更为根本的方面，由此，得出的结论也必然是偏颇的了。

理论体系往往是以属于理论家本人的文本为依据的，然而，实际上，它并非专属于理论家个人。黑格尔就曾说：“就个人来说，每个人都是他那时代的产儿。哲学也是这样，它是被把握在思想中的它的时代。”[③] 马克思也说，“任何真正的哲学都是自己时代的精神上的精华”[④]。其实，从某种意义上说，即便是人文社会科学专门学科的理论体系所呈现出来的个性化特征，它也不是单属于某位学者个体的，而是特定时代精神的体现和反映。理论上的论争，既是理论家思想分歧的体现，也是时代精神内在矛盾纠结的反映。当今时代，由于经济领域各种成分的共生共存、竞争消长，思想文化领域日益呈现多元态势，各种不同倾向的观点的存在和发展已是客观事实，交流和碰撞必将成为常态。即使在马克思主义内部，一定范围内的分歧也难以避免。笔者想，这样的时势，对于深化学术研究来说，应该是非常有利的，只要参与论争的各方、各位，能有“真理为王”的怀

① 马建辉：《马克思主义文论解释学初论》，《黑龙江社会科学》2010 年第 2 期。

② 《马克思恩格斯选集》第 1 卷，人民出版社 1995 年版，第 60 页。

③ 黑格尔：《法哲学原理》，商务印书馆 1982 年版，第 12 页。

④ 《马克思恩格斯全集》第 1 卷，人民出版社 1995 年版，第 220 页。

抱，少一些个人意气，多一些学术关怀，马克思主义文艺理论与批评在这样的认真、严肃的学术讨论与反思之后，相信会有与其高度、深度和广度相匹配的新的面貌和气象。

（原载《云梦学刊》2011年5月第32卷第3期）

对新时期马克思主义文论的历史考察

丁国旗

1978年，中国共产党十一届三中全会胜利召开，从此中国社会开始进入新的历史阶段，也就是我们通常所说的“新时期”。新时期的社会变革，既带来了从经济生活、政治生活到文化生活的全面而深刻的社会变化，同时也带来了人们在生活方式、思维方式以及人生价值观念方面的巨大变化。中国马克思主义文艺理论研究在解放思想、实事求是的思想路线引领下逐渐开始活跃起来。中国马克思主义文艺理论家们一开始就十分重视文艺与政治关系的讨论，思考着如何理顺文艺与政治的关系。同时，人们开始重新关注人性、人道主义等课题，研究马克思主义的人性、人道主义和异化等理论问题。为了探索文艺学美学新的研究方法，引发了马克思主义文艺学美学研究方法论的热烈讨论，马克思主义的一些经典问题与理论也在新时期得到了重新讨论与梳理。在一种比较宽松的理论研究环境中，经过中国马克思主义文艺理论家们多年的努力探索和理论思考，最终汇合成一种强大的思想潮流，开拓出了中国马克思主义文艺理论思想解放和蓬勃发展的新局面。

一　文艺与政治的关系问题

文艺与政治的关系问题，是马克思主义文艺理论一个十分重要的问题，也是我国现当代文艺发展过程中一直关注的重大理论问题之一。关于这个问题的讨论，长期以来似乎从未中断。党的十一届三中全会的顺利召开，初步清理了过去“以阶级斗争为纲”的“文化大革命”路线，提出了实事求是、解放思想的新路线。而之后在理论界展开的“实践是检验真理的唯一标准”的大讨论，又从根本上唤起了人们对于“文艺为政治服务”、“文艺从属于政治”等理论的反思以及对于艺术自身规律的探求，这时，文学艺术界在经过深入探讨的基础上，提出了诸如“形象思维”论等许多新的艺术理论观念，这些观念使人们对于文艺的规律有了更多新的认识，在一定程度上开辟了探求艺术规律的新天地。

1979 年，“中国文学艺术工作者第四次代表大会”顺利召开，邓小平亲临大会并致“祝词”。在“祝词”中，邓小平指出：“党对文艺工作的领导，不是发号施令，不是要求文学艺术从属于临时的、具体的、直接的政治任务，而是根据文学艺术的特征和发展规律，帮助文艺工作者获得条件来不断繁荣文学艺术事业，提高文学艺术水平，创作出无愧于我们伟大人民、伟大时代的优秀的文学艺术作品和表演艺术成果。”① “围绕着实现四个现代化的目标，文艺的路子要越走越宽，在正确的创作思想的指导下，文艺题材和表现手法要日益丰富多彩，敢于创新，要防止和克服单调刻板、机械划一的公式化概念化倾向。”② 邓小平的话发人所不敢发，为认真清理过去僵死的文艺教条指出了方向。不久之后，邓小平在《目前的形势与任务》一文中进行了更为明确的阐述，他指出：“不继续提文艺从属于政治的这样口号，因为这个口号容易成为对文艺横加干涉的理论根据，长期的实践证明它对文艺的发展利少害多。”③ 邓小平不继续提文艺从属于政治的思想，使广大的文艺理论工作者备受鼓舞，自此人们开始真正地解放思想，从不同的角度、用不同的方法来研究艺术理论、艺术创作与艺术价值等问题。

1979 年第 4 期《上海文学》发表了署名评论员文章《为文艺正名——驳“文艺是阶级斗争的工具”说》，反对把文艺作为阶级斗争的工具。这期间，《上海文学》、《文学评论》、《文艺研究》等刊物就政治与文艺的关系问题展开了讨论。1980 年 7 月 26 日，《人民日报》发表了《文艺为人民服务，为社会主义服务》的社论，最终由中央高层作出决定，不再提“文艺为政治服务”、“文艺从属于政治”的口号，而改为提倡“文艺为社会主义服务，为人民服务”。社论指出：“作为学术问题，如何科学地解释

---

① 中共中央宣传部文艺局：《邓小平论文艺》，人民文学出版社 1989 年版，第 9 页。

② 同上书，第 7 页。

③ 同上书，第 108 页。

文艺与政治的关系，人们完全可以自由展开讨论。作为政策，党要求文艺事业不要脱离政治，坚持正确的政治方向，但并不要求一切文艺作品只能反映一定的政治斗争，只能为一定的政治斗争服务。”这篇社论全面地论述了文艺与政治的关系问题，可以看作是这场讨论的一个总结；它为新时期有中国特色的社会主义文学艺术的发展和繁荣指明了方向，关于这个问题的讨论至此暂告一段落。

与文艺和政治关系问题紧密联系，“文艺批评标准”问题也是新时期开始后，艺术理论界关注的焦点之一。程代熙在《谈谈马克思主义文艺批评的标准问题》一文中，从毛泽东在延安文艺座谈会上的“讲话”说起，通过对文艺“政治”标准、“艺术”标准的历史性分析，指出“政治标准成了唯一标准的直接后果就是批评文章的简单化”，而这种简单化又“在一定程度上反过来影响和助长了文艺创作上的概念化、公式化”，甚而促成“文艺为政策服务”等不尊重艺术规律的后果。程代熙通过论述和分析恩格斯给拉萨尔的信后认为，马克思主义的文艺批评标准应是“美学的、历史的”标准，而且虽然马克思恩格斯从未明确提出哪是“第一”、哪是“第二”，但“如果从行文上看，他倒是把美学观点摆在前面。另外，马克思写给拉萨尔的信，首先作的是美学观点的批评，接着才是历史观点的批评。恩格斯也是先谈艺术问题，后谈作品的思想内容问题”①。那种提倡“政治标准第一，艺术标准第二”的说法显然是不恰当的，也是违反马克思恩格斯关于文艺批评标准本意的。程代熙的观点代表了当时艺术标准与政治标准问题的正确看法。

思想解放的潮流促进了学术的发展，从 1978 年到 1984 年这段时间，在我国哲学界首先出现了关于人道主义和异化问题的大讨论，由于它与文艺现象、文艺理论的密切关联，因此引起了文艺理论界、美学界的广泛关注。当时几乎所有的文艺理论家都投入到了这场讨论之中，取得了不少理论成果。文艺理论界的学者结合艺术自身的实际，发表了大量的论著，全面地探讨了人性与阶级性的关系及其在文艺中的表现，不仅深化了对这些问题的研究，而且也带动了文艺创作的某些变化。

对于人道、人性问题的探讨还带来了人们对于文学艺术本性的新认识。钱谷融在新时期将他过去长期遭到批判的“文学是人学”的观点重新

---

① 程代熙：《马克思与美学中的现实主义》，上海文艺出版社 1983 年版，第 36—58 页。

提了出来，并在 1980 年《文艺研究》第 3 期上发表了《〈论“文学是人学”〉一文的自我批判提纲》一文。与此相呼应，王蒙在 1982 年《文学评论》第 4 期上发表了《“人性”断想》一文，钱中文在 1982 年《文学评论》第 6 期上发表了《论人性共同形态描写及其评价问题》一文，他们分别对文学与人性的关系问题进行了探讨。经过一个阶段的理论研讨，“文学是人学”的命题得以最终确立，并被肯定为马克思主义的文艺命题。诸如此类的文艺理论探讨，从更深的层次彻底否定了过去“文艺从属于政治”的口号，在最大程度上恢复了文艺的本质特征和本来面目。

二　马克思主义文艺理论体系问题的讨论

新时期以来，随着中外文化交流日渐深入，文艺理论界有足够的条件对经典马克思主义文艺理论进行进一步整理、翻译、介绍、评论和出版。这些工作既有利于纠正此前理解上的某些片面、失误或错误，又有利于全面、深入地理解和把握经典马克思主义文艺理论，还为普及经典马克思主义文艺理论，发展和建设有中国特色的马克思主义文艺理论奠定良好的基础。马克思主义文艺理论是有完整体系的，这一点一直为我国几代文艺理论家们所肯定；然而，从新时期开始，有的学者对马克思主义文艺理论的科学体系性表示了怀疑，声言“马克思主义文艺学不成体系”，马克思主义的经典作家也没有太多的关于文艺的论述，而只有一些散见于他们哲学经济学著作中的片言只语、“断简残篇”①。这种观点在文艺理论界引起了强烈反响，许多文艺理论工作者不同意这种看法，纷纷撰文商榷。关于马克思主义文艺理论体系问题的讨论，主要有以下几方面内容：

一是致力于马克思主义文艺理论体系基础性的理论建设。陆梅林、杨柄在这方面做了大量的艰苦的编注工作。由杨柄编辑的《马克思恩格斯论文艺和美学》一书，主要从历史的角度来建构马克思主义文艺理论体系。而陆梅林辑注的《马克思恩格斯论文学与艺术》则是从理论的视野来架设同样的理论体系。陆梅林在“文化大革命”期间，就编辑了《毛泽东论文艺》、《鲁迅论文艺》和《马恩论文艺》三部手稿，这使他能够对马克思主义关于文学艺术的经典论述有十分透彻的学习与理解，并且认识到马克

---

① 刘梦溪：《关于发展马克思主义文艺学的几点意见》，《文学评论》1980 年第 1 期。

思、恩格斯的文艺理论，也和整个马克思主义学说一样，都是为无产阶级和广大劳动人民、为无产阶级革命并为最终实现人类崇高的共产主义理想服务的。它是无产阶级的具有高度党性的文艺科学，是无产阶级革命文艺运动和社会主义文艺工作须臾不可偏离的指针。马克思、恩格斯的文艺思想博大精深，辩证法贯穿始终[①]。在《体系与精神——马克思恩格斯文艺思想初探》中，陆梅林指出马克思主义文艺思想有一个相当完整的科学体系，并以翔实的资料论证了马克思主义文艺理论体系的内容和特征，驳斥了马克思主义文艺学没有体系的观点。

二是澄清马克思主义文艺学没有科学体系的错误说法。陆梅林指出：有人认为马克思主义不曾写过专门的美学著作，便以为马克思主义［美学］没有一个完整的体系。这是不对的，写过或没有写过美学专著，和有没有完整的美学体系并不是一回事。马克思主义创始人没有写过美学专著，这是事实；说因此就没有一个完整的美学体系，这却不是事实。实际上，马克思主义美学体系比起过去任何美学大师所构成的任何体系都更宏大、更完整，而且有更坚实的物质基础和历史发展线索[②]。针对否定马克思主义文艺学科学体系的说法，程代熙认为必须进行深入研究，具体分析造成一些人认为马克思主义文艺思想没有体系的真实原因。他认为，苏联卢那察尔斯基等人之所以认为马克思主义文艺理论没有完整的体系，是因为在20世纪20年代马克思恩格斯的著作被介绍到苏联较少所造成的。实际上，到里夫希兹与希里尔合作编辑世界上第一本俄文版《马克思恩格斯论艺术》时，马克思恩格斯文艺理论的科学体系就已经被初步揭示出来。而卢卡契在20世纪30年代就批驳过认为马克思恩格斯的艺术理论没有形成体系的看法，而且第一次从真正意义上阐释了马克思主义艺术学的“体系性”。程代熙认为，“马克思恩格斯文艺思想是建立在历史唯物主义的基础之上的一个全新的科学体系”，“加强对马克思主义文艺理论尤其是基础文艺理论的学习，有着特殊的意义”[③]。程代熙的分析与看法进一步厘清了对于马克思主义文艺学缺乏体系的错误认识。

---

① 陆梅林：《唯物史观与美学》，光明日报出版社1991年版，第2—3页。

② 陆梅林关于马克思主义文艺学体系论的相关论述，可参看其《体系和精神——马克思恩格斯文艺思想初探》、《从整体上把握马克思主义美学思想——纪念马克思逝世一百周年》等文章，见陆梅林《唯物史观与美学》，光明日报出版社1991年版。

③ 程代熙：《海棠集》，重庆出版社1986年版，第117—120页。

三是努力创建马克思主义文艺理论体系。新时期以来，许多马克思主义文艺理论的专家和学者为马克思主义文艺理论体系的建构做出了艰辛的努力，并取得了不少富于创新与影响的理论成果。陆贵山从“宏观马克思主义文艺学”的视野，在分析艺术与美学问题时，总是善于抓住“基本的、首要的、主导的、起支配作用的方面”,[①]“努力从宏观的大视角，全方位全过程地把握审美关系和审美活动的总体结构”。他的《宏观文艺学论纲》一书，“侧重于从宏观的大视角，站在历史唯物主义和辩证唯物主义的制高点上，鸟瞰文艺世界的全局通过理论概括所获得的学术成果”[②]。他认为，任何伟大的作家和作品都应当自觉地体现历史精神、人文精神和美学精神的完美与和谐，用历史精神拒斥人文精神，或用人文精神消解历史精神，或用美学精神取代历史精神和人文精神，都会形成片面乃至悖谬的文艺思想和美学思想。“宏观马克思主义文艺学”以实践为中介和动力，将文艺中的历史精神、人文精神和美学精神有机地联系在一起，构成了一个宏大的马克思主义文艺理论体系。在2000年中国人民大学出版社出版的《人论与文学》一书中，陆贵山把马克思主义的人学思想放在历史唯物主义的框架内，选取一些重要范畴进行了宏观的辩证分析，力图构建马克思主义人学理论的框架式思想体系。陆贵山并不满足于“勾勒一个马克思主义人学思想的学术轮廓”，而是将“西方现当代的人本主义，特别是新人本主义的人学理论和文学理论的一些代表性的思潮和重要论点”加以“梳理和透视”，在“把握和驾驭这种人学理论和文学理论的总体倾向和精神实质”的基础上，从中汲取了“有价值的合理内核和有营养的思想成分”，充实到了当代形态的马克思主义文艺理论体系中。董学文以“当代形态”的马克思主义文艺学理论建构，对马克思主义文艺理论体系建设进行了有益探索。1988年，董学文发表了《从“经典形态”到“当代形态”——关于马克思主义文艺学改革的思考》和《马克思主义文艺学当代形态论纲》两篇文章，首次提出马克思主义文艺学要适应变化了的形势，改换自己理论模式的问题，并初步论证了“当代形态”产生的历史根由和逻辑前提，对“当代形态”的面貌作了大胆的设想。他指出：“所谓‘经典形态’指的是马克思主义经典作家在其著作中对文艺问题的基本表述，

---

① 陆贵山：《人的客体性和主体性的统一和倾斜与文学》，《求是学刊》1998年第1期。

② 陆贵山：《宏观文艺学论纲》，辽宁大学出版社2000年版，序言。

以及后人对这些表述所形成的传统观念；所谓‘当代形态’，当然是个探索性的概念，主要是指站在今天的时代高度，用现代人的眼光，汲取最新的成果，总结新的经验，把马克思主义文艺学的面貌再一次新鲜地描绘出来。”① 他提出，“当代形态”的建设至少要解决五个问题：一是把文艺的意识形态理论和某些非意识形态成分有机地结合起来，二是加强文艺活动的非理性特征的说明和研究，三是突出当代的诗学建设，四是重新审视文艺学研究的对象，五是总结和揭示社会主义、中国的社会主义特别是初级阶段社会主义的文艺的特殊性以及它的规律、走向与趋势，这个问题更为紧要。1998 年，董学文主编的《文艺学当代形态论——“有中国特色马克思主义文艺学”研究》的出版，标志着他的当代形态马克思主义文艺学的理论研究进入到了一个新的阶段。全书从总结国际国内文艺运动经验入手，进而从“本质与机制”、“经验与特色”、“课题与问题”三个角度，论证了文艺“当代形态”的逻辑演进和历史必然性。1996 年由花山文艺出版社出版的张炯的新著《社会主义文学艺术论》，在构建马克思主义文艺理论体系上独辟蹊径、独具一格。作者努力以马克思列宁主义、毛泽东思想和邓小平建设有中国特色的社会主义理论为指导，密切结合我国文学艺术特别是社会主义时期文学艺术发展的实践，对有中国特色的社会主义文艺的一系列具有重要意义的问题，进行了较系统的梳理。作者在书中提出，“文艺的现代形态不能松懈社会主义意识的追求”，“文艺的艺术形态走向完备的多元结构的同时，文艺对于社会主义意识形态的追求必定不能松懈。否则，它便可能背离社会主义精神文明建设的总目标，随波逐流，乃至听任封建主义和资本主义意识形态的侵蚀和泛滥”②。

三 “方法论”中的马克思主义“主元”地位讨论

80 年代中后期，我国文艺理论界的学科意识大为增强，一股“更新文艺学方法”的讨论在文艺理论界热烈展开。用自然科学的方法来寻求解决人文领域的各种问题，成为新时期以来最引人注目的思想变革潮流。信息论、控制论、系统论、协同论、耗散结构论等，这些来自自然科学的方法

① 董学文：《文艺学的沉思》，人民文学出版社 1992 年版，第 193 页。

② 张炯：《社会主义文学艺术论》，花山文艺出版社 1996 年版，第 127 页。

开始向人文学科延伸，人们不仅将这些方法引进人文社会科学，而且还用这些方法解读分析文学与艺术。然而，文学与艺术毕竟不是自然科学的对象，它们有着更为复杂而丰富的结构与层次，联结着更多复杂而多样的关系。因此，最初将自然科学的方法直接引入文学艺术领域的做法，很快就显露出它的弊端，而来自西方现代人文学科的诸多研究方法又迅速成为人们关注的焦点。一时间，弗洛伊德的精神分析法、荣格的原型批评、现象学方法、解释学方法、西方马克思主义的批评方法、女权主义批评、结构主义方法、人类学方法、符号学理论等批评方法与观念被共时态地引入到我国，给中国艺术理论界带来了前所未有的理论振荡。而借助这些新的批评思想与方法，经过人们不同的理解、阐释与运用，中国文学艺术界跨入到一个文艺研究方法变革的时代，成就了 1985 年的“方法论年”和 1986 年的“文学观念年”。

在对外开放的时代背景下，西方文学，尤其是西方现代主义文学及其观念的传入，使中国文学艺术界开阔了学术视野，对我国的理论思维方式和艺术观念产生了巨大的冲击。客观地讲，新方法与新观念虽然有着各自独特的解读文艺作品与文艺现象的魅力所在，然而，它们更多地呈现的只是解决问题的“片面的深刻”，是某一角度的真理，它所表现出来的肤浅与浮躁也是十分明显的。尤其是随着西方大量文艺方法与文艺思潮的引入，有不少文章开始不点名地把马克思主义文艺理论贬之为“传统观念”、“庸俗阶级斗争论”、“直观反映论”，把马克思主义文艺学的研究方法说成是单纯从哲学的认识论或政治的阶级论角度来观察文学现象，主要侧重于外部规律。与此相呼应，文艺理论的“多元论”主张甚嚣尘上，认为马克思主义不过是众多理论流派中的一支，多元中之一元。

针对这些理论谬误，著名科学家钱学森撰写《关于马克思主义哲学和文艺学美学方法论的几个问题》一文指出：“任何一种方法都无法改变原来理论的正确与不正确。方法不能改变本质性的东西。因此，文艺理论要发展，必须建立在正确的文艺理论观点上，同时为了研究的需要引用现代所有的有效方法。就是说，你的出发点必须是对的，即要符合马克思主义哲学。”① 陈涌发表《文艺学方法论问题》一文，认为在一些人的文章中，

① 钱学森：《关于马克思主义哲学和文艺学美学方法论的几个问题》，《文艺研究》1986 年第 1 期。

“马克思主义被作出种种并不符合它的原貌的解释”，“实际上它是被歪曲，被漫画化了”，“马克思主义文艺学的方法论，只能建立在历史唯物主义的意识形态论和辩证唯物主义的认识论的基础上。历史唯物主义的意识形态论和辩证唯物主义的认识论是我们考察全部意识形态问题的理论基础，因为在我们看来，理论和方法是一致的”[①]。李准、丁振海在《马克思主义和文艺理论新方法的探索》一文中提出：对新方法的探索应当以马克思主义的基本原理为指导，“如果离开了辩证唯物主义的本体论和认识论、历史唯物主义、马克思主义的具体问题具体分析的原则的指导，新方法的运用就有可能陷入偏颇。新方法的探索还应当紧紧依靠新的实践，以实践为基础，接受实践结果的检验，防止经院哲学式的做法”[②]。

陆梅林针对“多元化”的观点，运用马克思主义的方法论，撰写了《方法论放谈——兼论一元论和多样化》（载《文艺争鸣》1986 年第 2 期）、《观念和方法的关系》（载《文艺研究》1987 年第 3 期）等文章。在这些文章中，陆梅林认为：“多元化”的观点否定了马克思主义及其指导地位，否定了无产阶级的革命政党，否定了社会主义以及人民民主专政。实际上，也就从根本上否定了四项基本原则。他提出了“一元论和多样化”的原则，意思是说要在世界观和方法论的最高层次上坚持马克思主义的一元论，但在具体研究的方法上要追求多样化。程代熙也撰写了《一元化和多样化》（载《诗刊》1985 年第 11 期）、《一元・二元・多元——对一个哲学问题的探讨》（载《文艺理论与批评》1990 年第 2 期）等文章，具体澄清了人们对于“一元”与“多元”的模糊认识，确立了马克思主义的一元地位。陆贵山把马克思主义作为统领其他理论学说的主导理论、主导思想，在论述中维护马克思主义文艺思想的主导地位。他认为，任何一个国家和民族的文化思想和文艺思想既是多元的又是主元的。文化和文论的多元和主元是相对的、相辅相成的一个问题的两个方面，无主元的多元可能导致“多中心”，造成失衡无序和迷乱；无多元的主元，又可能形成“独元”，定于一尊，诱发出强横的文化霸权主义、文化集权主义和文化专制主义。这两种极端都会破坏文化和文论生态的和谐与平衡。中国是发展

① 陈涌：《文艺学方法论问题》，《红旗》1986 年第 8 期。

② 李准、丁振海：《马克思主义和文艺理论新方法的探索》，《光明日报》1985 年 10 月 31 日。

中的社会主义国家，从这个政体和历史阶段的现状出发，应当确立马克思主义和社会主义文化思想的主导地位，大力弘扬共产主义的世界观、人生观和价值观。同时，要注重发展健康的、清新的、蓬勃向上的民族的、民主的、大众的社会主义的新文化，以满足人民多方面、多层次的文化需要。因此，“弘扬主旋律，发展多样化”的原则，对建设和确立马克思主义和社会主义的文化思想和文艺思想是适用的①。

1985 年开始的方法论讨论以及 1986 年西方文学观念的大量引入，无论是自然科学的方法论或是人文主义的诸观念，虽说在具体方法上有所探索、有所发展，对当时文艺学研究进一步解放思想、开创局面影响深远，但总体上说，它们的引入并没有动摇马克思主义的根本理论，更何况在文艺学方法论的大讨论中，马克思主义“美学的、历史的”方法，也同样得到了深入的讨论。实际上，当这些来自西方的文艺批评理论被引入进来的时候，它们本身就是在马克思主义文艺观的理论观照与同马克思主义的理论对话中，被中国学术界所接受的。另外，诸如西马文论、女权主义批评、结构主义等许多新的方法与观念本身就有着同马克思主义理论千丝万缕的联系，因此，它们的引入不仅没有对我国马克思主义文艺观念造成颠覆与伤害，而且大大开拓了我国马克思主义文艺思想的理论空间，给我国马克思文艺理论建设注入了新的活力，提供了新的思路。

四 对“现实主义”创作方法的辩护

一般来说，现实主义有广义和狭义之分。广义的现实主义，通常是指文艺创作中的原则，它建立在唯物主义世界观和认识论的基础上，正确地、真实地反映和表现现实生活；它又被称为文艺创作的现实主义原则或现实主义精神。狭义的现实主义，则是指一定时期、一定阶段出现的，为某些现实主义流派所提倡和采用的具体的、严格的创作方法。现实主义在古今中外的文学艺术发展史上，是基本的、常见的创作原则和方法。马克思列宁主义经典作家对现实主义问题非常重视和关注，现实主义理论是马克思主义文艺理论的重要内容之一；马克思、恩格斯曾在他们的论著中进行过多方面的阐述，并且形成了内容丰富的理论体系。然而，与其他的马

---

① 陆贵山：《宏观文艺学的基本特征》，《三峡大学学报》2001 年第 5 期。

克思主义基本理论一样，在“文化大革命”期间，有关现实主义理论问题，也遭到了严重的歪曲与篡改。

进入新时期以后，尤其是随着西方现代艺术及其思潮的引入，我国文艺界一些人开始宣扬“现实主义过时”论，“现实主义是蒸汽机时代的产物”，“国家要搞现代化，文艺何妨现代派”。有的主张以人道主义、现代主义互补构成的“新现实主义”，代替“革命的现实主义”和“社会主义现实主义”。还有的提倡什么“社会主义的批判现实主义”或“开放性的现实主义”等。于是，艺术创作中的“反典型”、“非英雄化”等盛极一时。针对这一状况，文艺界展开了持续的、热烈的、涉及现实主义多方面问题的论争。

80年代初，关于现实主义问题的争论首先是从有人批判恩格斯的典型理论引起的。当时，有一篇题为《一个值得重新探讨的定义——关于典型环境和典型人物关系的疑义》的文章，对恩格斯提出的“现实主义的意思是，除细节的真实外，还要真实地再现典型环境中的典型人物”表示异议，认为“无论是恩格斯的论述本身或是对它的理解和运用都有进一步探讨的必要”。该文认为，在评价一部具体的文学作品时，没有理由也没有必要去把其中的人物和环境的关系机械地分割开来、对立起来，从而陷入既要肯定其人物又要否定其环境的矛盾境地①。该文发表不久，程代熙即撰写了《不能如此轻率地批评恩格斯——读一篇论文的感想》一文，针对以上这篇文章中的主要观点，尤其是对恩格斯提出的批评，表示“说重一点，是在指责。因此实难保持沉默”。他认为，恩格斯对哈克奈斯的《城市姑娘》的批评是正确的，他提出的现实主义原则不仅符合作品的实际，而且相当重要并具有普遍的意义。他在文中引用了哈克奈斯本人给恩格斯的一封回信，明确谈到“您关于我的小书所讲的话中有许多是非常公正的，特别是关于其中的现实主义的不足之处”，以此有力地批驳了所谓恩格斯的批评“是欠准确和公正的”论调。随后，双方又各有来来回回的批评和反批评②。

这场争辩引起了理论界、文艺界的关注，陈涌随后发表了《现实主义问题》的长文。他说：“恩格斯提出的现实主义的要求，并不是人为的强

---

① 徐俊西：《一个值得重新探讨的定义——关于典型环境和典型人物关系的疑义》，《上海文论》1981年第1期。

② 程代熙：《不能如此轻率地批评恩格斯——读一篇论文的感想》，《上海文论》1981年第4期。

制的公式。它本身是现实的反映，它是从正确解决文艺和现实关系出发的，而且它也是过去艺术经验的一个总结。要求‘真实地再现典型环境中的典型人物’，首先就要求我们在现实发展过程中历史地观察生活、观察人物。”[①] 他还认为：“典型环境应该看作是总的社会历史环境和具体人物生活在其中的具体环境的统一，既不能只讲社会历史环境，也不能只看到具体人物生活在其中的具体环境。”[②] 郑伯农在《关于创作方法的几个问题》中说：“现实主义是不会过时的，它不会被那些五花八门的东西所替代，因为它的生命在于生活，而生活之树是常青的。同时，它也不需要去全盘替代其他的东西，因为它不是宗派，不是一种强迫人们就范的模式。在历史上，它曾长期和浪漫主义携手并进，今后还要继续携手并进。它不但要和浪漫主义拉起手来，还要协同其他一切有益的表现手法，在马克思主义这个先进世界观的指引下，共同开出灿烂的文艺之花。”[③] 吴元迈连续发表了《现实的发展与现实主义的发展》等一组论文，捍卫和阐述了马克思主义现实主义艺术观。他指出，现实主义“过时”论是站不住脚的，从19世纪50年代出现“现实主义”这一术语之后，虽然很多人认为现实主义存续不了太长的时间，然而“一个多世纪过去了，现实主义并没有从当今的世界文学‘地图’上消失。相反，它仍处在不断的运动之中”[④]。而且在新的历史条件下，西方批判现实主义也以新的艺术实践证明了它的发展。针对那些独尊现实主义的理论观点，吴元迈指出：“现实主义的生命在于运动。……固步自封，只墨守成规，会把现实主义引向衰落或死亡。”[⑤] 正是基于这种对马克思主义现实主义理论的开放立场，他认为现实主义可以借鉴和吸收现代主义的某些形式和手法，而不是把二者看成是对立或不相容的东西。

五　21世纪以来马克思主义文艺理论的新探索

从20世纪70年代后期到20世纪末，虽然我国马克思主义文艺理论获

---

① 陈涌：《现实主义问题》，《文艺报》1982年第12期。

② 同上。

③ 郑伯农：《艺海听潮》，漓江出版社1987年版，第135页。

④ 《吴元迈文集》，上海辞书出版社2005年版，第240页。

⑤ 同上书，第242页。

得了重要的成就，但这一时期的马克思主义文艺理论研究也存在着一些不足和缺陷，如文艺理论脱离艺术实践和艺术实际，热衷于概念游戏、空洞命题的演绎和体系建构，所谓的新术语、新命题或新体系缺乏实质上的创新；缺乏问题意识，不加分析地、盲目地照搬外国的理论资源，结果在激情的理论转译、转述中，忽视了中国文艺理论和文艺创作的实际问题；理论的时尚化和市场化，理论参与市场、媒体的炒作，缺乏对文艺实践和文艺理论自身问题的关注；不能全面而系统地掌握马克思主义，仅满足于对经典马克思主义理论的寻章摘句，导致无谓的重复等。凡此种种，不一而足。

不过，让人欣慰的是，进入21世纪以来，尤其是近几年随着马克思主义理论“中国化”探讨的不断深入，许多学者都认识到了这一点：我们试图建构的当代形态的马克思主义理论体系还没有完成，许多过去已经探讨的问题，认为已经说清的东西，现在发现有些并没有说清，具有中国特色的马克思主义文艺理论也还主要是一个框架，缺乏实际的内容，马克思主义理论的中国化仍然是任重而道远。可以这样说，马克思主义文艺理论研究在进入21世纪以后已由过去的重理论建构走向了理论的清理与反思阶段，出现了许多反思性的理论文章，对一些重要的理论问题进行了新的讨论，如关于文艺“审美意识形态论”的学术论争等，这些都反映出学者们开始以冷静的学术态度、批判的学术立场正视我国马克思主义文艺理论所面临的问题。

时代发生着变化，应该说，90年代中期以来，由全球化、技术化、网络化引起的社会形态的深刻变化，反映到文艺中也出现了许多新问题、新现象。文化研究的兴起、日常生活的审美化、艺术的娱乐化、网络写作的备受关注、艺术消费的现代意识、底层写作的重新崛起等，所有这些都需要我们进行深入研究、系统阐释，用马克思主义文艺的基本理论、基本观点做出准确的判断。如果不能以“现实问题”为中心，突出“问题研究”，那么马克思主义实际上是很难真正走进新时代的。过去的研究成果针对于过去的问题，有着时代的局限，新的问题正在呼唤新的理论成果的出现，这是需要中青年学者的睿识与理论思考才能完成的。今天，马克思主义文艺理论迫切需要研究当下现实与当下问题，从近几年国内召开的几次重要的马克思主义文艺理论学术会议上，我们能够看出，这已经成为学者们的一种共识。例如，2007年6月，上海召开了“马克思主义文艺理论的当代发展：中国与西方”国际学术研讨会；8月，“马克思主义美学与现代中国”国际学术研讨会在南京大学召开；10月，在山东聊城召开的全国马列文论研究会第24届年会的会议主题是“马克思主义文艺理论中国化”。2008年6月，北京大学召开了“新时期文学理论回顾与反思”学术研讨会，会议对新时期我国马克思主义文艺理论的基本发展进行了深入的反思；10月，在天津召开了“马克思主义美学与当代社会”国际学术研讨会；11月，全国马列文论研究会第25届年会在武汉召开，会议主题为“马克思主义文论与21世纪”；12月，北京召开了“回顾与展望——改革开放30年全国马克思主义文艺理论研究学术研讨会”。2009—2010年，与马克思主义文艺理论或美学相关的学术性会议仍然很多，从会议所传达出来的情况看，人们越来越希望通过对于现实问题的关注，使马克思主义文艺理论研究能够走出新的路子，真正形成具有中国特色的、中国化的马克思主义文艺理论成果，从而推动我国马克思主义文艺理论研究跃上一个新的台阶。

反思还在继续，但在反思中，我们看到的不仅是对过去理论的清理与重新思考，更多的是着眼于未来的希望。经过新时期多种文艺理论与文艺思潮的碰撞与摩擦，中国马克思主义文艺理论正走向成熟阶段，中国马克思主义文艺理论界的专家学者也较以往显得更加自信与稳健。20世纪后期，我国学者就提出建设“中国特色的马克思主义”文艺理论这一设想，但理论的建构和探索是一件十分繁重和艰辛的过程，在新世纪新阶段建设中国马克思主义文艺理论仍然是时代赋予我们的重要课题。进入21世纪，我国文艺界已逐渐意识到，要真正建设中国特色的马克思主义文艺理论，必须走综合创新的道路。“凡是走过头的东西，总得走回来”，面对20世纪中国艺术理论发展的现状，一大批文艺理论家早就提出过需要宏观把握，需要“走辩证整合研究之路，这是20世纪文论的历史呼唤”①。这一论断，对于建立21世纪的马克思主义文艺理论具有重大的理论价值和重要的现实意义。

马克思主义文艺理论要在现实中不断地创新发展，这是马克思主义永葆青春的根本途径，也是马克思主义文艺理论走向胜利的根本保证。我们

① 吴元迈：《20世纪文论的历史呼唤：走辩证整合研究之路》，《文艺报》2000年11月7日。

真诚地信仰马克思主义，但并不是要把马克思主义当成刻板的教条，盲目地、机械地对待马克思主义，而应该始终抱定创新发展的态度。马克思主义的发展是一个漫长的过程，不是一成不变的僵化东西；马克思主义生命力存在于不断的丰富、充实和更新之中。毛泽东同志在延安整风的重要历史文献《改造我们的学习》一文中提出过当时共产党人在工作中所存在的三方面的缺点与不足：一是对于现状，缺乏调查研究的“浓厚空气”；二是对于历史，认真研究的空气也是“不浓厚的”；三是关于学习国际的革命经验，只是“单纯的学习”消化不了，“只会片面地引用马克思、恩格斯、列宁、斯大林的个别词句，而不会运用他们的立场、观点和方法，来具体地研究中国的现状和中国的历史，具体地分析中国革命问题和解决中国革命问题”。①

应该说，毛泽东同志当时提出的这三个方面的问题，在我们今天的理论研究中仍然是存在的，而且状况也是比较严重的。因此，我们也要在新的历史条件下，将“学习方法和学习制度改造一下”，并将其作为今后推动马克思主义文艺理论研究的重要任务。今天我们面临的现状、历史、国际经验比以前丰富、复杂得多，对此我们应有清醒的认识。我们认为，今天的“现状”就是我们今天所面临着的中国的现实与世界的现实、中国的问题与世界的问题；今大的“历史”则主要是马克思主义思想发展的历史、实践斗争的历史，尤其是马克思主义在中国的接受历史，以及中国文艺理论家们对马克思主义文艺思想的追求史、探讨史；而今天的“国际的革命经验”则主要指马克思主义及其之后的东西方学者对于马克思主义理论的发掘、发展所形成的理论成果与革命经验。应该说，与许多中国学者理论探讨上的略嫌空疏相比，西方学者在理论研究上片面的真理、切近问题的现实品性，以及他们对于当下文化、文艺问题的深度思考，都是值得中国学者学习与效仿的。当然对于任何理论的把握最终都是为了解决自己的问题，了解历史、学习别人，有助于扩大视野，而有了这一广大的视野，才能对当下的问题做出明确而清晰的判断，把准时代的脉搏，有的放矢，不隔靴搔痒，这样的理论研究与得出的成果才会是有意义和价值的。今天，重温毛泽东同志《改造我们的学习》中的重要思想，对于今后我们的文艺理论研究是有好处的。

---

① 《毛泽东选集》第3卷，人民出版社1991年版，第797页。

时代的发展对马克思主义文艺理论提出了更高的要求，马克思主义文艺理论要具有更强的生命力、阐释力，更好地适应时代的要求，这样才能适应社会和审美的快速发展，才能有助于指导和阐释各种文艺实践活动，在社会主义文艺文化建设中发挥重要作用。为此，在今后的马克思主义文艺理论建设中，我们既要坚持马克思主义文艺理论的指导地位，又要积极地吸收其他文艺理论的有利资源，并处理好马克思主义与这些思想资源之间的关系，切实促进我国马克思主义文艺理论的健康发展。

（原载《湖北大学学报》（哲学社会科学版）2011 年 3 月第 38 卷第 2 期）

马克思主义文艺批评的精神与当下意义

赖大仁

马克思主义从诞生之日起，其命运便随着时代发展和社会思潮的潮起潮落而跌宕起伏。在西方世界，当19世纪资本主义还处于上升时期，马克思主义的思想幽灵便只能四处游荡，到处被当作洪水猛兽而遭到“神圣的围剿”①。进入20世纪后，西方资本主义遭遇普遍危机，西方思想理论家们似乎突然发现了马克思主义的理论价值，纷纷从其思想学说中寻找理论资源，来批判研究社会现实，乃至形成了影响不衰的“西马”学派。直至前不久，由“金融海啸”引发世界性经济危机，西方社会再次把目光投向《资本论》，重新用马克思的政治经济学理论来思考分析诡异的社会现实问题。而在东方世界，马克思主义曾引发了震惊全球的社会主义革命，创造了一个又一个东方革命奇迹，于是马克思主义在许多地方被奉若神明。然而随着20世纪末东欧剧变、苏联解体，马克思主义却又受到普遍怀疑。但时至今日，在一些国家推行的民主社会主义，似乎也并没有解决民众期待解决的根本社会问题，社会现实并不那么美妙乐观，人们还是回过头来，试图从马克思主义世界观来重新认识思考现实问题。可见马克思主义虽然自身命运多舛，但总是与社会历史发展息息相关，总是在这个社会遇到重大矛盾问题乃至严重危机时，被人们重新发现它的意义价值。

马克思主义思想学说的当代价值，并不仅仅体现在政治经济学方面，其中的哲学与人学思想，以及其他方面的思想学说，同样具有当代意义。以马克思主义文艺批评而言，它显然根源于马克思主义思想理论体系，其中所蕴含着的世界观、历史观、人学观、美学观、文艺观等，也一直影响

① 《马克思恩格斯选集》第1卷，人民出版社1995年版，第271页。

着现代文艺批评的发展。即便是在西方现代文艺批评潮流中，马克思主义文艺批评也始终是其中几大主要批评形态之一，至今仍赓续不断。

只不过在我国当代文艺批评中，一方面由于急于反叛传统寻求创新，只顾埋头追“新”逐“后”，追赶各种新批评潮流；另一方面在市场经济发展大众文化兴起的时代背景下，则又往往只顾迎合文艺消费而丧失应有的批评立场与精神，使得马克思主义文艺批评传统逐渐被模糊淡忘了。实际上，联系当今社会发展与文艺发展的现实来看，马克思主义文艺批评的基本精神及其观念、视野、价值立场等，至今仍具有不可忽视的当下意义。

第一，马克思主义文艺批评的唯物史观视野。

众所周知，唯物史观是马克思主义观照解释人类社会历史的一种思想体系，其基本精神在于：要求将人类社会及其历史发展中的一切存在，都放到整个社会结构系统及其现实关系中来加以认识说明，而这个社会结构系统及其现实关系，最终又是由物质生活的生产关系这个基础所决定的。既然如此，那么社会生活中的一切现象，无疑都必须放到这种理论视野中来认识理解。对于马克思主义文艺批评而言，这种唯物史观视野可以说具体表现为文艺批评的“历史观点”。

这里的“历史观点”并非一般所谓“历史主义”，除了要求具有一定的历史意识、历史眼光、历史视野之外，还具有其特定含义。

首先从宏观层面上来看，唯物史观要求将一切社会历史现象都放到整个人类社会结构及其历史发展进程中来认识，尤其要求从人们的社会生活实践出发来理解。马克思说过：“全部社会生活在本质上是实践的。凡是把理论引向神秘主义的神秘东西，都能在人的实践中以及对这个实践的理解中得到合理的解决。”① 恩格斯也强调说：“每一历史时代主要的经济生产方式和交换方式以及必然由此产生的社会结构，是该时代政治的和精神的历史所赖以确立的基础，并且只有从这一基础出发，这一历史才能得到说明。”②

从唯物史观的观点看，文艺现象无论具有怎样的特殊性和复杂性，它都不过是人们精神生活的一部分，而这种精神生活过程显然不能从它们本

① 《马克思恩格斯选集》第1卷，人民出版社1995年版，第56页。

② 同上书，第257页。

身来理解，也不能从所谓人类精神的一般发展来理解，而必须将它与整个社会生活联系起来，从社会生活、政治生活和精神生活的相互关系中，才能真正认识、说明文艺活动的特性及其价值功能。这就为文艺批评与文艺研究确立了一种宏观指导思想。不过这里通常容易发生一个误解，以为把文艺纳入这种现实关系与社会结构系统来理解，无非是要突出和强调文艺的意识形态特性与功能价值，或者说，只有当人们关注文艺的意识形态性之时，才需要去做这样的理解，似乎除此之外文艺的其他特性与功能价值，就可以与此无关。其实，按笔者的理解，唯物史观的意思是，人类社会历史中的一切现象和事物，以及事物的一切特性与功能，都无不根源于人们的现实生活关系，归根结底都必须由这种现实生活关系来说明。就文艺现象而言，并不仅仅是它的意识形态性，还包括它审美的、人生的、文化的种种特性与功能价值，还有艺术生产方式及其与艺术消费的关系等，最终都需要落到这个基本点上来才能得到切实的理解和说明。

其次从微观层面看，即便是对具体作家作品及其人物事件的评析，也要求洞察评论对象所关联着的那些历史条件和现实关系，把握人物事件所处的历史潮流，从历史的必然要求与现实可能性之间的关系中，深刻认识和准确评价人物事件。比如马克思、恩格斯在与德国青年黑格尔派的论战中，批判分析了欧仁·苏的小说《巴黎的秘密》及施里加等人的评论，指出小说中的人物描写，以及那些伪善夸张的评论，完全从宗教道德立场出发，把作者的观念意图强加给人物，使人物变成了“批判的变态”，变成了抽象观念的形象符号。实质上所表现出来的是一种扭曲的人性观，即“把人身上一切合乎人性的东西一概看作与人相左的东西，而把人身上一切违反人性的东西一概看作人的真正的所有”[①]。而这种颠倒错位的根源，正在于违背了唯物史观，根本脱离了人物的现实关系，把现实的人完全抽象化了，导致历史与人性的双重扭曲。在对拉萨尔的历史悲剧《济金根》的评论中，针对剧作把济金根骑士暴动失败归因于个人决策失误，马克思、恩格斯尖锐批评了这种唯心史观及其悲剧观，指出济金根的覆灭，并不是由于他的狡诈，而是因为他作为骑士和作为垂死阶级的代表起来反对现存制度；作为主要的出场人物，他们“是一定的阶级和倾向的代表，因

---

① 参见陆贵山等编《马克思主义文艺论著选讲》，中国人民大学出版社 1999 年版，第 46 页。

而也是他们时代的一定思想的代表，他们的动机不是来自琐碎的个人欲望，而正是来自他们所处的历史潮流”①。这无疑体现了唯物史观的深刻洞见。还有恩格斯针对格律恩等人“从人的观点”论歌德所造成的歪曲，坚持把歌德还原到他所处的社会历史条件与现实关系中，从而恢复对他应有的历史评价，以及恩格斯对当时现实主义小说家哈克奈斯、考茨基等人作品的评析，都无不体现了这种“历史观点”。

这种文艺批评的唯物史观视野及其“历史观点”，曾经是我们耳熟能详并自觉坚持的，但后来随着对极左文艺思潮的清算，把原本富有价值的思想理论资源也遗弃或疏离了，再加上过于把各种时髦批评理论与方法当成先进的东西极力追捧，于是导致新的教条主义与极端化。比如，在宏观批评理论方面，一些人不相信“文艺反映生活”的原理具有普遍意义，不承认从社会生活、政治生活和精神生活的关系中研究文艺也是一条重要途径，自有其意义价值；他们只相信文艺的自主性、自律性和“内部规律”，只承认文艺的“内部研究”和审美批评才有价值，试图建立“纯粹”、“科学”的批评理论体系。把文艺现象从各种社会关系中剥离出来和孤立起来进行研究，割断文艺与社会人生的复杂关系，容易导致把文艺问题狭隘化、简单化，从而将文艺的某些更根本的特性和重要问题悬置、遮蔽甚至虚无化，这并不利于对文艺问题的全面认识与深刻理解。至于后来一些人主张文艺批评“向外转”，即转向所谓“文化批评”，其实不过是以当今大众文化和消费文化观念看待文艺现象，力图把文艺“泛化”为一种流行文化，以适应消费主义时代的某种现实需求，其中并没有多少唯物史观精神在内。而在当今具体的文艺批评实践中，唯物史观视野及其价值观严重缺失，同样问题不少。

第二，马克思主义文艺批评的价值立场与价值理念。

如果说马克思主义唯物史观的历史指向，是致力于科学地说明人类社会的形成及其历史发展规律，那么它的现实指向则是致力于揭示现实社会矛盾，促进现实社会变革，召唤人们通过自身的社会实践，实现人的解放和自由全面发展。将文艺活动置于这种唯物史观视野中来观照，那么它作为人类自由自觉生命活动的一部分，一方面可以在历史向度上，从人类实践活动的历史发展来认识它的基本特性及其价值功能；另一方面则可以在

---

① 《马克思恩格斯选集》第4卷，人民出版社1995年版，第558页。

现实向度上，从人的解放和自由全面发展的意义上，来看待它的现实价值取向。在对文艺现象的这种历史与现实的双重观照中，马克思主义文艺批评始终坚守着它一以贯之的价值立场与价值理念。

按笔者的理解，这种价值立场与价值理念有两个相互交织的基本维度：一个是社会解放及其合理健全发展的维度。文艺总是要以自己特有的方式反映社会生活，描写现实关系与揭露社会矛盾，并如萨特所说还要“介入”生活，“干预”现实社会的变革发展进程。既然如此，文艺就肯定回避不了它的社会历史观，包括它的意识形态价值观、文化价值观等。马克思曾说过，任何真正的哲学都是自己时代精神的精华①。那么，任何真正的文艺又何尝不是如此？因此，作为文艺批评，站在社会变革与历史进步的立场，站在人民的立场，站在民族精神与时代精神的立场，从文艺与生活、人民、时代等的关系来认识评价文艺现象的意义价值，就应当说是理所当然的；另一个是个人解放及其自由全面发展的维度。从个人生存发展的意义而言，马克思主义历来重视个人的生命意义价值，积极倡导“合乎人性的生活”，成为“高度文明的人”，设想未来社会人的解放的目标，是实现每个人的自由发展与一切人的自由发展的统一；而人的自由全面发展的标志，是人能以全面的方式占有对象，包括以审美的方式面对世界。作为自由自觉的文艺活动，必然会表现出这种个体生命的价值诉求。事实上，在人们的文艺实践活动中，无不内含着一定的人生观、人性观、审美观等。因此，文艺批评从文艺自我表现的视角，对这种文艺现象及其价值观进行分析评判也是无可厚非的。

不过，这里还是有一个根本价值立场与“历史观点”的问题。实际上，个人解放及其自由全面发展，与上面所说的社会解放及其合理健全发展，都是彼此关联的，在社会实践上也都同属于一个历史过程。这就是说，任何个人解放及其自由发展，都关联着社会解放及其历史进步；反过来说，任何社会解放与历史进步，最终都要体现到个人解放及其自由发展上来。因此，哪怕是关于文艺表现自我、表现人性、追求审美等问题，也同样需要纳入这样一种价值立场与历史视野中来认识评价。

然而从现实情况来看，一段时期以来，当代文艺批评在对以往文艺价值观不断消解的同时，也不断追逐各种新潮观念，乃至带来某种程度上价

---

① 《马克思恩格斯全集》第1卷，人民出版社1956年版，第120页。

值观的迷乱。比如，有的片面强调文艺的个体性与主体性，把文艺表现个体自我看得高于一切，把面向自我、面向内心的写作视为文艺正宗，而把文艺反映生活、介入现实、担当社会责任、实现意识形态功能等，看作文艺的“异化”而极力加以贬抑排斥。如果说过去以文艺社会价值观压抑排斥个体自我表现价值观是极端片面粗暴的，那么现在完全颠倒过来，犯的也是同样的错误。再如，有人在“文学是人学”的名义下，将雨果所说“在绝对的革命利益之上还有一个绝对的人道主义”加以更加极端片面的解释，将文艺表现人性抬到了极高的地位，似乎在文艺中人性就是一切，人性高于一切。于是，有人主张以人性观为主线来“重写文学史”，有人用超越国家民族大义的人性观来评论文艺，把《色·戒》等小说和电影阐释为文艺表现人性的范本，把一些文艺作品大写封建帝王和慈禧太后、袁世凯等的人性人情吹捧为“人性化”写作的重大突破。他们不是从“历史观点”来理解和认识人性，而是反过来用“人性观点”来理解和说明历史，这不能不说是一种严重颠倒和混乱。再如审美观方面，也有人把文艺审美特性与价值无限抬高，把审美视为文艺的唯一特性和功能，并且这种审美还是“纯粹”的，与认识无关，与意识形态无关，与民族精神、时代精神、人文关怀等无关，这无疑也是一种认识误区。在唯物史观视野中，“美学观点”与“历史观点”是密切相关的。从“历史观点”看，审美本身也是历史的产物，人的审美意识与审美活动都是在人的实践活动中生成发展的，同时也与人的整个生命活动相关联、相交织。审美具有独特的意义，但并不只有孤立的意义。马克思主义倡导“审美解放”与“审美自由”，意味着它在根本上关联着人的现实解放与自由全面发展，关联着人性的丰富与健全，对此需要以历史的观点加以认识。还有就是当今的文艺审美正不断“泛化”，不断偏向娱乐化、游戏化乃至低俗化，其结果是容易使人的精神生活浮泛化，甚至有可能将人性引向沉沦。而当代文艺批评在这种现实面前或者“失语”，或者推波助澜，这显然是价值立场上的严重偏失。

第三，马克思主义文艺批评的批判精神。

毫无疑问，马克思主义最为人称道的基本品格之一，就是其批判精神。在马克思、恩格斯所处的时代，凡是包含着一定合理性的有价值的东西，都被他们批判扬弃并吸收过，而那些荒谬的理论学说，也都被他们无情地批判驳斥过。而这种批判的基本立场与价值指向，是推进社会变革进步，实现人的解放和自由全面发展。同样，在马克思主义文艺批评中，也无不贯注着这种批判精神。如前所说，马克思、恩格斯对《巴黎的秘密》及其评论中表现出来的异化人性观的批判，对拉萨尔《济金根》中所表现的唯心史观及其悲剧观的批判，对格律恩等人所谓“从人的观点”论歌德所造成歪曲评价的批判，对哈克奈斯、考茨基等小说作品中的不正确观点所进行的批评等，都鲜明表现了可贵的批判精神。

然而，当今能够坚守应有的价值立场与批判精神的评论已不多见，更常见的还是好人主义批评，或是温情主义批评，许多时候还是相互需要、相互利用的友情批评，有的甚至沦为以利益做交易的广告式批评。当今人们对文艺批评多有不满，讥讽当今文艺批评“失语”与“缺席”，其实指的正是文艺批评的功能性缺失，既缺乏应有的价值评判，更缺乏有针对性、有力度的分析批判。实际上当今社会现实与文艺现实中错误有害的东西仍有不少，并不是没有值得加以批判审视的现象。比如当今一些历史题材创作，既不管历史真实，也无视历史理性，有的毫无顾忌地表现和宣扬英雄史观、帝王史观，美化权威主义和极权专制主义；也有的根本就不管什么历史观和价值观，没完没了地将历史游戏化、娱乐化，严重消解历史理性精神；还有如上所说一些文艺创作和理论批评中表现出来的人性观和审美观，都显示出社会历史观与价值观上惊人的混乱。而我们的文艺批评却往往对此视而不见、装聋作哑，有的甚至盲目赞赏推崇，极易造成对文艺实践的误导。因此，强化当代文艺批评的批判精神，对各种错误观念与不良现象进行实事求是而旗帜鲜明的分析批判，自然也是当今弘扬马克思主义文艺批评精神的必然要求之一。

（原载《江汉论坛》2011 年第 6 期）

二

马克思主义文艺理论中国化问题

六十年来马克思主义文论在中国的范式转换及其基本问题*

王　杰　段吉方

中国马克思主义文论研究已经走过了一个多世纪的历史进程。回望这一进程，马克思主义文学理论在中国获得了深入的发展。在中国文论的现代视野中，马克思主义文论的重要性和关键地位日益突出，其理论影响和思想启发越来越重要。在探讨中国马克思主义文论历史发展的过程中，学者们往往赋予中国马克思主义文论一种历史的判断，认为马克思主义文论在中国的传播与接收更多地是一种历史的选择，体现了中国现代社会发展特殊的政治和意识形态诉求。不可否认，历史的选择因素在中国马克思主义文论早期发展中曾经起到过重要的作用，这意味着马克思主义文论在中国相比其他国度有特殊的线索。① 总结和探索中国马克思主义文论的历史发展当然离不开这种特殊的线索，但是，我们也应该看到，马克思主义文论在中国的发展演变并非完全由历史所导致的"外来传输"的产物，更有着理论与观念变革的内在发展动因，即理论观念与思想意识层面上的主观创构与理论范式转换因素。本文试图着眼于60年来马克思主义文论在中国理论创构与范式转换的内在理路，深刻辨析马克思主义理论范式与中国文学研究的知识经验、基本问题与理论逻辑之间的联系，以突出马克思主义文论在当代中国的学术定位与历史责任。

---

* 本文为江苏省社科规划重点项目"中国马克思主义文艺理论的基本问题研究"阶段性成果，项目编号：06JSA2W001。

① 荷兰学者佛克马、易布思就认为，中国马克思主义批评与苏联相比，存在着一个明显的不同之处，中国不像苏联那样纠缠于努力吸取欧洲文学遗产的问题。见佛克马、易布思《二十世纪文学理论》，生活·读书·新知三联书店1988年版，第116页。

一 “文艺大众化”与“中国经验”：马克思主义文学理论范式在中国的创构

中国马克思主义文论是在中国现代社会思想文化发生重大变革的时代开始被“引入”中国的。20世纪20年代，李大钊、陈独秀、瞿秋白等人在中国特殊文化现实中开始初步译介马克思主义思想。在这期间，高尔基的《文学与现在的俄罗斯》（郑振铎译）、卢那察尔斯基的《俄国文学与革命》（沈雁冰译）、《托尔斯泰和当代工人运动》（郑超麟译）、托洛茨基的《论无产阶级的文化与艺术》（仲云译）、列宁的《论党的出版物与文学》（一声译）、马克思的《共产党宣言》（陈望道译）等一批理论著作最先被引介到中国，马克思主义基本观念得到了初步的介绍，马克思主义文艺思想也逐步开始传播。但是，由于独特的社会文化情势，自从马克思主义思想在中国开始传播那一天起，它就充满了新潮、先锋与激进的色彩，中国知识界关于马克思主义文论也并未获得完整系统的认识，而更多地将之视为一种直接介入社会的理论，这我们可以从当时翻译介绍的马克思主义著作的基本内容看出。当时翻译介绍的马克思主义的论著，从内容上看，多是与苏联无产阶级革命理论、文艺状况密切相关的作品；从导向上看，则是更多地直接呼应中国当时的社会现实与实际问题的理论著作。虽然这些作品在当时具有明显的思想趋前色彩，但这种趋前性并非完全体现在文艺观念与审美观念上，而更多地表现为一种历史担当意识，这正体现了“中国化马克思主义文艺理论的依附性，也是它滞后的特殊性”,[①] 也说明马克思主义文论在中国早期的理论萌发更多地展现了社会时代诉求的外在性特征。

在20世纪20年代以后的发展中，马克思主义以及马克思主义文艺理论在中国的传播与接收更多地局限在文艺界的思想论争之中，因此也并没有形成系统性的理论理解。[②] 就马克思主义文论的中国发展而言，是否形成完整系统的理论形态以及体系性的认识具有重要的意义，这是检视我们

① 张宝贵：《马克思主义文艺理论中国化的早期历程》，《中国社会科学》2008年第2期。

② 倒是当时的胡适在《四论问题与主义》中较早地谈到了马克思的唯物史观及其意义，但胡适不赞成马克思的阶级斗争学说（胡适当时称之为“阶级竞争学说”），认为马克思的“阶级竞争学说”太过强调“阶级的自赏心”，并认为这是“阶级仇视心”的来源和许多惨案的罪魁祸首。

是否能够深入全面理解马克思主义思想精髓的一个重要方面。在20世纪的早期，马克思主义文论固有的“域外来源”的特征以及中国的独特现实决定了它在中国的接受困境，所以在当时即使有“五四”时代的思想启蒙以及“革命文学”的呼唤与抗争，即便是有“五卅惨案”这样重要的“劳工事件”发生，但由于中国工人阶级文化经验的滞后性与工人阶级革命理论的天然缺陷，马克思主义在中国的接受仍然停留在“主义”的层面上。而就文艺领域的现实而言，马克思主义文艺观念在当时“民主”和“科学”的视野中也显得单薄，更难以真正发挥独特的作用。虽然在“五四”时期，中国现代文学在反封建的文学革命视野中已经开始强调来自社会底层民众的革命意识，但这种革命意识更多地具有民主主义色彩，在文学观念上仍然强调社会外因的促动，文艺观念与文学理念内部的变革还很微弱，真正意义上的马克思主义理论范式转换尚难发生。[①] 在这种情形下，马克思主义文艺理论完整的理论形态与体系性的完善过程就显得更加重要，它成了中国是否真正拥有马克思主义理论范式的标尺，这种理论范式的创构毫无疑问是从20世纪40年代毛泽东《在延安文艺座谈会上的讲话》开始的。

在中国马克思主义文论发展中，毛泽东的《在延安文艺座谈会上的讲话》是一个标志性的理论进展。从它开始，马克思主义文论在中国的发展具有了不同于“五四”时期、“左联”时期的理论特征，开始拥有了自己的理论形态和美学形式。在《讲话》中，毛泽东从当时的社会现实与文艺实践出发提出了当时文艺工作的根本问题，这个根本问题用毛泽东的话说就是“一个为群众的问题和如何为群众的问题”，[②] 而要解决这个问题进而“把革命工作向前推进”，就需要“革命的文学艺术运动”和当时的革命战争相互结合起来，毛泽东据此提出了“文艺的大众化”问题。从理论层面上看，在中国文学发展历程中，“文学”与“大众”的问题并非是从《讲话》才开始提出的。从1928年鲁迅和郭沫若关于“普罗文学”的论争，到1930年瞿秋白、周扬等人提出的“大众文学”口号，以及次年上海文艺界开展的关于“大众文学”的讨论，中国文学在现代化历程中始终

---

① “左联”文学时期茅盾、蒋光慈等人的小说已经具备了一定的来自社会底层民众的革命意识，但这种意识更多地表现为从“文学革命”的“形式”到“革命文学”的“内容”转换，这种变化仍然是在社会现实促发下发生的，马克思主义理论观念尚未对其产生实质性的理论影响。

② 《毛泽东选集》，人民出版社1991年版，第853、851页。

寻求“文学”与“大众”知识话语的连接。但在当时，这种连接的努力都集中在语法、文风、文体等文学的“表现形式”上，即文学如何表现大众的语言。[①] 在《讲话》中，毛泽东提出的“文艺大众化”则表达了全新的理论观念和具有原创性的理论追求，即在根本上，“文艺大众化”是文学的体验的大众化，也就是革命的文学要做到“大众化”，首先要做的是“感情起了变化”[②]，“文艺工作者的思想感情和工农兵大众的思想感情打成一片”[③]。这展现出了毛泽东在理解文学“大众化”问题与以往截然不同的一种角度和方式。从中国40年代的文艺现实来看，毛泽东对当时中国文学现实情形的判断以及“文艺大众化”问题的理论说明，不仅仅是在文学的“表达形式”与“书写内容”上提出了不同的要求，而且是整体地表达了中国新民主主义革命之于中国文学经验的学理诉求，这也正是毛泽东“文艺大众化”理论不同于以往的地方。

毛泽东的《讲话》的发表，使马克思主义文论在中国的理论发展得到深刻的提升，在理论形态上表现出了一种从“形式→内容”到“内容→形式”的超越性变革，马克思主义在中国文学与理论界的实践影响不再仅仅停留在“文学革命”的“形式表达”意义上，也不再单单着眼于“文学革命”的“内容书写”上，而是马克思主义理论原则开始在文学精神的层面上与中国当时的文学实践相结合，并最终以“文艺大众化”的理论形式将中国文学普遍的知识经验融入中国新民主主义革命的进程中，从而完成了马克思主义文论在中国的理论创构。在这种理论创构中，马克思主义开始与中国特殊的“政治”相呼应，从而为中国无产阶级的“文化领导权”缔造了深刻的理论武器和斗争武器，而来自底层经验的“文艺大众化”方向则使中国马克思主义文论拥有了“人民性”甚至是“人民美学”[④] 的表达方式。这一方面显示了马克思主义文论“中国化”的伟大意义，另一方面则衍生了中国马克思主义文论另一个重要的起源语境和特征：那就是更多地在文艺界的思想论争与政治意识形态的联系中孕育它的理论形态，文

---

① 陈建华：《“革命”的现代性——中国革命话语考论》，上海古籍出版社2000年版，第268页。

② 《毛泽东选集》，人民出版社1991年版，第851页。

③ 同上。

④ 冯宪光直接地称中国马克思主义美学是一种“人民美学”，参见冯宪光《马克思主义文艺学的当代问题》，中国社会科学出版社2005年版。

艺界的思想争辩和观念论争以及由此展开的艺术实践构成了中国马克思主义文论的知识经验，政治意识形态则不但影响着文艺界的知识经验，而且影响了知识力量的分化组合。[①] 也正是从那个时候起，中国马克思主义文论在中国文学经验中发展出了一种不同于欧洲马克思主义的美学思想和理论形态，这种理论形态虽然在不同的历史条件下呈现出一定的变化，但它们具有某种共同的理论基础和思想内涵，那就是"怎样将中国的民间文化模式、中国人的审美经验模式结合起来，从而真实地表征出中国现代化进程中与社会主义目标相联系的情感和审美经验这一相对困难的理论要求"[②]。而这正是马克思主义文论在中国创构的理论表征。

二 马克思主义文论在中国的范式转换及其理论意义

如果说以毛泽东《在延安文艺座谈会上的讲话》所确立的"文艺大众化"理论形态为标志，马克思主义文论在中国完成了理论范式的创构的话，那么从20世纪50年代到今天，60年间，马克思主义文论在中国的发展早已摆脱了理论创构的初期特征，开始显出实际有效的理论影响，理论范式转换的特征也更加明显。这同样是一个复杂、矛盾与充满各种思想交锋的过程，在某种程度上，它比马克思主义文论在中国的理论创构历程更加艰难。因为马克思主义文艺理论范式的转换不仅仅意味着理论学说在选择与接收中的单向传播，也不仅仅意味着理论形态的初期创构，更意味着理论观念与思想精神的纵深发展，是一个关于马克思主义文学理念的综合变革的过程。具体而言，马克思主义文论在中国的范式转换，是从那种单一的"文化领导权"意义上的"文艺大众化"的理论范式走向深入发展综合创新的过程，同时也是作为一种思想指南与批判精神的马克思主义文学观念深刻贯穿于中国文学知识经验与理论研究过程的标志。因此，它必将引起接受方式与接收策略的自觉调整以及思想观念与思维模式的深层变革，同时更是理论建构的逻辑起点。

20世纪40年代毛泽东的《讲话》发表后，"文艺大众化"的理论形

---

① 当时很多城市出身的作家开始投入到"文艺大众化"的创作中，并发生了生活方式与文学理念的重要变化，并相信毛泽东说的："最干净的还是农民，尽管他们手是黑的，脚上有牛屎，还是比资产阶级和小资产阶级知识分子都干净。"

② 王杰：《中国马克思主义美学的基本问题与理论模式》，《文艺研究》2008年第1期。

式曾经在很长时期成为了中国马克思主义文论的理论形态，而20世纪40年代中国文学的知识经验也更多地与“文艺大众化”的理论形式相呼应。比如，《讲话》之后解放区的许多文学作品，如歌剧《白毛女》、赵树理的小说《李有才板话》、《李家庄的变迁》等，不但成为了“文艺大众化”理论的成功范例，而且构成了中国马克思主义文艺理论对象化现实审美经验的有力方式。[①] 而那时，来自中国社会底层人民群众的情感和愿望以及与此相联系的生活经验也表明，中国马克思主义文论要想获得理论范式上的合理表达必须更切实地面对来自人民的情感体验与知识经验，这是马克思主义文论之所以在中国发生范式转换的内在的理论规约，同时也是中国马克思主义文论的基本问题。20世纪40年代，中国文学中的“文艺大众化”实践曾经表达了受压迫最深重的底层人们的情感和愿望，并且在现代中国文化发展与社会演进中发挥了重要的作用，甚至影响了现实社会的政治与意识形态的格局。[②] 60年间，马克思主义文论在中国的基本问题并没有改变，马克思主义文论仍然需要面对社会大众的生活经验与情感诉求，仍然需要在根本上呼应中国社会与中国文学的现实，并需要将之转化成内在的理论建构的内涵。[③] 这正是马克思主义理论范式转换的起点。正是在这个起点上，60年来，中国马克思主义立足于中国经验与中国现实，在整体、全面、系统地消化吸收马克思主义的经典文本的基础上开始了理论转换的过程。

我们曾经认为，20世纪20年代开始的马克思主义文论中国化的早期历程展现的是一种“文学革命”的“形式化”过程，到了20世纪40年代，马克思主义文论在中国开始从“文学革命”的“形式化”阶段转向

---

① 赵树理的作品在当时曾受到郭沫若、茅盾的赞扬，被誉为“文艺大众化”过程中的“赵树理方向”。以往研究往往强调赵树理这类作家当时是“自觉地”践行“文艺大众化”的理论方向的。《讲话》以及“文艺大众化”在这些作家身上究竟产生了何种影响？其文学理念是如何受其影响发生重大变化的？这是目前我们探讨中国马克思主义文艺理论问题时忽略的一个理论盲点，即如何更进一步探索《讲话》以及“文艺大众化”在作家精神体验与审美感受方面的重要影响。

② 如“抗战文学”的理论形式其实与现实社会中的抗战方式有某种同构性，都是强调突出社会底层民众的经验与力量。

③ 在中国马克思主义文论发展的早期阶段曾经有底层叙事的文学，如蒋光慈、柔石的小说，在当时，这种文学叙事还没有上升到理论层面上，更没有与马克思主义的文学理论产生深刻的理论联系。就目前而言，中国文学上的底层经验与大众文化仍然在不断发展，文学实践中仍然拥有“底层经验”与“大众化”的起源语境，因此也需要马克思主义文论与美学研究在这方面作出呼应。

“文艺大众化”的理论创构阶段。无论是20年代还是40年代，马克思主义文论在中国的发展都具有单一的特征，知识谱系、话语方式与理论影响都不同程度地具有狭窄的一面。即使是在40年代，中国马克思主义文论在“文艺大众化”的理论观念中有效地熔铸了“文化领导权”观念而成为意识形态话语的有利的表达形式，它仍然没有摆脱“外来”与“送来”①的理论接受上的尴尬。如何摆脱这种“外来”与“送来”的尴尬正是马克思主义理论范式深入中国文学实践的首要任务。这里面首先还是一个“接受”的问题，也就是说在“接受”的层面上我们如何真正摆脱“他论”思维，真正把马克思主义的思想与精神融入我们自己的文学理解与文学研究之中。60年来，中国马克思主义文论首先在接受方式与接收策略的基点上展现出了理论范式转换的重要成绩。马克思主义文论在中国的接受不再满足于“理论”、“主义”、“学说”的平面介绍，不再是对马克思主义的文本做有选择性的介绍和有实际问题针对性的评述，从20世纪50年代出版的周扬主编的《马恩列斯论文艺》到各种版本的马克思、恩格斯的全集、选集和文艺论著合集；从最开始的列宁的《论党的出版物和文学》，到马克思、恩格斯、列宁、斯大林、毛泽东、周恩来、邓小平等诸多马克思主义经典作家的理论著作，理论引介和研究展现出了更加多元和变化的趋势。其次，60年来，马克思主义文论具体的研究过程呈现出了一种综合研究的局面。马克思主义不再是平面地介入社会与政治问题的理论手段，而成了真正深入文学领域的精神力量与思想力量。马克思主义作为一种整体观念开始与中国当代文艺问题、文学实践相融合，马克思主义文论的理论建构、体系建设与观念影响、思想指导也已经落实到了文学研究的具体过程。特别是从20世纪80年代以来，在具体的文艺研究与审美研究领域，不再将马克思主义的理论学说和观念简单机械地套用到文学阐释过程，而是开始注意在文学与审美领域中真正践行马克思主义的思想精神与理论精神；不再将马克思主义的文艺思想孤立化、片面化、机械化和程式化，而是注重在整体上将马克思主义理论观念融入中国语境与中国问题，走向马克思主义文论研究的问题领域。这意味着马克思主义文论在中国已

---

① 毛泽东在《论人民民主专政》中说：“中国人找到马克思主义，是经过俄国人介绍的……十月革命一声炮响给我们送来了马克思列宁主义。”见《毛泽东选集》第四卷，人民出版社1991年版，第1471页。

经开始走出了理论创构的初期阶段，理论范式已经显示出了实际效力，马克思主义理论观念已经作为一种整体精神契入中国审美文化现实并展现出明显的思想启发。最后，60 年来，马克思主义思想观念在与中国当代文艺问题、文学实践相融合的过程中，中国马克思主义文论在理论研究与体系建设上也取得了重要的成绩。在文学与政治的关系、文学的人学观念与人性立场、典型化原则的梳理与接受、现实主义文学原则的理论探索、文学生产与文学消费研究等方面，马克思主义文学理论观念既发挥了重要的作用，同时也展现出了鲜明的理论建设的成绩。在文学主体性精神的探究、文艺学研究方法的开拓、人文精神的大讨论，以及审美意识形态研究、新理性文论、古代文论的现代转换、全球化问题、中国美学与文化多样性等重大学术问题的探索与辨析中，马克思主义文论所占的比重也是巨大的。这说明，马克思主义文论正在中国文学理论的知识生产与理论建构中发挥实质性的理论影响，马克思主义文论在中国的范式转换正展现出它重要的思想启发。这种启发就在于提示我们注意，作为一种理论范式的马克思主义文论不是一种独断性、排斥性、唯一性的理论观念与思想形式，因此我们不能再将马克思主义文艺观念绝对化和独白化，更应该强调在马克思主义与当代西方其他文艺观念的比较对话中找到马克思主义文论的更合理有效的应用形式，同时也要在马克思主义和人类思想的多种资源的比较对话中以更加积极的方式从事马克思主义文学理论研究的系统工程，这既是中国马克思主义文论走向深入发展综合创新的过程，也是马克思主义文论开始真正意义上展现出中国化、大众化与时代化的实绩的表现。

三　理论发展与综合创新：中国马克思主义文论的学术定位与历史责任

过去的 60 年，马克思主义文学理论范式在中国已经由一元走向了多元，由封闭走向了开放，由单一走向了综合，马克思主义文论在中国发生了理论范式上重要的转型，这是马克思主义文论在面向中国问题与中国语境过程中所展现出来的生命力，同时也是中国马克思主义文论研究与建设的重要成绩。但是，我们也应该看到，60 年间马克思主义文论在中国的范式转换不仅仅是充满了希冀、欣喜与理论收获的喜悦，同时也是一个孕育危机、提出问题、面临挑战的过程，“克服危机的过程与解决和回答现存的问题是同步的"。[①] 马克思主义文论在中国的范式转换并非是直接而简单地发生的，而是裹挟着不同理论传统的矛盾与冲突、多种理论资源融合的压力与焦虑、不同理论话语趋同与求异的危机与挑战。即使在今天，马克思主义文论仍然面临着更加艰巨的任务。特别是从20世纪90年代以来，世界文论的大发展、当代西方各种文化思潮的不断涌现、种种思想裂变的冲击以及中国当下社会文化与文学实践的复杂走向，更给马克思主义文论建设增加了更大的压力。

在挑战与压力面前，中国的马克思主义文论需要进一步明确理论建构的原则与方向，同时更需要进一步增强实践性与批判性，实现理论的综合创新。这既是新的文化时代对马克思主义文论的提出的理论任务，同时也是中国马克思主义文论的历史责任。在过去的60年间，中国马克思主义文论研究呈现出了崭新的面貌，但我们不能当然地认为中国马克思主义文论的建设与发展会是一帆风顺，不能笼统地认为只要我们坚持马克思主义的唯物史观，坚持马克思主义理论观念，中国马克思主义文论的理论成果就会不断地扩大。在新的历史文化语境中，首先需要我们要在当前社会现实演变与思想文化格局变换中对马克思主义文论的学术定位保持清醒的认识，在文化多样性面前对马克思主义文论历史责任作出认真的探索。从历史的角度看，马克思主义文论引入中国也是经过了一段较长时间才得到系统整理与消化的，马克思主义文论在中国是经过了60年才逐渐形成目前的理论范式的，这也提醒我们注意，马克思主义文论与中国问题、中国语境的融合会通目前仍然是当前马克思主义文论在中国的理论范式转换的主要任务之一。另一方面，我们也要认识到，马克思主义文论在中国无论是从理论范式上还是从思想影响上，其接受通路都不是单一的，其阐释路径也是多维的。在一个较长的时期内，马克思主义文论在中国会与当代西方其他文化思潮处于大致相当的接受、传播格局中。而且，由于马克思主义文论引入中国较早，介入中国问题与中国语境的过程较深入、全面，自然人们对马克思主义文论的当代理解与当代阐释的方向与角度变化也最大，这对马克思主义文论在中国的发展既是有利的趋势同时也是阻力的根源。这就迫切需要中国马克思主义文论在与其他各种理论思潮的撞击、对话与交流中，更加表现出理论上的优势与效力。目前，我们不能绝对乐观地估

---

① 李衍柱：《范式革命与文艺学转型》，《社会科学辑刊》2005年第2期。

计这种优势和效力会一如既往，马克思主义文论在中国的现实发展仍然面临着其他思想文化思潮的压力，这其中特别是要面对产生于20世纪60年代西方的“后学”思潮[①]的冲击。

目前，经过了近20年的时间，中国当代文学理论界基本上完成了一个与“后学”思潮的相遇、接受、选择的过程，“后学”思潮的方法、观念部分地被中国当代文学理论所接受、阐释和应用，并且导致了中国当代文学理论研究在整体知识生产和知识建构层面上的变革，甚至影响了文学发展的态势与走向。[②]“后学”思潮本身代表了一种思维方式和理论观念的展开方式，当它与具体的理论问题相遇之后，它提供的不仅仅是一种社会背景和语言环境，它自身包含的思维方式和理论观念内在地融入了理论问题的研究过程之中。中国乃至世界文论中出现的“意识形态终结”、“文学理论的危机”、“反理论”的声音、“理论已死”的宣告以及媒介时代来临的各种预言，都与当代“后学”思潮的理论渗透、影响甚至干扰有关。由于社会历史语境、文化哲学传统、文学体验方式以及文学研究方法的差异，“后学”思潮与中国文学的相遇过程不可避免地产生了多重的接受矛盾，甚至至今为止仍然显示出理论融通与对话的困境。西方文论发展中的“后学”思潮有着它自身特殊的社会文化语境和现代性现实，当它在中国文论开启现代性历程之后被中国文论引介与应用之时，不可避免地在表达方式、理论体系、话语实践等诸多方面与中国文论话语产生“时空错位”。从中国当代文学理论开始受西方“后学”思潮影响的时候，中国文学理论研究就没有忽视这种“时空错位”所造成的理论误读及其应用性偏差。目前来看，清理这种误读与偏差不仅十分必要，而且构成了中国当代文学理论建构中的一项重要的内容。正是在这个意义上，当代西方各种具有“后学”思潮特点的文学观念和理论观念对中国马克思主义文论的建设才在构成挑战的同时也提供了契机。在这种情形下，中国马克思主义文论建设需要的不是粗暴强横的理论攻击和话语口角，也不是完全排斥性和唯我性的打击，需要的是冷静的学科反思和宽容的对话心态，需要更为客观地吸收当代西方文论的新现象、新思潮、新发展、新趋势，并有效地与中国当代

---

① “后学”思潮是一种较宽泛的说法，它一般指的是西方20世纪60年代以来兴起的“后现代主义”、“后殖民主义”、“解构主义”等文化思潮，也被称为“后学”（post-ism）研究。

② 段吉方：《后语境中的中国当代文学理论研究》，《贵州社会科学》2009年第10期。

文学现实相联系，在面向现实的过程中增强理论的生命力。这既是中国当代文艺学的必然选择，同时也是中国马克思主义文论的内在发展之途。

值得我们关注的是，60 年来，中国马克思主义文论研究没有将“建构”流于口号，而是充分体现出了理论范式转换的深刻影响，无论是经典马克思主义文论的整理与探析，还是西方马克思主义文论的理论探索，以及现代西方文学理论与美学理论的综合研究，都取得了卓有成效的理论实绩。在新的历史时期，马克思主义文论在中国的范式转换已经深入到了中国当代文学与文化现实的具体情境，也已经使马克思主义文论的学术地位更加突出，未来的发展之路，我们期望中国马克思主义文论能发出更强有力的声音。

（原载《社会科学家》2011 年 3 月第 3 期，总第 167 期）

中国文论话语方式的危机与变革*

代　迅

进入现代社会以来，由于社会生活、思想资源、文艺样态的急剧变革，特别是西方文论大量涌入，中国传统文论濒临“秦砖汉瓦”式的博物馆生存状态，存在着基本观念与研究方法失效的危机。这个过程至今仍未完成，还处于动态发展之中，因而值得引起特别的关注，这既是严峻的挑战，也是深刻的变革。这个变革是复杂和多方面的，其中一个关键性环节是话语方式的变革。我们过去在讨论中国文论的现代变革时，对观念范畴等内容性的因素关注较多，而对于话语方式这样一个形式性的因素则较为忽略。

话语方式是思考和阐述问题的方式，因为语言是思维的直接现实，是思想的外衣。我们用什么样的方式来思考，也就决定了用什么样的话语方式来阐述。从这个意义上讲，文论话语方式不是一个单纯的文论问题，在其本质上是一个哲学问题，为哲学话语方式所支配。从中外文论史的发展来看，历史上的哲学经典著作，往往也是美学和文论经典著作，尽管关注的话题和领域有异，但是在话语方式上往往具有本质的同一性。换言之，文论话语方式是哲学话语方式在文学艺术研究领域的继续和延伸，这意味着对文论话语方式的研究，具有不容忽视的重大学术价值。对于中国文论话语方式的探究，是推动未来中国文论发展不可或缺的重要环节。

---

* 本文为国家社会科学基金项目“中国美学西化问题研究”的阶段性成果，项目编号：09BZW006。

一

中国传统文论的话语方式目前处于什么样的状况呢？多年从事中国古代文论研究的前辈学者罗宗强、卢盛江不无忧虑地写道：

> 古文论特有的表述方式使它的确切含义在今天有许多已经不易了解，如何解释和评价确实存在问题。比如说，古文论中有一种点悟式的评述方式，往往三言两语，给了比喻、暗示，借助形象引发联想，以说明某一理论问题。这些理论问题往往带着模糊的性质，可以作多种解释。一方面，它容量极大，意蕴无穷；一方面它又极不确定。①

那么，我们应该如何改变这种情况呢？罗宗强、卢盛江引用并赞同王元化在《文心雕龙创作论》第二版“跋”中的观点，主张“用今天科学文艺理论之光去清理并照亮古代文论中的暧昧朦胧的形式和内容”，他们明确指出，“只有用科学的方法、科学的语言给以确定阐释，才谈得上继承的问题……我们在前面曾经提到几十个独特的理论范畴的阐释问题。这些理论范畴的阐释，不借助现代科学方法、现代文学理论的成就，是很难做到的”②，他们进一步做了这样的具体阐述：

> 对于这些含义模糊、且极不稳定的范畴的阐释，如何加以科学的界说，需要借助现代科学的方法，以古证古是不可能做到的……以古证古无非两途，一是传统的疏证方法，如释“兴象”，或以此“兴象”释彼“兴象”，诸如此类。这样的疏证方法，当然无法确切解释含义极不稳定的理论范畴。另一途，是运用古人使用的点悟式的方法，范畴既模糊与不稳定，也以模糊与不稳定之方法释之：运用象喻、描述诸方法，这当然也只能是以不甚了然对不甚了然。这两途，都不可能达到科学解释范畴的目的，也不可能完全避免比附之病。③

① 罗宗强、卢盛江：《四十年古代文学理论研究的反思》，《文学遗产》1989年第4期。
② 同上。
③ 同上。

怎样用科学的方法去清理和照亮古文论中暧昧朦胧的东西呢？冯友兰对中国哲学史研究方法的阐述对我们具有指导意义。在谈到西方哲学时，冯友兰把研究方法置于首位并明确指出："西方哲学对中国的永久性贡献，是逻辑分析方法。"[①] 在他看来，我们学习西方哲学，"重要的是这个方法，而不是现成的结论"[②]，他引用了"点石成金"的中国神话并反其意而用之，说"逻辑分析方法就是西方哲学家的手指头，中国人要的是手指头"[③]。冯友兰认为："对于儒家以外的古代各家的研究，清代汉学家已经铺平了道路。汉学家对古代文献的解释，主要是考据的，语文学的，不是哲学的。但是这确实是十分需要的，有了这一步，然后才能应用逻辑分析的方法，分析中国古代思想中各家的哲学观念。"[④]

中国古代文论传统的"以古证古"包括传统疏证或点悟式的研究方法，为进一步的研究铺平了道路，但是中国文论研究要继续前进，避免"以不甚了然对不甚了然"，我们还需要应用来自西方的逻辑分析的方法来加以研究。冯友兰评论说，"用逻辑分析方法解释和分析中国古代的观念，形成了时代精神的特征"[⑤]。冯友兰是 1947 年在美国宾夕法尼亚大学讲授中国哲学史时说这些话的，英文讲稿于 1948 年由麦克米伦出版公司出版，这里所说的时代精神，是指民国时期国内学界的通行的研究方法，即"用逻辑分析方法解释和分析中国古代的观念"。

我们不妨回顾一下，冯友兰倡导的这种方法效果如何呢？民国时期的中国学术居于中国近百年现代学术的巅峰时期，这已经没有疑问。文史哲诸多领域在此姑且不论，就中国文论研究而言，中国古代文论作为一门学科即中国文学批评史，从 20 世纪 20 年代陈钟凡草创到 30—40 年代郭绍虞为之奠基，就是发生在民国时期。王国维、朱光潜、宗白华、蔡仪等中国现代美学和文艺理论的学术大师，他们主要学术成就也是完成于民国时期。近些年来，西方的逻辑分析方法不能阐释中国文论的观点在国内学界颇为流行，一些学者对以西方文论解释中国文论多有诟病，这些指责和民国时期包括中国文论在内的学术发展的实际情况并不吻合。

---

① 冯友兰：《中国哲学史》，涂又光译，北京大学出版社 1985 年版，第 365 页。

② 同上。

③ 同上。

④ 同上书，第 366 页。

⑤ 同上书，第 367 页。

就中国古代文论自身而言，其话语方式确有自己的鲜明特点。这和中国古代特定的自然条件和社会结构，以及在此基础上形成的文学样态之间存在着不可分割的联系。历史上中华民族活动的区域，以黄河与长江流域为中心，包括东北平原、珠江流域等，土壤肥沃，雨量充沛，大部分地区气候温暖，对农业生产极为有利，历来是富饶的农业生产区域。由于古代技术条件水平的限制，历史上我国相对封闭的地理环境不利于经商，更不利于展开海外贸易。中国先民充分发挥了在农业生产方面得天独厚的条件，农业一直非常发达，而商业则在整个社会生活中仅有微小作用并且受到抑制，“重农抑商”一直是中国古代统治者的一项基本国策，商人在我国社会中历来地位很低并与“无商不奸”的伦理判断联系在一起，“自给自足”和“男耕女织”一直是中国古代社会的典型生活图像。

数千年来，中国社会一直具有强烈的农业性特征，由于农业劳动力的需要，人被固定在土地上，不尚迁徙，流风所及，中国至今仍是世界上为数极少的实行严格户籍管理制度的国家之一。在这种农业社会里，“一箪食，一瓢饮，在陋巷，人不堪其忧，回也不改其乐”（《论语·雍也》），“父母在，不远游”（《论语·里仁》），崇尚安贫乐道，冒险和旅行非常稀少，遵循的是“日出而作，日入而息，起居有时”的有规律的生活，人们每天所经历的几乎没有什么差别，用钟嵘《诗品·序》中的话来说，中国古代诗歌所描写的都是“即目所见”，也就是古代农业社会里随处可见的日出日落、云起云飞、春花秋月、月缺月圆等日常景观。这种农业社会从生活样态上讲，种地是“靠天吃饭”，取决于地理环境和气候条件。从文学体裁上讲，形成了以抒情短诗为纯文学的基础文类的中国古典文学，从中国哲学关注的重心来看，是伦理学和政治哲学，而不是形而上学和认识论，① 从思维方式来讲，不需要精密的计算和严格的推理，更多地依赖农耕技术直接经验的积累，来自父辈的耳提面命。中国古代“由于缺乏纯粹的逻辑训练，将知识限制在直观经验的范围内，对理论科学的长足发展极为不利”②。

中国古代农业社会的经验性特征，体现在社会生活，就是老人享有智慧的权威，体现在文化领域，就是远古的典籍具有毋庸置疑的崇高地位，

① http://www.newworldencyclopedia.org/entry/Chinese_ philosophy.

② 姜广辉：《理学与中国文化》，上海人民出版社 1994 年版，第 403 页。

使整个社会笼罩在崇古和学古的浓厚氛围之中。中国古代“万世师表”孔子“述而不作，信而好古”（《论语·述而》），有志于文献整理而不是理论创新，就是中国古代社会特征的典型化。在中国古人看来，“夫文章者，原出《五经》：诏命策檄，生于《书》者也；序述论议，生于《易》者也；歌咏赋颂，生于《诗》者也；祭祀哀诔，生于《礼》者也；书奏箴铭，生于《春秋》者也”（《颜氏家训·文章》），这是天经地义的，“依经立义”和“微言大义”顺理成章地成为中国古代哲学话语的基本方式。

在中国古代正统和官方的意识形态看来，六经包括了全部真理，许多学者把一生的精力与才智用在为六经作传疏上。这种经学笺注主义的思维把某一学科的原始经典神圣化，采取“述而不作”的态度，“有了经验知识，不去另作一本书，却往往通过笺注的形式附加到经注中去，这样就使得一门学科始终维持在原来的体系上”①。这种注经式的话语方式，其优点是长于整理和阐释传统典籍，但是对现实提问和解答的能力则明显薄弱。中国传统哲学以经学形式发展，经典注释不需另立新说，更不需要详细的理论论证和繁复的逻辑展开，甚至可以达到“一字褒贬”（杜预《春秋经传集解序》）的程度。

二

希腊传统诞生和孕育了西方哲学。希腊哲学传统和古希腊的地理环境存在着不可分割的联系。希腊位于欧洲巴尔干半岛南端，西濒亚得里亚海与意大利相邻，南隔地中海与非洲相望，东面是爱琴海，过海便是亚洲，处于东西方交通要冲。从岛内情况来看，群山环绕，土地贫瘠，崎岖不平，不利于农耕。但是希腊人从别的方面获得了丰厚补偿，这就是海上贸易。大海有着便于发展海上贸易的优越条件，特别是在古代内陆交通极为不便的情况下，希腊半岛是东西方海上贸易的必经之途，这使古希腊的商品经济高度发展，形成了以工商业城邦为核心的古希腊社会的商业性特征。

在古希腊商业城邦中，海上贸易的开展、财产诉讼的频繁、民主政治的斗争、雄辩术的兴盛等，无不需要雄辩的逻辑和严格的论证，以及在商

① 姜广辉：《理学与中国文化》，上海人民出版社1994年版，第404页。

业活动中精准的计算。浩瀚的大海美丽动人而又神秘莫测，海外贸易生活富于传奇性，它与探险、旅行、战争、掠夺、财富的寻求和未知地理领域的开辟等联系在一起，奠定了惊险刺激而不是平静如水的生活基调，刺激了西方人大胆开拓的勇气和敢于冒险的精神，不利于形成崇古的社会氛围，也难于盲目地迷信远古典籍的权威。

这给西方人的思维方式以决定性的影响。西方人很早就有了自觉建立知识体系的意识并划分了学科。古代西方哲学不仅包括我们当今所理解的哲学，也包括其他诸多学科，古希腊人已经自觉意识到算术、几何、天文学、音乐等相互关联但有彼此区别的领域，并称之为“学科”①。如果说中国古代哲学更多地建立在人文学科的基础上，那么，西方哲学则更多地建立在自然科学的基础上，因此西方哲学很早就系统地发展出了用逻辑分析来进行精密研究的方法。李约瑟在《中国科学技术史》中指出：“希腊人……很早就仔细地考虑形式逻辑”②，在古代西方，逻辑学是哲学的一个主干学科，逻辑分析的基本方法被运用于哲学的所有分支学科。③

从苏格拉底以来，西方哲学的目标不仅是建立知识体系，而且就其自身性质而言，是“爱智慧”④，因此重视逻辑思维能力是西方哲学的重要传统，亚里士多德最早奠定了逻辑分析的思想。“亚里士多德首先出来分析人的思想，找出人类思想原来亦有一定法则可循，这就是他在哲学上最有贡献的地方，也是影响后世最深的一种哲学方法”⑤，亚里士多德把逻辑学称为分析学，他认为逻辑是获取真正可靠的知识和方法的工具，我们必须掌握这种方法和工具，才能进行科学的研究。⑥ 中国古代哲学中尽管也有公孙龙子关于“白马非马”的逻辑问题的思考，但总体上讲，就逻辑思维能力重视程度和思考的深度而言，我们远不及西方哲学，这给予中西文论不同的话语方式以深刻影响。

亚里士多德指出，“辩证法”探求方式的中心之点是怎样提出一个

---

① See Daniel Kolak, *Lovers of Wisdom: An Introduction to Philosophy with Integrated Readings*, second edition, “introduction”, Beijing: Peking University Press, 2002, p. xix.

② 杨宪邦主编：《中国哲学通史》第一卷，中国人民大学出版社 1987 年版，第 34 页。

③ http: //en. wikipedia. org/wiki/Western_ Philosophy.

④ See Daniel Kolak, *Lovers of Wisdom: An Introduction to Philosophy with Integrated Readings*, second edition, “introduction”, Beijing: Peking University Press, 2002, p. xx.

⑤ 邬昆如：《西洋哲学史》，台湾“国立编译馆”1972 年版，第 150 页。

⑥ 参阅全增嘏主编《西方哲学史》上册，上海人民出版社 1983 年版，第 207—208 页。

“论题”或“问题”，因为它要讨论的是一些重要的意见及其分歧。讨论首先要把这些分歧的意见集合在一个“位置”，使之相遇形成一个恰当的论题或问题，才能正确地通过对问题开展讨论，分辨真理与谬误，达到探求真理的目的。辩证法思维学说的第一条，就是要研究如何善于提出问题。[①] 我们通常把辩证法简单地理解为对立面的统一，很少从这样的思维形式上来把握辩证法，其实善于正确地提出问题，是建立知识体系的前提，也是思维能力训练的重要内容，这构成了西方哲学话语的重要特点。

西方文论从一开始就不是以顺向继承为主，不是古籍整理式的“述而不作”，而是面向现实不断提问，在批判和否定中建立自己的理论体系。在西方文论史上柏拉图第一个自觉地建立了自己的文艺理论体系，并有着自己的鲜明特点。从话语方式来讲，其特点是“柏拉图反对以前的文艺最力，破坏多于建树，他的文艺理论，总的说来，与其是阐明文艺的理论，不如说是反对文艺的理论”[②]。柏拉图的摹仿说是对德谟克利特摹仿说的彻底否定，柏拉图反对智者学派提出的“美是视听引起的快感”的观点，提出了美是理念的学说，柏拉图反对希腊社会流行的推崇艺术教育的观点，激烈批判艺术的危害性，并引发了中世纪教会对世俗文艺的仇视。这种话语方式后来被亚里士多德概括为“我爱我师，我更爱真理”的思想传统，即在对前人的否定和批判中建立自己的理论体系，这对后代西方文论产生了重大和深刻的影响。

中国文论的话语方式有着不同的特点。宇文所安（Stephen Owen）在《中国文论：英译与评论》（*Readings in Chinese Literary Thought*）中，曾经从一个西方学者的独特视角，批评了严羽的《沧浪诗话》的话语方式，他指出，“《沧浪诗话》的流行产生了一个严重后果（或许是最严重的），那就是把盛唐诗经典化了，盛唐诗从此成为诗歌的永恒标准”[③]，“让读者感到，如果有任何不忠，都将受到嘲笑。本来有许多可供选择的风格，一旦信奉《沧浪诗话》，正确的选择就只剩下了一个了”[④]，如果我们参照孔子

① 杨适：《古希腊哲学探本》，商务印书馆 2003 年版，第 509 页。

② 缪朗山：《西方文艺理论史纲》，中国人民大学出版社 1985 年版，第 57 页。

③ 宇文所安：《中国文论：英译与评论》，王柏华、陶庆梅译，上海社会科学院出版社 2003 年版，第 430 页。

④ 同上书，第 431 页。

的"攻乎异端，斯害也已"（《论语·为政》），就不难了解这种独断式的话语方式在中国文化和文论所具有典型意义。这种话语方式以顺向继承为主，反对任何与主流和传统相悖的具有异质性的东西，不利于新异和叛逆的文艺理论生长。

亚里士多德生活的时代，悲剧艺术非常繁荣。针对当时的文艺创作实践，亚里士多德在《诗学》中系统总结了古希腊悲剧艺术中的重大理论问题，并由此建构了他的文艺理论主体部分。亚里士多德在《诗学》中逆向继承了他的老师柏拉图的摹仿说，针对柏拉图认为艺术对现实是依样画葫芦的描摹，亚里士多德肯定艺术的创造性，针对柏拉图认为艺术是"照镜式的摹拟"①，亚里士多德认为艺术是"创造性的摹拟"。柏拉图认为诗诽谤神灵，有伤风化，贬低英雄，对青年有很坏的影响，亚里士多德则提出了"净化"说，认为艺术是正当和高尚的有益活动，给人以"无害的快感"而达到伦理教育的目的。

这样的话语方式对后代西方文论产生了积极而深刻的影响。黑格尔彻底否定了摹仿说，在《美学》中黑格尔睿智地指出，按照摹仿说的观点，艺术只是纯形式地按照自然的中国文论话语方式的危机与变革本来面貌来复制（copying nature forms just as they are）一遍，这纯属多余，因为自然原已存在着，如果依靠单纯的摹仿，艺术将无法和自然竞争，这犹如小虫爬着去追大象。② 现代西方马克思主义则是在新的历史条件下，针对现代西方富裕社会用消费需要控制人的自我意识并加以全面奴役，从日常生活和文化消费等方面，对包括艺术在内的日常生活进行批判性研究，试图给现代人指出一条摆脱"消费控制"的道路，把艺术、审美同反对异化，追求解放、自由、人的全面发展等结合起来，进而重建马克思主义文论。③ 俞吾金、陈学明对包括西方马克思主义文论在内的整个西方马克思主义，做了如下概括：

> 西方马克思主义思潮的出现并不是偶然的，它实际上是对本世纪初以来发生的一系列重大的社会历史事件所提出的问题的一份答

① 缪朗山：《西方文艺理论史纲》，中国人民大学出版社1985年版，第69页。

② G. W. F. Hegel, Aesthetics: *Lectures on Fine Art*, trans. by T. M. Knox, Vol. 1, Oxford: Oxford University Press, 1975, pp. 41-43.

③ 参阅冯宪光《"西方马克思主义"美学研究》，重庆出版社1997年版，第47页。

> 卷……西方马克思主义在其发展中之所以保持了顽强的生命力，之所以留下了一连串富于创发性和开拓性的理论著作，因为它从来不使自己与现实生活绝缘。[①]

现代西方文论所发生的消费文化转向、图像转向、生态转向以及女权主义和少数族裔文论研究等，无一不是对现实文艺生活中的重大理论问题积极回应的结果。随着近30年中国经济的快速增长，有感于当今世界文论格局中在西方和中国之间的强烈不对等地位，海内外华人学者忧心忡忡。黄维梁写道："在当今的西方文论中，完全没有我们中国的声音。20世纪是文艺理论风起云涌的时代，各种主张和主义，争妍斗丽，却没有一种是中国的……中华的文评家也无人争取到国际地位。"[②] 对于这样一种文艺现象，我们不仅要看到它是什么，更要解释它是为什么，仅仅归结为西方文化霸权，未免失之肤浅而缺乏足够的说服力。在复杂多样的因素中，就学术因素而言，中西文论话语方式的差异，作为文艺思维规则的差异，是比个别的理论观点的差异更为重要和深刻的东西，毫无疑问地构成了我们反思的核心内容之一。

三

冯友兰简洁地概括了中国古代哲学的话语方式，他写道："中国哲学家惯于用名言隽语、比喻例证的形式表达自己的思想。《老子》全书都是名言隽语，《庄子》各篇大都充满比喻例证。这是很明显的。但是，甚至在上面提到过的孟子、荀子著作，与西方哲学著作相比，还是有过多的名言隽语、比喻例证。名言隽语一定很简短；比喻例证一定无联系。"[③] 早在作为中国思想源头的先秦哲学那里，孔孟的语录体和随感式，老庄的寓言化和格言式，都为后来的中国文论奠定了一个诗性话语的言说方式，作为中国传统思想主干的儒、道、佛（特别是佛教中国化以后产生的禅宗）三家，莫不如此。

---

① 俞吾金、陈学明：《国外马克思主义哲学流派》，复旦大学出版社1990年版，第5—7页。

② 黄维梁：《〈文心雕龙〉"六观"说和文学作品的评析》，《北京大学学报》1996年第3期。

③ 冯友兰：《中国哲学史》，涂又光译，北京大学出版社1985年版，第14页。

中国古代文论中常用的语录体，就是用名言隽语式来表达自己的观点，不注重而且通常也没有逻辑展开的过程，《论语》就是这样的典型文本。作为用语录体撰写的儒家经典的开创之作，《论语》主要记录孔子的言论和行动。由于孔子是以教师的权威地位和学生讲话，师生之间的地位是极不对等的，学生并不拥有和他同等对话和争辩的话语权利。孔子以智慧老人和百科全书的姿态出现，针对学生提出的各种问题，无须严密的逻辑论证，直接给出简短和精辟的结论，学生无须辩驳欣然接受。长期影响着中国文论的诸多重要命题，如“思无邪”（《论语·为政》）、“乐而不淫，哀而不伤”（《论语·八佾》）、“辞达而已矣”（《论语·卫灵公》）等，都是孔子以这样的方式给出的。西方学者指出，“不同于欧洲和美国的大多数哲学家，孔子不依赖于演绎推理来使他的听众信服。而是使用诸如类比和格言警句等修辞手法来解释他的思想”[①]。《论语》、《孟子》、《朱子语类》、《二程遗书》和禅宗语录，直至“文化大革命”期间的各种语录，语录体的话语方式贯穿了包括中国文论史在内的整个中国思想史，影响极为深远。

中国古代文论话语方式的特点之一，是喜用类比思维，往往采用比喻的方法说明问题，在这一点上《庄子》非常突出。用轮扁斫轮（《庄子·天道》）来比喻事物的精微之处只可意会而不可言传，用“凫胫虽短，续之则忧；鹤胫虽长，断之则悲”（《庄子·骈拇》）来比喻仁义是不符合本然的多余的东西，用河伯见大海来阐述认识事物的相对性观点（《庄子·秋水》）。这种思维方式在中国古代文论中得到广泛运用，“文若春华，思若涌泉”（曹植《王仲宣诔》），“范诗清便宛转，如流风回雪。丘诗点缀映媚，似落花依草”（钟嵘《诗品》），以比喻和描述的方法，而不是理论演绎的展开来阐述文学观念，是中国古代文论话语方式的典型特征。

佛教中国化以后产生的禅宗，与印度佛教在理论思维上有着显著差别。印度佛教卷帙浩繁，注重详细的逻辑论证和系统总结，某些经典如《大毗婆沙论》甚至带有经院哲学的烦琐特点。[②] 唐代慧能创立的禅宗则高度简约化，标榜“不立文字”、“直指人心”，推行一套排斥语言文字、

---

① http：//en. wikipedia. org/wiki/Confucianism.

② 方立天：《佛教哲学》，商务印书馆2007年版，第39页。

"以心传心"即直观思维的禅悟成佛方法，[①] 禅宗语录记录的是不加文字修饰的师徒问答，其特点是含蓄、简短、形象、直观。禅师教导门人时采用奇特的教学方法，对于初学者所问，多数情况下不作正面回答，而是采用棒打、脚踢、口喝、打耳光等，教人自己去体会和证悟。马祖道一法师原主坐禅，怀让以磨砖不能成镜为喻，说明成佛不必坐禅，使其顿然开悟[②]。宋代以后，"以禅喻诗"说盛行，严羽的《沧浪诗话》极具代表性，其中的"诗有别才，非关书也；诗有别趣，非关理也"等观点，都是强调创作思维和诗学知识的非理性与非逻辑。

姜广辉对中国古代思维模式特征做了这样的概括："古人常常把形象相似、情境相关的事物，通过比喻、象征、联想、推类等办法，使之成为可以理喻的东西。我们称这种方法叫取象比类的思维方法。"[③] 类比是一种较为形象直观的逻辑推理形式，它基于这样的假设，如果已知两个事物在某些方面是相似的，那么它们在其他方面也一定是相似的。类比推理的优点是鲜明生动，它抓住两种事物的特征进行类比，容易化抽象为具体，增强说服力，比喻在本质上就是类比。正是类比思维的普遍运用，使中国古代文论擅长于化抽象为形象，能够把原本抽象的理论著述写得如同文学作品一般形象优美，生动感人。

但是任何比喻都是跛足的。类比推理的弱点在于，逻辑上不够充分，是一种主观的不充分的似真推理，要确认其推理的正确性，还需要经过严格的逻辑论证[④]，而这一点却往往为我们所忽略。当我们称颂中国古代哲学的"天人合一"时，我们很少注意到，把天和人简单地加以类比，认为"天有喜怒之气，哀乐之心，与人相副，以类合之，天人一也"（董仲舒《春秋繁露·阴阳义》）、"人生有喜怒哀乐之答，春夏秋冬之类也"（董仲舒《春秋繁露·为人者天》），严格地说来，这在逻辑上是站不住脚的。取向比类的思维方式在中国古代很普遍，但是正如有学者所指出的那样：

> 认识的一般过程应该由感觉、知觉、表象的感性阶段上升到概念、判断、推理的理性阶段。中国古人重视"象"，实际上是强调了

---

① 方立天：《佛教哲学》，商务印书馆2007年版，第241页。

② 同上书，第244页。

③ 姜广辉：《理学与中国文化》，上海人民出版社1994年版，第395—397页。

④ http://baike.baidu.com/view/441788.htm.

思维过程中的表象作用，而概念思维却因此未能得到正常的发育。因此中国古人在认识过程中往往以表象代替概念，进行类比推理。……应该承认，人们有时会通过风马牛不相及的东西所表现出的相似性、相关性，发现隐藏在其中的深刻规律。但是，如把类比推理当作思维的基本方法，就难免得出许多似是而非、牵强附会的结论。[①]

中国古代文论的许多名篇佳作，如陆机《文赋》、刘勰《文心雕龙》、钟嵘《诗品》、杜甫《戏为六绝句》、元好问《论诗三十首》等，其共同特点在于，都是用优美的辞赋、骈文、诗歌写成，寓深刻的文学理论于浅显优美的铺陈和描写之中。如果说，亚里士多德《诗学》、康德《判断力批判》、黑格尔《美学》等西方文论经典更像是理论著作，那么，中国文论经典更像是文学作品。诗话这种文论体裁更富中国民族特色，诗话也就是用漫谈和随笔的形式写成的关于诗的故事，诗歌理论即寓于其中。在大量的诗话和词话中，其点悟性、模糊性、经验性就更为突出。

中国古代文论这种诗意化的话语方式有一个显著特征，即缺乏明晰性与富于暗示性并存，“因而名言隽语、比喻例证就不够明晰。它们明晰不足而暗示有余。前者从后者得到补偿。当然，明晰与暗示是不可得兼的。一种表达，越是明晰，就越少暗示；……正因为中国哲学家的言论、文章不很明晰，所以它们所暗示的几乎是无穷的”[②]，“中国哲学所用的语言，富于暗示而不很明晰。它不很明晰，因为它并不表示任何演绎推理中的概念。哲学家不过是把他所见的告诉我们。正因为如此，他所说的也就文约义丰。正因为如此，他的话才富于暗示，不必明确”[③]。

中国古代的文艺创作和理论批评因此未能得到明确和自觉的区分，而是被看作是一个整体。和现代意义上的文学理论比较接近的，在中国古代称之为“诗文评”，依据中国传统的古籍分类，“诗文评”附属于文学而没有取得独立地位。按照朱自清的说法，诗文评只有“一个附庸的地位和一个轻蔑的声音”[④]，只是“集部（文学作品——引者注）的尾巴”[⑤]。中

① 姜广辉：《理学与中国文化》，上海人民出版社 1994 年版，第 397—398 页。

② 冯友兰：《中国哲学史》，涂又光译，北京大学出版社 1985 年版，第 14 页。

③ 同上书，第 29—30 页。

④ 《朱自清古典文学论文集》下册，上海古籍出版社 1981 年版，第 540 页。

⑤ 同上书，第 539 页。

国古代文论确实给人以美的感受和多方面暗示，但是也鲜有精密宏大的理论体系，不注重论证的过程，更多是经验的而不是理论的，更多是文学的而不是思辨的，通常是要言不烦，言简意赅，往往散见于浩如烟海的古籍之中，随感而发，不成体系。正如赵汀阳所说：

> 尽管早就有许多深刻的问题摆出来了，但却没有由一个问题引出一些论证、由某种论证生成另一些问题这样一个明显的推进过程，结果2000年来的问题演变发展不大……不再面对问题，只在乎一些基本概念和教条的释义，这是中国传统哲学长期以来发展缓慢的一个重要原因。①

如果我们把中国古代思想史作为一个整体来看待，就会发现这种注经式话语方式的一个基本特征在于，历史上不同的理论文本之间的联系，远胜于理论与现实之间的联系。以哲学领域为例，先秦孔子在《礼记·檀弓下》中讲“苛政猛于虎”，汉代贾谊《过秦论》讲“仁义不施而攻守之势异也”，到唐代柳宗元《捕蛇者说》讲“赋敛之毒有甚于蛇”，讲的无非就要施仁政，至于如何通过程序正义的保证，真正迫使官员必须施行仁政，其核心问题即体制性的制约，则缺乏深刻的反思和实质性的理论推进，导致古代中国不管王朝如何更迭，始终是理论上空洞地倡导仁政而实际政治运作中难以实行，造成整个社会周期性的剧烈动荡而带来大规模的破坏。

从文论自身来看，先秦孔子的诗“可以怨”说，经汉代司马迁的“发愤著书”说，唐代韩愈的“不平则鸣”说，到宋代欧阳修的“穷而后工”说，都是重视文艺和现实生活之间的联系，强调艺术创作主体对黑暗现实的怨愤激情和否定批判态度，要求作家创作出具有充实的现实内容和深刻思想力量的文艺作品，这是正确的但又是不够的，因为理论的实质性推进依然有限，顺向的理论传承远远大于逆向的创造性发展。由于面向现实提问和解答的能力不足，如果说在发展缓慢的中国古代农业社会，不同理论之间的竞争被“罢黜百家、独尊儒术”的思想独裁所压抑，那么当置身于当今世界多种理论的飞速发展与激烈竞争之中，我们很容易发现中国文论的生存竞争和向异质文论辐射能力明显不足。

---

① 赵汀阳：《没有世界的世界观》，中国人民大学出版社2003年版，第163页。

赵汀阳所论，不仅是制约中国传统哲学长期发展缓慢的重要原因，也是制约着中国传统文论长期发展缓慢的重要原因，在进入中国文论与西方文论互动的现代社会之后，这种制约性更加凸显。因为中国传统文论所面对的，主要是诗文正宗的经典文本，而现代中国的基础文类早已从小说戏剧转为影视文艺，中国古代文论的基本概念“风骨”、“气韵”等和现代文艺基本绝缘。中国文论注经式的思维惯性妨碍了中国文论话语方式的危机与变革理论与现实文艺生活的源头活水之间相互流动，点悟性与模糊性的传统话语方式，又妨碍了作为思维之网的网上纽结即概念范畴的清晰性，这既不利于把现实文艺生活中产生的重大理论课题纳入研究视野，也不利于理论思维逻辑的积极展开和快速推进。如果说，中国古代文论的话语方式，和中国古代农业社会及其文学样态是相适应的，但是对于深受西方影响而急剧变化的中国现代社会及其文艺样态，则是远远不够的了，我们必须赋予它与新时代相适应的东西，积极推动中国文论话语方式的现代变革。

四

传统的中国社会本质上是宗法制农业社会，对血缘关系的高度重视所形成的强大家族意识，形成了中国社会宗教意识的普遍淡漠。类比推理的思维模式所产生的“天人合一”的观念，使封建帝王作为“真龙天子”的君权神授论得以合法化，中国古代封建社会成为神权和政权合一的社会结构，造成了中国古代社会长期处于思想独裁和政治专制。专制社会中的思想独裁和政治高压给思想领域的影响，是整个社会的思想智慧受到严重压抑而导致社会智力资源极度贫乏。作为中国封建社会官方主流意识形态所具有的浓厚的崇古和复古倾向，使得中国社会思想文化领域的发展滞重而缓慢。就汉字而言，我们并未像其他国家和地区那样从象形文字进化到拼音文字，而是始终停留于象形文字阶段。作为表述思想的物质手段，汉字对中国古人的认知和思维产生了深刻影响。姜广辉认为：

> 由于中国文字具有象形意义，因而它的文字系统在相当程度上反映客观事物的相互联系。客观事物不断发展变化，原来文字的内涵也随之扩大，有的名词甚至包含一两千年间不同的规定性，由此造成中

国传统思维的概念（实为表象，这里姑且称之为概念）的流动性和模糊性。[①]

我们不妨对照西方文字，“西方的拼音文字……不带有任何象形的意义，文字的意义完全是人主观加上去的。你提出一个概念并要人家能懂，就必须规定概念的确定意义。客观事物发展变化，新的事物不断出现，就要重新界定概念，或创造新的概念，因而西方人的思维始终保持概念的确定性和对应性”[②]。如果说，中国文论传统的点悟式模糊话语，和中国文字的象形性自身带有意义相关，那么，西方文论严格遵循形式逻辑、“习惯于精密推理和详细论证”[③]，则和拼音文字需要仔细规定概念的意义有着不可分割的联系。

我们从文字和多种艺术形式中，很容易感觉到中西思维样态的差别。有学者把传统的中国思维概括“朦胧意象思维”，认为“中国思维往往有些不确定的对象，如哲学概念的道、理、气、玄、禅、太极、元、亨、利、贞，都是很难描述清楚的……中国传统的水墨画，烟雨蒙蒙，似有似无，中国人都喜欢沉浸在这种感觉中。相反，西方的文字、西方的油画，都以很清晰的方式传达信息”[④]。这两种不同的思维方式，既相互区别，又相互补充。就中国文论思维传统而言，在我们面对快速发展的现代文艺生活并自觉地建立中国现代文论体系时，就会感到它确实在一定程度上“限制了主体思维对客观现实及其映像的确认，不易对感知对象进行分析、整理、抽象、演绎”[⑤]。“他山之石，可以攻玉”，在这方面，西方文论话语方式恰恰对我们构成了有益的补充。

自柏拉图以来，西方文论的特点在于，不是满足于提供现成的结论，而是重在正确地提问和论证过程的详细展开。《大希庇阿斯》篇是柏拉图为美下定义的最初尝试，文章的精彩之处不在于结论，而在于对“什么是美”这一中心问题所展开的有趣而深入的讨论，文章逐一考察了当时流行的关于美的定义和看法，却没有找到美的令人满意之定义，最后仅

---

① 姜广辉：《理学与中国文化》，上海人民出版社1994年版，第396—397页。
② 同上书，第397页。
③ 冯友兰：《中国哲学史》，涂又光译，北京大学出版社1985年版，第13页。
④ 王玉德：《文化学》，云南大学出版社2006年版，第147页。
⑤ 同上。

以宣布“美是难的”而告结束。文章的功绩在于，第一次把“美本身”即美的本质和形形色色的美的现象加以区分，形成了一个开放性的正确提问，吸引着后代无数的美学家为此孜孜不倦地探索，从西方美学史上的亚里士多德、康德、黑格尔到当代中国的朱光潜、李泽厚、高尔泰等人莫不如此。

在前人理论思维的基础之上，亚里士多德进一步对作为理论基本规则的形式逻辑进行了系统总结，确定了形式逻辑的基本内容，使之成为一门科学。他提出了形式逻辑的三大规律，即矛盾律、同一律和排中律，研究了概念、判断和推理等逻辑形式，研究了演绎推理和归纳推理，强调思维形式的正确性，首创了三段论推理的格和规则的学说①，亚里士多德把这些思维规则运用于他的文艺研究之中，这就是《诗学》。其实《诗学》篇幅不长，并非亚里士多德的完整著作，也未经作者认真润色，在多次传抄中文字也存在增删毁损。此书作为一部西方文论开创时期的经典之作，其中的话语方式比具体的思想观念更值得后人反复研习。

亚里士多德从摹仿艺术的区别性特征入手，研究了摹仿的媒介，划分了绘画与雕塑、音乐和诗歌等不同的艺术种类，接下来研究了摹仿的对象，区分了悲剧和喜剧摹仿的不同人物，然后讨论了摹仿的三种不同方式，作者又逐一探究了戏剧的起源、悲剧的定义、情节、诗与历史的不同，乃至人物性格、语言等，几乎囊括了当时的古希腊戏剧及文艺理论的所有主要内容。它之所以能在西方文论史上享有崇高地位，除了得益于亚里士多德广博的学识外，与作者科学严谨的话语方式也存在着不可分割的联系。

亚里士多德身为逻辑学家和科学家，秉承了毕达哥拉斯和柏拉图等的科学传统，自觉采用严密的逻辑推理和冷静的科学分析来研究并解决文艺问题。事实上，建立理论体系的强烈和自觉意识始终是西方文论的一个重要特征，早在古希腊时代，柏拉图和亚里士多德就自觉寻找各种艺术门类的共同特征即摹仿，并把诗歌、音乐、舞蹈、绘画、雕塑等，看成是模仿的不同形式②。当传统的美的艺术在现代社会呈现衰败迹象时，现代西方

---

① 参阅全增嘏主编《西方哲学史》上册，上海人民出版社1983年版，第207—208页。

② See Steven M. Cahn and Aaron Meskin, *Aesthetics: A Comprehensive Anthology*, Malden MA: Blackwell Publishing, 2008, p. 6.

文论又思考其历史起源和局限所在①。这和西方注重理论话语方式研究的传统紧密相关，造成了理论思维严格而明晰的特点。这种话语方式抽丝剥茧，不断展开，层层推进，成为西方文论的思维工具和牵领西方文论向前发展的火车头。

自鲁迅以来，国内学界往往将《文心雕龙》与《诗学》并称，这是中西文论史上的代表性著作，我们可以将二者的理论话语方式加以对照。其实《文心雕龙》尽管以“体大虑周”著称，但是依然带有中国文论所特有的意象思维的朦胧性，如其中的名篇《神思》，通篇并未给神思一个明确定义，从一开始把“形在江海之上，心存魏阙之下”说成是“神思之谓也”，到“故寂然凝虑，思接千载；悄焉动容，视通万里；吟咏之间，吐纳珠玉之声；眉睫之前，卷舒风云之色；其思理之致乎?”，再到“登山则情满于山，观海则意溢于海，我才之多少，将与风云而并驱矣”，都是直觉感悟式的话语方式，是一种形象性的富于感染力的文学描绘，不是理论逻辑的清晰说明。刘勰自己在结语处也承认：“伊挚不能言鼎，轮扁不能语斤，其微矣乎!”

从文学性的角度来讲，《文心雕龙》远胜于《诗学》，但是从理性和清晰地把握文艺现象来讲，《诗学》则有过之。如果我们要想避免中国传统文论研究中的“以不甚了然对不甚了然”，试图以清晰的理论逻辑和强大的思辨能力，来展开与西方文论的对话并设法谋求我们在世界文论格局中的应有位置，那么，我们将不得不选择从《文心雕龙》话语方式到《诗学》话语方式的自觉转型。不管我们主观上是否愿意承认，事实上这一转型至少从王国维时代就已经开始，一直延续至今并仍将持续下去。值得注意的是，就话语方式来讲，现在国内赞誉较多的王国维《人间词话》，追随和仿效者少，相反，现在国内批评较多的王国维《〈红楼梦〉评论》，历来追随和仿效者甚众，后者援西释中的思路和精密论证的方式，被认为是开了比较文学中国学派的基本方法即“阐发法”的先河。这意味着时下国内对于王国维的研究和评论，由于受到偏激的民族主义情绪影响，和王国维的实际学术贡献之间存在着较为明显的出入。

中西文论话语方式的确有着各自不同、特色鲜明的传统，问题的关

---

① See Steven M. Cahn and Aaron Meskin, *Aesthetics: A Comprehensive Anthology*, Malden MA: Blackwell Publishing, 2008, p. 15.

键在于如何评估这两种不同的理论传统。正如联合国教科文组织《世界文化多样性宣言》中所说的那样，在承认文化差异现实存在的同时，又"不能把文化多样性视为一种一成不变的遗产……防止那些借文化差异之名把这些差异神圣化"[①]，其实"抽象理论对中国并不是不可能的，只是不必要而已"[②]，不必要的原因是古代农耕文明的中国不需要严格的精确化和逻辑化。人不能两次跨入同一条河流，现代中国早已是今非昔比。西方文明向全球范围扩张的结果，从社会结构而言，中国从古代农业社会的农业文明，向着现代工业社会和商业文明急剧转型，在繁复的现代社会中，抽象的理论思辨和严密的逻辑论证取代意象思维和类比思维，不仅必要，而且已经成为历史发展的必然趋势。从文学样态而言，中国古代文学的基础文类，即占据古代文学秩序中心的诗歌散文，已经被小说戏剧，后来是被影视艺术所代替。中国古代与抒情短诗相适应的描述性、经验性、点悟性文论，无论是从研究对象还是话语方式来看，都已经不再适用。

从作为思维直接现实的汉语语言来讲，也发生了剧烈和深刻的变化，王力写道，"现代汉语曾经接受和正在接受西洋语言的巨大影响，这种影响包括语法在内，这是不能否认的事实"[③]，在从古代汉语发展到现代汉语的过程中，汉语的结构发生了重大变化，古代汉语中占优势地位的单音节词已经让位于现代汉语里的双音节词，胡裕树指出，"现代汉语中，双音节词占绝大多数"[④]，这种演变的结果是，"汉语里音节结构的单纯化促进了词汇双音化，词汇双音化又促使了词义和词性明确化，同时语法上词序的规则化也促使了词义和词性明确化"[⑤]。王力明确指出，"句法的严密化，和逻辑思维的发展是有密切联系的。所谓严密化，是指句子由简单到复杂的发展"[⑥]，"五四以后，汉语的句子结构，在严密性这一点上起了很大变化……要求在语句的结构上严格地表现语言的逻辑性"[⑦]。

进入现代社会以后，汉语所发生的这些显著变化，直接影响到中国文

---

① http://unesdoc.unesco.org/images/0012/001271/127160m.pdf.

② 陈汉生：《中国古代的语言和逻辑》，周云之等译，社会科学文献出版社1998年版，第63页。

③ 王力：《汉语史稿》中册，中华书局1980年版，第485页。

④ 胡裕树主编：《现代汉语》增订本，上海教育出版社1981年版，第18页。

⑤ 同上书，第2页。

⑥ 王力：《汉语史稿》中册，中华书局1980年版，第475页。

⑦ 同上书，第479页。

论话语方式的变化，或者说，已经构成了中国文论话语方式新变的一个重要组成部分。书面体的古代汉语被口语体的现代汉语所取代，以不确定性的单音节词为主和含义相对模糊的古代汉语，被以双音节词为主和更为严密精准的现代汉语所取代。这种变化，既是西方语言影响的结果，也是作为活着的汉语自身语言实践所做出的选择。从古代汉语到现代汉语的变化，古今汉语之间语法结构上的变化，意味着内在思维方式的深刻变化。这是包括文学在内的西方思想文化影响的结果。如果说古代汉语更适合于表达中国古代文论的弹性、模糊性、点悟性和诗意化特征，那么，现代汉语则无疑更适合于表达深受西方文论影响的中国现当代文论理论明晰化、逻辑化、精密化和确定性特征。如果我们承认实践优先的原则，承认实践总是先于理论上的先验设计而且优于理论上的先验设计，那么，合乎逻辑的结果是，我们就必须承认，中国文论话语方式的现代转型是中国文论研究实践的必然结果，也是中国文论不可逆转的发展走向。

当代美国分析哲学家丹托（Arthur C. Danto）认为，“严格说来，分析哲学并不是一种哲学，而只是一套分析用于解决哲学问题的工具。可以推想，如果没有哲学问题，这些工具根本就不存在”①，黑格尔有一句名言“手段比目的更长久”。从这个意义上讲，较之中国文论和西方文论在理论观念上产生的剧烈冲突，中国文论的话语方式作为解决现实中国文艺问题的思维工具，它所发生的深层次的变革，看起来波澜不惊，但是对于近百年中国文论的发展，影响更为深远，更富革命性意义。近些年来国内学界对于中国文论话语方式的关注，体现了中国文论研究领域问题意识的觉醒和对于文论思维工具的自觉，这对于中国文论的发展、中国文论话语方式的危机与变革将会产生重要影响。

中国哲学史家郭齐勇认为，当今中国哲学面临的主要问题是，“面向世界的能力尚待加强……问题意识和理论深度还有待提升”②，从哲学话语与文论话语在本质上的同一性而言，这也是当今中国文论亟待加强和提升的问题。我们当然可以满腔义愤地抨击西方文论话语霸权，但是破中有立，以立为主，中国文论的发展还是应当在自我反思基础之上重在建设。努力把当今文艺生活中的重大现实问题纳入自己的学术视野，吸收异域文

---

① 刘悦笛：《分析美学史》，北京大学出版社2009年版，第1—2页。

② 郭齐勇：《中国哲学研究的七大缺失》，《社会科学报》2010年8月5日。

论话语中有益于自己的东西，与时俱进，建立起与之相适应的中国现代文论话语，积极推动已经展开并且尚未完成的话语方式现代转型，才是我们自立于世界文论之林的更为有效的途径。不怀偏见的人都不会无视这一点，那就是在近百年中国文论发展历程中，话语方式的自觉转型已经发挥了而且仍继续发挥着重要的杠杆作用。

（原载《文学评论》2011 年第 6 期）

中国化马克思主义文学批评的言说方式*

张玉能　张　弓

中国化马克思主义文学批评是一种以中国传统文学批评为根基，以马克思主义文学批评为依据的文学批评理论和实践，中国传统文学批评和马克思主义文学批评的言说方式制约着中国化马克思主义文学批评的言说方式。

一　文学批评的不同言说方式

文学批评是对作家艺术家、文学艺术作品、文学艺术现象进行判别评价的实践和理论。它是批评家或者相关评论者对于作家艺术家的创作、文学艺术作品和文学艺术现象的一种审美感受、价值判断和态度表达的言说。这种言说包含着审美感受、价值判断和态度表达的话语和文本。正因为审美感受、价值判断和态度表达都是具有时代性、民族性、阶级性和地域性的，所以，文学批评作为一种言说，它的言说方式是随着不同民族和不同时代而变化发展的。因此，文学批评的言说方式，不仅有中西之分，也有古今之别，还有阶级之差。

从总体上来看，文学批评言说方式的中西之分主要在于：中国传统文学批评的言说方式主要是一种直觉感悟的体悟，西方文学批评的言说方式主要是一种理性分析的阐释；文学批评言说方式的古今之别主要在于：古典文学批评言说方式主要是一种一言堂、一元化、舆论一律的独

* 本文系国家社会科学基金项目"'后学'语境与马克思主义美学中国化"的阶段性成果，项目编号：11CZW017。

语或者自言自语，现代文学批评言说方式则主要是一种众声喧哗、多元共存、百家争鸣的对话或者交流沟通；文学批评言说方式的阶级之差主要在于：反动统治阶级的文学批评言说方式主要是一种一己私利、独断专行、遮蔽真情的矫饰或者言不由衷，人民大众的文学批评言说方式却是大公无私、实事求是、直言不讳的坦言或者直抒胸臆。在建构中国化马克思主义文学批评言说方式的过程中，我们当然应该多方面地考虑这些民族差异、时代差别、阶级区分，不过，在今天我国处于社会主义初级阶段的历史时期，文学批评言说方式的民族差异，或者简单说，文学批评言说方式的中西差异却是更加值得注意的方面。尤其是中国化马克思主义文学批评的言说方式，是要在中国传统文学批评言说方式、西方文学批评言说方式和马克思主义文学批评言说方式之间求得一种和谐平衡的协调关系。

一般而言，西方文学批评言说方式主要是一种理性分析的阐释。它注重的是，从某种理论框架、基本原理和立场观点出发，对作家艺术家、文学艺术作品和文学艺术现象进行条分缕析、层层深入、演绎归纳的逻辑分析，从而得出符合这种理论框架、基本原理、立场观点的判别评价，或者印证和扩展这种理论框架、基本原理和立场观点。这种言说方式在古希腊的黄金时代就已经形成雏形。柏拉图关于文学艺术的一系列对话，特别是亚里士多德的《诗学》，基本上就是为西方文学批评言说方式建构起来的文艺学和美学的理论体系。可以说，《诗学》是在总结古希腊的神话、史诗和悲剧等文学艺术创作的基础上，为了更好地进行文学批评实践而建构起来的理论体系。其中到处都可以看到亚里士多德作为批评家和理论家的双重身份。因此，亚里士多德的《诗学》实际上就是西方文学批评言说方式的理论总结，形成了西方文学批评言说方式的标本。而亚里士多德的这种文学批评言说方式又来源于他的老师柏拉图。柏拉图就是从理念论的世界观和方法论出发来批评文学艺术作为“摹仿”的非真实性，而且他的一些文艺对话录就是以老师苏格拉底与像伊安这样的诗人、理论家的对话批评构成的，或者可以说也就是苏格拉底或者柏拉图本人所进行的文学批评实践的记录，也就是运用自己的哲学、美学和文艺学的理论（包括理论框架、基本原理和立场观点）来进行批评实践的概括化记录。尽管柏拉图的文艺对话集和亚里士多德的《诗学》很少对作家艺术家、文学艺术作品的具体的批评，但是，对于文学艺术现象的规律、本质、特征、起源、发展、功能、构成等都进行了理性分析的阐释，给后人进行文学批评造就了理论框架、基本原理、立场观点。古罗马时代的贺拉斯就是以亚里士多德的《诗学》作为圭臬和准绳来进行批评实践。他的《诗艺》，实际上就是贺拉斯运用亚里士多德的理论框架、基本原理和立场观点对古罗马的文学艺术创作进行一般性批评的理论概括。古罗马晚期的普罗丁（一译普罗提诺）则是运用柏拉图的理论框架、基本原理和立场观点融合基督教的理论框架、基本原理、立场观点进行文学批评实践，在涉及文学艺术现象的部分论说之中显示了新柏拉图主义的文学批评言说方式。在欧洲中世纪的历史时期内，新柏拉图主义的言说方式被圣奥古斯丁充分发挥，而新亚里士多德主义的言说方式则被圣托马斯·阿奎那所发扬到极致。圣奥古斯丁的《忏悔录》关于自己年轻时代文学艺术活动的忏悔实际上就是一种文学批评，其言说方式也就是以新柏拉图主义的美学和文论来反省自己的文学艺术活动，主要是一种理性分析的阐释。因此，在西方美学和文论的发展过程中，文学批评与文学理论往往是二位一体的：文学理论是文学批评的根据和准则，文学批评是文学理论的阐发和运用；一个是理性的准则，一个是理性的阐释。这种情况在 17、18 世纪的新古典主义和启蒙主义的文学艺术思潮之中表现得最为突出。法国美学家和文论家布瓦罗的《诗的艺术》既是新古典主义文学批评的法典，也是新古典主义批评实践的结晶。其中所谓“三一律”就是一种文学批评和文学理论二位一体的典型。它几乎成为了新古典主义文学理论的标志，同时它又是新古典主义文学批评的标尺。德国启蒙主义美学家和文论家莱辛的《汉堡剧评》，应该说是典型的文学批评文本，但是它同时也是莱辛戏剧美学思想的理论表述。之所以如此，就是因为《汉堡剧评》的言说方式就是理性分析的阐释，每一篇剧评都是从一部具体的戏剧作品的分析之中得出某种美学观点和文论观点，或者是作者实际上就是以具体的戏剧作品的分析来阐释自己的戏剧美学思想。莱辛的《拉奥孔》就更是如此了。它从《拉奥孔》的雕塑作品的具体分析，批判温克尔曼的新古典主义美学思想和文论思想，阐释他自己的启蒙主义美学思想和文论思想。从启蒙主义美学和文论及其文学批评开始，这种理性分析的阐释式言说方式就完全定型和成熟，以后的发展基本上就是以苏格拉底式的“辩证法”进行理性分析揭示矛盾而达到否定或否定之否定，形成了一种“剥葱头”式的发展态势，不断以一种完整的理论体系来否定另一种完整的理论体系。大体上来看，启蒙主义美学和文论及其文学批评内在地孕育了现实主义（莱辛、狄德罗、青年歌德）和浪漫主义（卢梭、赫尔德、青年席勒）的文学批评流派，18 世纪末到 19 世纪 30 年代前浪漫主义文学批评否定了 17 世纪新古典主义文学批评，19 世纪 30 年代到 20 世纪初批判现实主义文学批评否定了浪漫主义文学批评，20 世纪 60 年代之前现代主义文学批评否定了批判现实主义文学批评，20 世纪 70 年代以后后现代主义文学批评否定了现代主义文学批评，甚至连文学艺术本身都在文本化和不确定性的否定之中给消解了。因此，西方文学艺术和文学批评就这样被“剥葱头”而“终结了”，只剩下了文学批评言说方式的“异延”和“播撒”及其“痕迹”。它从表面上来看好像是非理性主义的，但是实质上却是一种极端的理性主义。

与此相反，一般来说，中国传统文学批评言说方式则是直觉感悟的体悟。从总体上来看，中国传统文学批评基本上没有完整体系的鸿篇巨制，即使是《文心雕龙》那样的大部头著作，看上去非常完整、全面，可是它主要仍然是对文学创作现象的体悟，运用的仍然是中国《周易》式的“象思维”和“喻叙述”或者“象喻”和“比兴”言说方式。刘勰为了他说理的象喻化、比兴化，在《文心雕龙》的整体建构上，以人体比拟文体的直觉体悟的方式，构建了一套所谓“剖情析采”的文学理论和文学批评。其中作为核心的“剖情析采”的创作论最为典型地运用了比兴之法和象喻之思。刘勰以人体比附文体，对应于人体之神明、骨鲠、肌肤和声气，就是文体的情志、事义、辞采和宫商。人以神明为主，相应文就以情志为先。以处理文学作品中的情志问题，相应地形成了位体与含风的问题，这就是所谓风格论。相对于人体的骨鲠，文体要有事义，这就是文学作品中的事义与树骨问题的关联，提出了附辞会义和据事类义，形成了所谓文骨论，也就是今天所谓的题材论。就像人体仪表的美在于肌肤，文体形式的美同样就在于辞采，这就是修饰文学作品仪表的修辞问题，构建了所谓的辞藻论。人体的声气，似同于文体的宫商，追求文学作品的语调辞气的美，当然不能不研习调协声律的问题，这就是所谓的体势论。此外，《文心雕龙》之中的比兴象喻的语言和直觉感悟的体验，比比皆是、不胜枚举。它融汇了中国传统文化儒、道、释三家的直觉顿悟、象喻妙悟、意念觉悟的言说方式，大体上构建了唐宋之后文学理论和文学批评的言说方式。除了《文心雕龙》这样的个别鸿篇巨制的特例，中国传统文学批评言说方式主要就是直觉感悟的体悟，因此，中国传统文学批评的文本形式就基本上没有体系化、逻辑化和完整化的理论著作，主要是语录、对话、信简、序跋、札记、笔记、诗话、词话、曲话、点评、注解、传注。《论语》中关于《诗》的一些片言只语，如“《诗》三百，一言以蔽之，曰，‘思无邪’。”（《论语·为政》）“放郑声，远佞人。郑声淫，佞人殆。”（《论语·卫灵公》）“子谓《韶》：‘尽美矣，又尽善也。’谓《武》：‘尽美矣，未尽善也。’”（《论语·八佾》）这些典型的文学批评话语或文本，并没有完整的理论体系，却是儒家美学思想和文学思想的直觉感悟的体悟式表达；它虽然没有经过系统的理性分析的阐释，却内在地蕴含着孔子的儒家美学思想和文学思想；它是以比兴和象喻的方式言说出来的，却具有直接的感染力和说服力；尤其是把这些片言只语或者即兴对话放在特定的语境之中，或者经过了历代学者贤人的注释传注，就是言简意赅、微言大义、言有尽而意无穷的文学批评的实践和理论。这就形成了在汉代以后中国传统儒家文学批评理论的注解、注释、笺注、传注、注疏等“滚雪球”式的文学批评理论和实践的感性化理论表述。像《十三经注疏》中关于《诗经》的注解、注释、笺注、传注、注疏，就是典型的中国传统文学批评言说方式的文本形式和理论形式。先秦文学批评，尤其是儒道两家的文学批评，散布于先秦的经史子集的浩瀚文献之中，老子、孔子、孟子、庄子、荀子、墨子等先秦诸子著作，都是在有关“仁”、“道”之类的哲学伦理问题的叙述时顺便论及文学批评问题，因而孔孟等人的儒家文学批评思想、老庄的道家文学批评思想，都不是一目了然的理论系统，而是后来的研究者们进行注解、注释、笺注、传注、注疏，而逐步滚雪球形成的。两汉魏晋南北朝时期是中国文学批评意识觉醒自觉的时期，这时出现了许多专门化的甚至比较系统的文学批评和文论思想论著，像《毛诗序》、王逸的《楚辞章句序》、曹丕的《典论论文》、阮籍的《乐论》、嵇康的《声无哀乐论》、陆机的《文赋》、卫夫人的《笔阵图》、郭璞的《山海经序》、王羲之的《论书》、顾恺之的《魏晋胜流画赞》、宗炳的《画山水序》、王微的《叙画》、谢赫的《古画品录》，乃至刘勰的《文心雕龙》、钟嵘的《诗品》等。这些论著探讨了诗、画、书等艺术的具体问题，以十分感性的方式深入浅出、生动形象地研讨了作家艺术家、文学艺术作品和文学艺术现象。因此，中国审美意识和文学批评思想的自觉化就是主要表现在对文学艺术具体问题的直觉感悟的体悟，却没有文学批评思想体系的完整建构。这种中国传统文学批评言说方式一直绵延到近代鸦片战争以前。这种文学批评言说方式的传统，经过隋唐五代、宋金元，直至明、清，一直没有根本改观，即使一些比较大型的诗话论著、小说评点、论画作品也依然承守旧制，严羽的《沧浪诗话》，胡应麟的《诗薮》，金圣叹、毛宗岗的小说评点集录，李渔的《闲情偶寄》，叶燮的《原诗》，袁枚的《随园诗话》，刘熙载的《艺概》，直至梁启超的《饮冰室诗话》，王国维的《红楼梦评论》、《人间词话》，都不是体系化的思辨性的形而上归纳或演绎。更有甚者，中国传统文学批评论著有大量的诗词体的作品，像陆机的《文赋》，司空图的《二十四诗品》，李白、杜甫的论诗绝句，元好问的论诗诗等，它们本身就是诗性智慧的结晶，充满着比兴、象喻、形象化、诗意化的言说。

中国化马克思主义文学批评是以中国传统文学批评言说方式为根基，以马克思主义文学批评言说方式为依据的文学批评实践和理论，因此，它的言说方式也应该在这二者之间寻找一种最佳的结合方式，以形成中国特色的文学批评言说方式。

二　以直觉感悟的体悟为根基

作为植根于中国传统文化和中国传统文学批评土壤中的中国化马克思主义文学批评的言说方式当然应该以中国传统文学批评的直觉感悟的体悟为根基。这是一种文化基因的决定和制约，是不以人们的主观意志为转移的必然趋势。

在马克思主义文学批评传入中国本土以前，由于西方文化及其文学批评和理论伴随着西方帝国主义坚船利炮的强制入侵，中国传统文学批评和理论似乎表面上哑然失语，中国早期启蒙学者，如梁启超和王国维、蔡元培、鲁迅等人，就自觉地接受和运用西方文学批评和理论及其言说方式来进行文学批评实践和建构文学批评理论。但是，传统文学批评言说方式依然决定和制约着他们的批评活动和理论建构。像梁启超和王国维，他们都自觉地运用西方文学批评理论来阐述自己的批评观和进行批评实践。梁启超对小说文体的推崇、王国维对《红楼梦》的评论，基本上都是运用西方美学和文论的理论框架、学说观点、基本原理来进行的，然而他们的言说方式从骨子里仍然是中国传统批评的直觉感悟的体悟方式，不仅采用了文言文或者半文半白的叙述语言，而且《饮冰室诗话》、《人间词话》、《宋元戏曲考》等仍然是采用了中国传统批评的札记、随感、诗话、词话的形式。鲁迅的《摩罗诗力说》、蔡元培的《赖斐尔（欧洲美术小史第一）》，甚至后来宗白华的《美学散步》、朱光潜的《谈美》和《论文学》，乃至钱钟书的《管锥篇》、《谈艺录》，也都是如此。就是在白话文取代了文言文成为文学语言的常态言说方式以后，20 世纪 30 年代前后所兴起的也主要是一种感悟式的中国现代作家作品批评，像沈雁冰（茅盾）、李健吾、李长之、沈从文等人的感悟式的“体验批评”就是现代文学批评史上的一道亮丽的风景[①]。在早期马克思主义者陈独秀的《文学革命论》和李大钊的《俄罗斯文学与革命》之中，我们也可以看到上述言说方式的影子。这些都表明，中国传统文学批评言说方式的直觉感悟的体悟是中国文学批评的文化基因。

这种直觉感悟的言说方式的优长之处就在于，它是以批评家的艺术感受力为起点，以文学艺术的文本和现象的体悟为依托，把文学批评实践和理论建基于文艺欣赏的体验和感悟之上，因而是从文学艺术的实际存在之中生发出审美判断和艺术评价，避免了抽象议论和空泛演绎，是一种诗性智慧的文学批评实践和理论，具有一种艺术感染力。李大钊的《俄罗斯文学与革命》就是如此。文章开篇就引用了一首俄罗斯的诗歌来阐明俄罗斯文学的特征：“俄国革命全为俄罗斯文学之反响。俄国有一首诗，最为俄人所爱读，诗曰：俄国犹大洋，文人其洪涛；洋海起横流，洪涛为之导。俄民犹一身，文人其神脑；自由受摧伤，感痛脑独早。此诗最足道破俄罗斯文学之特质。俄罗斯文学之特质有二：一为社会的彩色之浓厚；二为人道主义之发达。二者皆足以加增革命潮流之气势，而为其胚胎酝酿之主因。”这种以诗论文的方式是最为直观入思的比兴方式，使人直接感悟体验到现象的本质。李大钊文章之中还到处可以见到比兴的运思方式，如他说：“俄罗斯文学之特质，既与南欧各国之文学大异其趣，俄国社会亦不惯于文学中仅求慰安精神之法，如欧人之于小说者然，而视文学为社会的纲条，为解决可厌的生活问题之方法，故文学之于俄国社会，乃为社会的沉夜黑暗中之一线光辉、为自由之警钟、为革命之先声。”[②] 这里的“沉夜

---

① 王铁仙、王文英主编：《二十世纪中国社会科学·文学卷》，上海人民出版社 2005 年版，第 177 页。

② 王永生主编：《中国现代文论选》第二册，贵州人民出版社 1984 年版，第 499—500 页。

黑暗中之一线光辉”、“自由之警钟”、“革命之先声”，就形象生动地阐明了俄罗斯文学的社会色彩浓厚特征，让人感同身受，如历历在目，似声声在耳。像这样的直觉感悟的体悟批评文字在这篇文章中处处皆是，不胜枚举。从中我们似乎看到了曹丕《典论·论文》的比兴、气势和体悟：“文以气为主，气之清浊有体，不可力强而致。譬诸音乐，曲度虽均，节奏同检，至于引气不齐，巧拙有素，虽在父兄，不能以移子弟。”① 像这样把文学创作现象描绘得如此生动形象、声情并茂、活灵活现的文学批评文字，恐怕也只有中国传统文学批评能够达到。马克思主义文学批评当然应该继承和发扬这种直觉感悟的体悟式言说方式，充分发挥文学批评的审美化和艺术化的魅力。

这种直觉感悟的文学批评言说方式，之所以能够显示出这些优长之处，就因为它充分地发挥了批评主体的审美感受力、艺术鉴赏力、诗意表现力，同时又是从文学艺术文本的实际存在出发进行的，从而是以审美欣赏为基础的，而不是从抽象的概念、定义、原则出发的演绎推理。这样的直觉感悟的体悟方式就可以直接以审美的方式穿透艺术作品本身，达到一种“现象学还原”，从而不离开文学艺术的意象世界本身，直接揭示作家艺术家的创作过程、文学艺术作品的本真状态、文学艺术现象的真谛，同时它本身也成为了一个文学艺术文本，以审美的方式沟通了世界、创作者、作品、接受者这些文学艺术的构成因素，让接受者在审美和艺术的氛围之中感受到现实世界、创作者的意象世界、文本的形象世界、批评者再创造的审美世界，因而更加直接形象地把握艺术世界及其所呈现的现实世界的本质。

李大钊的《俄罗斯文学与革命》就开启了中国化马克思主义文学批评言说方式的先河，以深厚的中国传统文化和美学思想的底蕴继承和发扬了中国传统文学批评言说方式。试看其中的一节：“当19世纪全期，社会的政治的动机流行于俄国诗歌之中。有名普希金者，人称‘俄国诗界无冠之帝王’，尝作一诗，题曰‘自由歌’（现通译为《自由颂》——编者）。其诗一片天真，热情横溢，质诸俄国皇帝，劝彼辈稽首于法律之前，倚任自由为皇位之守卫。此外尚有一大诗人莱蒙托夫，于普希金氏失败于悲剧的

① 北京大学哲学系美学教研室编：《中国美学史资料选编》上册，中华书局1980年版，第136页。

决斗之后，有所著作，吐露其光芒万丈之气焰，以献于此故去诗人高贵血痕之前，痛詈贪婪之群小环绕于摧残自由与时代精神之皇位侧者。同时又有雷列耶夫氏，于其思想中唤起多数为自由而死之战士，诗中有云‘我运命之神，憎恶奴隶与暴君’等，可以见其思想之一斑。赫尔岑氏之友人，有称奥加辽夫者，于1848年高声祝贺革命风云之突起。此一骚动，促人奋起于安泰之境，扬正义而抑贪欲，其光明一如纯粹之理性。1849年，此诗人之心，几为革命破灭、专制奏凯歌之光景所伤透，穷愁抑郁，常发悲叹。是年，氏尝为伤心之语曰：‘欧洲之大，曾无一单纯之所，为吾人可以达其生活于光明和平之状态者。’但自兹十年后，此先圣之心理，又从过去之星霜以俱消。是时氏复告赫尔岑氏曰：昔时方童稚，品性温如玉。忽忽已少年，激情不可屈。韶光催人老，渐知邻衰朽，入耳有所闻，始终惟一语；一语夫惟何？自由复自由。音义在天壤，煌煌垂永久。并乞其友于临终之际，勿令其尸骸已寒，而不以最终神圣之一语细语于其耳边。其语惟何？曰：‘自由！自由！’”[①] 读这一段文字真可以让人热血沸腾，亲炙俄罗斯社会的生动光景，深刻把握俄罗斯文学与革命的血肉联系，从而感悟俄罗斯文学的浓厚社会色彩。

当然，我们也应该清醒地认识到，中国传统文学批评言说方式的不足之处。那就是，由于缺乏完整、系统、逻辑的理性分析，诉诸随感、书信、札记、诗话、词话、曲话、评点等文体形式，从而显得零碎、散乱、模糊，缺乏完整的理论框架、基本原理和学说观点的阐发。因此，我们必须学习和借鉴西方文学批评言说方式的理性分析的阐释，使得中国化马克思主义文学批评的言说方式既保留中国传统文学批评言说方式的优长之处，又能克服它的不足之处。李大钊的《俄罗斯文学与革命》也可以视为这种典范之作。

三　结合理性分析的阐释

中国化马克思主义文学批评的言说方式还应该结合西方文学批评的理性分析的阐释。马克思主义文学批评的最初产生和发展是西方文学批评的一种现代形式。因此，以马克思主义文学批评为依据的中国化马克思主义

① 王永生主编：《中国现代文论选》第二册，贵州人民出版社1984年版，第500页。

文学批评的言说方式自然应该融合西方文学批评重视理性分析的阐释的言说方式。

西方文学批评言说方式讲究理性分析的阐释，追求文学批评的理论框架、基本原理、学说观点的系统、完整、逻辑严密。马克思主义文学批评，在马克思主义创始人那里就已经显示出了这种特征，而且更加表征出一种革命性变革，即追求现实社会实践性和无产阶级阶级性。尽管马克思和恩格斯没有写出文学批评理论的鸿篇巨制，但是，从他们关于文学批评的一些书信和相关论述来看，他们的文学批评实践和理论是以实践唯物主义哲学为指导的，坚持实践本体论的文学本体论，把文学艺术视为一种特殊的生产，即精神生产和话语生产；坚持实践认识论的文学掌握论，把文学艺术看做一种特殊的掌握世界的方式，即“实践—精神”的掌握世界的方式；坚持实践价值论的文学意识形态论，把文学艺术当作整个社会构成中的一种意识形态形式，主张无产阶级的倾向性，倡导现实主义的创作方法和精神，即提倡“莎士比亚化”，反对“席勒化”；坚持实践辩证法，科学处理文学艺术及其批评中的主体与客体、感性与理性、美学与历史、倾向性与艺术性等关系。马克思主义文学批评的具有现实社会实践性和无产阶级阶级性的理性分析的言说方式，是随着马克思主义学说整体传入中国就已经被中国马克思主义者所接受的，并且逐步与中国传统文学批评言说方式相融合，形成了中国化马克思主义文学批评的言说方式。

中国化马克思主义文学批评的言说方式的最早代表就是李大钊。如上所述，他写于1918年的《俄罗斯文学与革命》，就是中国化马克思主义文学批评言说方式的先声，不仅继承和发扬了中国传统文学批评的直觉感悟的体悟言说方式，而且也继承和发扬了西方文学批评的理性分析的阐释言说方式，同时还突出了马克思主义文学批评的现实社会实践性和无产阶级阶级性的理性分析言说方式。在此文中李大钊分析了19世纪俄国文学和诗人的人道主义特征和革命精神时说道：“此时之诗人，重视为公众幸福之奋斗，而以个人幸福为轻。就中有一诗人，尝训示青年曰：‘离尔父母，勿建巢居，其独立自营……第一须于尔灵魂中扑灭情欲，其冷酷无情于恋爱、财富、荣誉之诱惑，其庄严神圣……保尔心之自然与清粹于尔胸中，然后全以授之于尔不幸之同胞。尔闻悲叹之处，尔往焉……比大众多受艰苦……留得清贫与明白。然则尔将成为伟大，举世将为尔叱责之声所扰。’

俄人于此无基督教的禁欲主义，而有革命的禁欲主义。自我之畀赋，全为竞争，全为奋斗，故其时之诗歌实为革命的宣言，读者亦以是目之。杜勃罗留波夫者，诗人而评论家也。其诗句颇足状此派抒情诗家之精神，诗云：死别告吾友，杀身为忠厚。深信故国人，常忆吾所受。死别告吾友，吾魂静以穆。冀尔从我行，享尔以多福。简要、鲜明、平易，全足以表示此时俄国青年之心理，此心理与现代中产阶级精神之精密复杂相去远甚。"① 这里的分析是充分理性的，逻辑严密的，渗透了阶级分析的精神，在直觉感悟的基础上升华为理性分析的阐释。这一篇马克思主义文学批评轶文的发现，给我们揭示了中国化马克思主义文学批评理论及其言说方式的先驱、先声和先河。

中国化马克思主义文学批评言说方式继承和发扬马克思主义文学批评现实社会实践性和无产阶级阶级性的理性分析方法的另一个典范就是中国共产党的早期领导人瞿秋白。他发表于1933年的文章《马克思、恩格斯和文学上的现实主义》就是坚持马克思主义文学批评理性分析的阐释的范文，它把马克思主义创始人的现实主义理论和批评与马克思主义的现实社会实践性和无产阶级阶级性联系起来进行了入木三分、切中肯綮、准确精到的分析。我们来看看瞿秋白对于"席勒化"的分析。

瞿秋白写的十分明确："马克思恩格斯曾经和拉萨尔辩论过文艺上的问题，他们说：不应当'塞勒（即席勒——引者按）化'，而应当'莎士比亚化'。这是什么意思呢？据梅林的解释，仿佛他们两个人的私人的兴趣，不大喜欢塞勒的作品了，而喜欢莎士比亚。这种解释显然是错误的。把莎士比亚和塞勒对立起来，这在马克思和恩格斯，是有原则上的意义的。这就是鼓励现实主义，而反对浅薄的浪漫主义——反对'主观主义唯心论的文学'。"在这里瞿秋白反对梅林的解释，提出了自己的明确观点，即"席勒化"就是浅薄的浪漫主义创作方法或主观主义唯心论的文学，而"莎士比亚化"则是现实主义创作方法或现实主义文学。接着他以席勒作品的具体分析来进行论证："塞勒晚年的作品，他的小说里和戏剧里的'英雄'——只不过是主观的抽象的'思想'的号筒：对于塞勒，所谓斗争只不过是'世界史上的人物'之间的热闹的决斗，这些'世界史上的人物'仿佛代表着历史的力量，他们之间的决斗就代表着历史的冲突，那算

① 王永生主编：《中国现代文论选》第二册，贵州人民出版社1984年版，第502页。

是决定一切的动力，那算是社会发展的要素。那时候的塞勒（当他写《堂·卡洛斯》的时期），只在希望开明的君主来做从上而下的解决社会问题的力量，他看不见广大的群众是社会发展的动力，不注意阶级斗争，因此只在主观道德的‘伦理’方面找寻出路，用一些抽象思想，例如善和恶、勇敢和懦弱、公德和自私等，来支配他的作品里的‘英雄’。这就是马克思和恩格斯所反对的‘塞勒化’的意义。他们所主张的是：对于事实上的阶级斗争、广大群众的历史斗争的现实主义的描写。他们要求文学之中对于这种斗争的描写，要能够发露真正的社会动力和历史的阶级的冲突，而不要只是些主观的淋漓尽致的演说。马克思认为莎士比亚的创作方法里，就有这种现实主义的成分。而恩格斯在 1859 年 5 月 16 日写给拉萨尔的信里说：‘人的性格不但表现在他做的是什么，而且表现在他怎么样做。在这一方面，我以为你那篇戏剧的思想上的内容，决不会受着什么损失，如果把各国人的性格更加鲜明地互相对立起来；用古代的风格来描写性格，在现在已经不够的了，我以为你在这里可以不受什么损害的更加注意些莎士比亚在戏剧发展史上的意义。’”最后，他得出结论：“总之，马克思恩格斯的反对‘塞勒化’和鼓励‘莎士比亚化’，是他们对于文学上的两种创作方法的原则上的意见。第一种是主观主义的理想化——极端的曲解客观的阶级斗争的过程，这是马克思恩格斯所反对的。第二种是现实主义——暴露资本主义发展的内部矛盾的，这就是马克思恩格斯所鼓励的。固然，资产阶级的现实主义，结算起来，也还是唯心论的现实主义；然而只要它在勇敢的观察和表现实际生活的时期之中，还能够多多少少暴露一些客观的矛盾，那就对于一般的文化发展和工人阶级的将来，可以有相当的价值。因此，譬如说罢，马克思所喜欢的作家是：荷马，丹第（即但丁——引者按），谢尔房蒂斯（即塞万提斯——引者按），莎士比亚，狄德洛，菲尔定，哥德，巴尔札克。”① 这里的理性分析的阐释充满了逻辑的力量，也具有社会历史的内在根据，符合马克思主义创始人的理论框架、学说观点、基本原理，具有强大的理论说服力，可以说是不刊之论，对于现实主义创作方法和创作精神做出了科学、全面、系统的解释，体现了马克思主义文学批评理论的真髓和本质，既有对作家艺术家、文学现象和文学作品的直觉感悟的体悟，也有对作家艺术家、文学现象和文学作品的理

① 王永生主编：《中国现代文论选》第二册，贵州人民出版社 1984 年版，第 576—577 页。

性分析的阐释，是中国化马克思主义文学批评的又一典范。毛泽东思想文学批评、邓小平思想文学批评正是继承和发扬了李大钊、瞿秋白等中国化马克思主义文学批评家的言说方式在新的历史时期创造性地发展了中国化马克思主义的言说方式。

（原载《文艺理论研究》2011 年第 4 期）

“马克思主义文学批评的中国形态”学术研讨会综述

魏天无

为推进中国马克思主义文学批评研究的深入发展，2011 年 11 月 12 日至 15 日，“马克思主义文学批评的中国形态”学术研讨会在华中师大召开。研讨会由全国马列文论研究会、华中师大文学院文艺学学科、湖北省文学理论与批评研究中心主办，来自中国社会科学院、中国艺术研究院、中国人大、北京师大、华东师大等科研机构、院校的 60 多位专家学者与会。与会代表就以下三方面话题展开深入探讨。

关于马克思主义文学批评“中国形态”的研究方法、内涵及范畴。陆贵山（中国人民大学）指出，“中国形态”研究首先要注意把面的拓展和点的开拓结合起来。他认为，目前有六大块文论学理和批评发生关系：研究文学与自然的关系，即生态批评；研究文学与社会历史的关系，即社会历史批评；研究文学与人的关系，即人学批评的模式和理念；研究文学和美的关系，即美的批评；研究文学和文化的关系，即文化批评；研究文本自身，即文学内部批评。第二是发挥马克思主义文学批评的优长，同时绝不回避它的局限。第三是不能孤立地谈论“中国形态”，要与时代化、大众化结合起来。胡亚敏（华中师范大学）指出，建构马克思主义文学批评的“中国形态”是一个具有世界意义的课题，同时也具有重要的理论价值和现实意义，是时代对中国马克思主义文学批评者的吁求。她从主体的建设性姿态、整体性框架、区别性的理论形态、多维的研究角度和前瞻性等五个方面分析了“中国形态”不同于“中国化”研究的特征。孙文宪（华中师范大学）则强调“回到马克思”的重要性，它既是研讨“中国形态”的基础与前提，也意味着对当今中国马克思主义文学批评明显处于滞后状况的反思。他具体从研究范式、理论语境与知识系统、“问题域”、当代知识语境等方面予以分析。马龙潜（山东大学）认为，“中国形态”即马克思主义文论中国化的结果，焦点是“中国化”，根本立足点在解决中国文艺的实际问题。目前“中国化”存在的最主要问题是理论与实践相脱节。卢铁澎（中国人民大学）则从文学思潮的视角思考“中国形态”的建构，认为重点要研究中国的马克思主义文学批评思潮的现代性与民族性的融合、统一构成的历史特征。关于“中国形态”的范畴及其构成，季水河（湘潭大学）认为，“中国形态”的范畴体系是马克思主义文学批评范畴的发展，也是这一批评范畴的中国化和时代化，可从四个方面展开研究：“中国形态”的发展轨迹、话语方式、范畴构成以及批评家群体。张玉能（华中师范大学）指出，“中国形态”的哲学基础应该是完整的实践唯物主义，包括实践本体论、实践认识论、实践辩证法和实践价值论。其理论形态包括艺术生产论、审美意识形态论、艺术掌握论等方面。其实践形态主要体现“两为”方向，“双百”方针，古为今用、洋为中用方针，艺术标准第一、政治标准第二操作程序。赖大仁（江西师范大学）认为，马克思主义文学批评当代形态重建不是多元化的问题，而是主导形态的建构问题，涉及两方面：一是它从马克思主义文学批评传统中获得什么，二是当代形态要回答什么问题。

关于“中国形态”与马克思主义文学批评的现实性、时代感。王先霈（华中师范大学）认为，文学理论直面本土现实，除了深研本土语言的特质之外，更重要的是直面本土当下社会生活，如城市化问题。近百年来外来理论的中国化是和启蒙、民族解放、现代化进程联系在一起，马克思主义中国化不是纯粹的学术问题，而是政治性很强的问题。今天强调中国化也是有时代背景的，目的是为了建设高度文明民主，保障最大多数的公民利益的全面发展的现代化国家。赵宪章（南京大学）认为，“文学的现实性”或文学理论批评的现实性是马克思主义美学的生命力之所在。他以文学与图像的关系为例对此做了精辟的剖析。李西建（陕西师范大学）认为，“中国形态”的核心是中国的现状与问题，中国的文化理论与文化实践是脱节与分裂的，需要进行反思。马克思主义的批评形态不是关于文艺自身的探讨，而是结合社会历史实践对文艺进行阐释与观照的理论。谭好哲（山东大学）指出，“历史观点”的批评是马克思主义文学批评的传统特色和优势所在，但近二十年来文艺批评中“历史观点”的缺失，致使文艺创作中摒弃历史、曲解历史、戏说历史乃至歪曲、篡改历史的状况比比皆是，因此有必要呼唤历史观的回归。张永清（中国人民大学）针对目前存在的严重制约和影响“当代形态”构建的问题，提出四种对策：重视文学批评的理论建设与理论创新，加强对马克思主义文学批评史的研究，切实恢复马克思主义文学批评的实践性，加强马克思主义文学批评的队伍建设。在谈到马克思主义文学批评标准问题时，李春青（北京师范大学）认为，建立现代的批评形态应该把马克思的人学思想，也就是人的全面自由的发展、人的各种潜能的充分实现，作为衡量文学作品、文学现象、文学主张的一个基本尺度，同时根据不同的历史条件来界定人的需求和发展。丁国旗（中国社会科学院文学所）提出，当代马克思主义文艺批评除了继续坚持“美学的历史的”批评标准外，还应该重视“民族的”标准。今天“民族”问题与理论已成为人文学与社会科学研究的重点之一。李志宏（吉林大学）则以图表方式指出传统的文学形式观与马克思“历史的”批评标准无法有效对接的局限性，进而提出一种科学合理的文学审美理论，即认为文学形式具有二重性。陈飞龙（中国艺术研究院）认为，准确认识和开展马克思主义文学批评，应该注意两方面的问题，一是准确认识马克思主义文学批评的功能和意义，二是确立马克思主义文学批评的原则、标准和方法。魏天无（华中师范大学）提出可从话语形态角度切入对“中国形态”的批评实践、批评文本的研究，包括话语与语境、话语与交流、话语与知识生产这三重关系维度。

关于“中国形态”与马克思主义文学批评的多维视野。冯宪光（四川大学）认为，马克思主义文学批评和其他批评不同之处在于其“历史的”观点。当代马克思主义文学批评以此为基准，融纳了多种文学理论。恩格斯晚年谈到上层建筑因素相互影响的问题，在最终决定基础上，各种因素对文学都有影响，文学因此可以更广泛地涵容种族、性别、宗教等因素。“中国形态”的建构也可以从当下各种理论中汲取有益因素。姚文放（扬州大学）围绕“肉体话语与文化政治”两个概念，深入阐述了伊格尔顿对于美学的新解：美学不只是认识论；美学并不排斥感性生活；美学是一种文化政治。曾军（上海大学）指出，在马克思主义美学研究和文学批评研究中，审美交往已逐步形成一个相对成形的理论范畴并被广泛应用，但对此的理论辨析还不甚清晰。他由此探讨了究竟该如何处理马克思主义与其他文学批评资源、方法和立场之间的关系。傅其林（四川大学）以阿格妮丝·赫勒的伦理美学为例，探讨东欧新马克思主义者对中国学者建构“中国形态”的启示价值。周启超（中国社会科学院）指出，阿多诺、里夫希茨、马歇雷与伊格尔顿四位文论家对中国当代马克思主义批评影响至深，亟待深入研究。此外，陈奇佳（中国人民大学）、陶国山（华东师范大学）也做了大会发言。

（原载《外国文学研究》2012年第1期）

中华文化场与中国文学观

——在常熟理工学院“东吴讲堂”上的讲演

张　炯

丁晓原（常熟理工学院教授）：今天的天气，典型的金秋十月，这样的天气照理应该是旅游的。今天我们进行一个室内的旅游。旅游目的地是中国文学。今天我们非常有幸地邀请到张炯老师、张炯教授，张老师的头衔很多，下面我把张老师的情况给大家做一个介绍。他1932年出生于上海，原籍是福建，今天在我们这里还有一位福建的同志，就是今天正在照相的林建法主编，是我们学校的特聘教授。张炯教授是北京大学毕业的，1960年毕业于中文系。曾经担任中国社会科学院文学研究所兼少数民族文学研究所所长，我们国家权威刊物——《文学评论》的主编，曾经还是中国作家协会的副主席，兼理论批评委员会主席、中国当代文学研究会会长，现在是中国社会科学院荣誉委员、研究生博士生导师、教授、研究员。他是我们国家非常著名的研究中国文学的学者、著名的马克思主义文艺理论家、著名的当代文学评论家。主要的著作有《社会主义文学艺术论》、《毛泽东与新中国文学》、《新时期文学格局》、《走向世纪之交》，主编有《新中国文学史》、《中华文学通史》（十卷）、《中国文学通典》（四卷）。下面我们以热烈的掌声欢迎张老师为我们作讲座。

一

关于文化的定义很多。我以为，作为人类的后天创造，广义的文化包括物质文化和精神文化。狭义的文化则专指精神文化。它包括哲学、文学、艺术、语言、法律、道德、宗教、社会制度、文物典章和风俗习惯等。文化场，指的是文化发展的一定时间与空间。由于一定时代社会经济基础和政治状况以及外来文化影响等历史条件的变化，处于文化场中的文化也会产生变化。因此，对于中华文化的认识，我们需要有个动态的观念。即中华文化不是一成不变的，而是在不同时代的文化场中不断变化着的。考察中华文化的历史变化，我们今天首先更要自觉地调整以下的观念：

一是要改变以仰韶文化为代表的黄河文化为源头的观念，确立多地区文化源头的观念。东北辽河流域红山文化遗存的发掘，特别是中华第一玉龙的发现，红山陶器上原始文字的发现，把中华文化推进到六千年前；长江上游四川成都地区三星堆文化的发掘，金沙六千只象牙和太阳鸟金制图案的发掘，说明李白《蜀道难》所说的“蚕丛与渔父，开国何茫然”的时代，至少是殷代，那里的文化已很辉煌，青铜器有上天树和人的头像，而且眼睛从眼眶中如手般伸出，非常奇特！而长江下游浙江河姆渡文化的发掘，说明六千年前那里的稻作文化已存在，而且出现了工艺精良的玉琮和周长六千米的很大城市。江西精美的青铜器的发掘，樟树镇附近还发掘出数千年前的古城，中有祭坛和引水入城的运河。从珠江文化发掘的遗存看，同样源远流长。都说明东北、西蜀和长江以南也是中华民族文化的发源地之一。

二是要改变以汉族文化来代表中华文化的观念，树立多民族文化互动互融的观念。中华大地自古生存众多的民族、氏族部落。汉朝以前没有“汉”的称谓。中原一带自称华夏族。以它为中心，把四周的民族称为北狄、西戎、东夷、南蛮。实际上北方就有许多民族，史载：赵武灵王胡服骑射，说明他向游牧民族文化学习。汉代北方游牧民族有匈奴与东胡，南北朝时期“五胡乱华”指鲜卑、羝、羌、羯、匈奴。唐代北方有突厥，宋代有辽、金、西夏和蒙古族。契丹建立的辽国跨越漠北东西数千里。辽代所建的应县木塔至今仍然屹立。横跨欧亚的元帝国是蒙古族建立的，它曾融会和汲取了许多国家的文明。马可·波罗的游记，对元帝国的文明有许多描述。明代，蒙古族退到塞外，仍维持了很长时间。清代是东北地区的满族建立的。它大力学习汉族文化，又保有自己民族的一些文化特色。从康熙到乾隆年间，清帝国是当时世界上最大的超级大国。古代中国的西方、南方和西南的民族也建立过不少的王朝国家，如汉代西域有三十六国，唐代有吐蕃、南诏，五代时期前凉、后凉、西蜀、南唐都有长期的安定，也都发展了自己的文化。内蒙古地区匈奴王冠的发现，说明汉代漠北的冶金工艺的精美。西藏地区寺庙建设的辉煌灿烂，极具民族特色。号称藏区第一寺的金塔寺，其三层建筑分具汉族、藏族和其他民族的风格。这都说明，中华文化是各民族共同交流融合而创建的。今天是56个民族的文化共同构成了当代的中华文化。

三是要改变把儒家文化作为中华文化代表的观念，树立多元文化互动和并存的观念。比如春秋战国时代除了儒家，实际上还有法家、墨家和道家等。东汉以后还有佛家文化，后来还有伊斯兰文化、基督教文化的互渗和共存。大家知道，在治国方面，法家主张法治，儒家主张人治，墨家主张兼爱和非攻。在世界观、人生观上，儒家主张入世，道家标榜出世，佛家寄望来世。三家虽有斗争，但又互补，长期共存不悖。儒家的仁义思想，道家的养生思想，佛家的普度众生思想，都有它们的积极一面。儒家倡入世致仕，治国平天下，在政治观念和伦理道德方面影响极大，成为中国文化的主流；道家倡失意便出世养生，独善其身，追求成仙；佛家倡今生苦行，寄望于来世，戒杀生，戒偷盗等。它们在世界观、人生观方面对中华文化也有深远影响。中国士人达则兼济天下，穷则独善其身，乃至于出家礼佛！伊斯兰和基督教崇拜真主和上帝，主张平等和博爱，也有一定的积极性。我们今天主张依法治国和以德治国，便兼承了儒法的传统。现代自然科学、人文科学和社会科学，包括马克思主义从西方传入中国后，百多年来对广大人民群众的新的世界观、人生观、价值观的形成，同样有很大的影响。所以，不能只把儒家视为国学，视为中华文化的唯一代表。

四是在不同时代的文化场中，中华文化经历了多次重大的变化。所以我们要改变中华文化传统不变的观念，树立中华文化是在族际和国际文化的交流、互动中新新不已的文化观念。从原始氏族社会的公天下到后来的家天下，是一大变化。如《礼记·礼运篇》所载："大道之行也，天下为公，选贤与能，讲信修睦，故人不独亲其亲，不独子其子，使老有所终，壮有所用，幼有所长，鳏寡孤独废疾者，皆有所养，男有分，女有归，货恶其弃终地也，不必藏于已；力恶其不出于身也，不必为己，是故，谋闭而不兴，盗窃乱贼而不作，故外户而不闭，是谓大同。今大道既隐，天下为家，各亲其亲，各子其子，货力为己，大人世及以为礼，城郭沟池以为固，礼义以为纪，以正君臣，以笃父子，以睦兄弟，以和夫妇，以设制度，以立田里，以贤勇知，以功为己，故谋用是作，而兵由此起。禹汤文武周公，由此其选也。”这里，对尧舜以前原始氏族时代虽有过于理想化的描述，但大体反映了随着公天下的共有制到家天下的私有制之改变，使经济基础到上层建筑意识形态的文化，都产生了改变的状况。后来，从奴隶制到封建制的漫长历史过程中，也产生过多次的变化。如从周公制礼作乐到春秋战国礼崩乐坏，百家争鸣是一变化，及至秦始皇统一六国，实现“书同文，行同伦，车同轨”，改贵族分封制为郡县制，汉代相承，“罢黜百家，独尊儒术”是一大变化；到了三国时代的思想解放，又一大变化；“五胡乱华”使南北民族大迁移及其文化大融合更是一大变化。近代以来我国文化的大变化，更是大家所熟知的。

随着文化场的不同而使文化发生变化，有如下的规律性的现象：

一是经济基础变了，必然引起政治和文化的变化。上述公天下到家天下的演变是一例。殷商的奴隶制转向周秦的封建制，以讫近代以来从半封建半殖民地向新民主主义和社会主义的过渡，都是如此，随着生产所有制的变动，文化都产生了极大的变动。

二是各民族各国文化的相互影响中，后进文化总要汲取自己所没有的先进文化的长处。

我国各民族文化互动和融合的过程中，相互学习和汲取的情况正是如此。汉族与其他民族文化的互相交流和融合，提振了整个中华的文化。前述赵武灵王胡服骑射，就是农耕民族向游牧民族学习的一例。北魏孝文帝下令易胡服为汉服，并且学习汉文，则是鲜卑族向汉族学习的一例。再如我国音乐得益于西域民族。古代华夏族的乐器有钟、磬等打击乐器和古琴瑟，而琵琶则来自新疆于田，胡琴、唢呐也来自西域，羌笛是羌族的乐器。由于这种吸纳，使汉族的器乐大大丰富起来。对外国文化的汲取，古代莫过于印度佛教文化的传入，不但使我国出现了佛教，还出现了重视语音韵律的沈约的“四声八病”之说，促进了唐代律诗绝句的产生。以及后来音乐与诗歌的进一步结合，产生了晚唐和宋代的词。元杂剧的兴盛与北方民族重视说唱的需求影响也相关。从明代末年，利玛窦到达北京，中国便开始学习西方，明末清初像顾炎武、黄宗羲、王船山等思想家，就多有摆脱儒家传统的新人本思想。太平天国运动、洋务运动和维新运动直到辛亥革命运动和五四新文化运动都标志着我国人民接受西方文化影响并走向文化创新的不同阶段。这种变化更是前所未有的大变。

三是文化演变中多元互动与一元主导往往同时并存，辩证统一。张岱年曾说："每个时代应有个主导思想，在社会生活及学术研究中起主导作用，同时又容许不同的学术观点的存在。有同有异，求同存异。《周易·系辞》说，'天下同归而殊途，一致而百虑'。又《睽卦·象传》云：'君子以同而异'。同而且异，这是学术发展的规律。"依我看，这也是文化发展的规律。为了使社会和国家、民族具有足够的精神凝聚力，往往要求核心文化的统一，而容许非核心文化的多样。如我国文化的历史发展中，学术文化和宗教文化、风俗文化、服饰文化、饮食文化往往多元，而政治文化、伦理文化则往往趋于一统。周公制礼作乐是求制度、行为规范和教化娱乐的统一，秦始皇的"书同文，行同伦"则求文字和伦理的统一；汉武帝"罢黜百家，独尊儒术"实际上也是追求政教文化和伦理文化的统一。但那时也不可能完全一统。否则诸子百家的书就流传不下来。今天我们要求在社会主义文化的建设中，社会主义核心价值体系必须贯彻于各个方面，居于主导的地位，同时又实行"百花齐放，百家争鸣"的政策，也体现一元主导、多元共存的关系。因为，这是合乎规律的。

综上所述，我们可以看到，各个朝代的文化场虽然有所差异，但中华文化总体上不是排他的、单调的、故步自封的僵化的文化，而是包容广大、丰富多彩、新新不已的文化。鲁迅所称誉的汉唐气象的恢弘，赞赏的就是因包容广大而丰富多彩。清代后来的闭关自守，实是无异作茧自缚，自致落后。而五四新文化运动前后以来的百多年间，我国文化的飞跃性发展，正与各民族间的互动和积极学习、汲取外国文化的长处分不开。

二

文学是文化的重要组成部分，也是文化的重要载体和媒介。而文学总是在一定的文化场中形成和生长的。在中华文化场中发展的中国文学必然留有中华文化不同时代和社会变化的深刻烙印。因而，我们必须联系中华文化场的演变来调整我们今天的中国文学观。

第一，中国文学不同于汉语文学或汉文学，而是多民族的文学。鲁迅当年撰著《汉文学史纲要》是非常有见地的。说明他已意识到不能以汉族文学来涵盖全中国的文学。迄今我国各民族都有了自己的文学、自己的作家群和闻名全国的作家。藏族就有益希单增、降边嘉措、扎西多娃、阿来、央金；蒙古族有玛拉沁夫、扎拉嘎胡、巴·布林贝赫、查干；彝族有李乔、吉狄马加；壮族有陆地、韦一帆；仫佬族有包玉堂、蓝怀昌；朝鲜族有金哲；哈萨克族有艾克拜尔，等等。中国社会科学院少数民族文学研究所曾主持编撰四十五个民族的文学概论和文学史。1997 年我和邓绍基、樊骏又主编《中华文学通史》十卷本，第一次把各民族文学都涵盖在内，使各少数民族的同志非常高兴！

第二，中国文学的源头——神话也是多源头、多谱系的。华夏族神话谱系有“女娲补天”、“女娲造人”、“盘古开天地”、“精卫填海”、“后羿射日”等。北方民族则有“苍狼”、“大树”的谱系，南方民族有“盘瓠”和“葫芦”的谱系。葫芦在南方少数民族文化中具有独特的象征意义。它形制如同一个怀孕的母体，而且中空多籽，被许多民族的先民当作母体崇拜的象征物：它在神话中孕育了民族和人类的始祖，又被当作祖灵崇拜的象征物。拉祜、彝、苗、瑶、壮、侗、佤等民族都有“人出自葫芦”的神话。《后汉书·南蛮西南夷列传》注明盘瓠子孙“今长沙武陵蛮是也”，长沙武陵蛮即如今苗、瑶等民族的先民，古籍中所说的盘瓠子孙“好五色衣服、裁制皆有尾形”的习俗也为苗、瑶等民族先民所有。至今，苗、瑶、畲、土家等民族仍流传着“神母犬父”或盘瓠的神话，其中盘瓠神话内容与汉文古籍记载大同小异。

第三，中国文学不是缺乏史诗和长篇叙事诗的文学，而是史诗、叙事诗很丰富的文学。过去我们读中国文学史，讲到史诗往往只讲《诗经》中的《公刘》和《生民》两篇，讲叙事诗就只讲《孔雀东南飞》和《木兰辞》。实际上，如果涵盖各少数民族文学，情况就大为改观。如藏族的《格萨尔》是世界最长的史诗，加上蒙古族的《江格尔》、柯尔克孜族的《玛纳斯》等长篇英雄史诗，就有闻名于世的三大史诗。蒙古族还有长篇英雄叙事诗二百多部。南方民族有白族的《阿黑天神》、彝族的《阿诗玛》，蒙古族有《嘎达梅林》等，是现代经过作家整理加工的长篇叙事诗。

第四，中国文学中不是只有汉族作家参与汉语文学创作，非汉族作家也参与汉语文学创作。屈原是楚国人，庄子也是楚国人。即华夏之外的南蛮鴃舌之邦的“蛮夷”。但屈原的《离骚》和庄子的《逍遥游》都是汉语文学的古典名篇。古代的《越人歌》：

今夕何夕兮？
搴洲中流。

今日何日兮？
得与王子同舟。
蒙羞被好兮，
不訾诟耻。
心几顽而不绝兮，
得知王子。
山有木兮木有枝，
心悦君兮君不知。

这首情歌是翻译为汉语的《越人歌》歌词。因而得以保存下来。“敕勒川，穹庐下，天苍苍，野茫茫，风吹草低见牛羊”，是鲜卑族的民歌，也是用汉文记载而流传的。民族融合过程中，许多民族学习汉文化，自然就会用汉语写作。匈奴族后汉皇帝刘聪，年十四就博通经史，并著有述怀诗几十篇。契丹所建辽国，萧太后的汉诗就作得很好。耶律楚材是辽人而被成吉思汗所用，擅诗文。以汉文写作的元好问是金国人，萨都剌是蒙古族人，纳兰性德是满族人。《聊斋志异》的作者蒲松龄是蒙古族人。《儿女英雄传》的作者是满族镶红旗的文康。近代蒙古族作家尹湛纳希的《泣红亭》是用汉文写的。现当代作家老舍、端木蕻良、叶广芩是满族人，玛拉沁夫、李凖是蒙古族人，李乔、吉狄马加是彝族人，晓雪是白族人，阿来是藏族人，霍达、马瑞芳是回族人。他们的汉语文学都写得很好。老舍更是公认的汉文学的语言大师。

第五，中华各民族文学是相互影响、相互促进、相互交融的。往往你中有我，我中有你。比如楚辞对汉赋就有很大影响。鲁迅指出，《离骚》比之《诗经》“则其言甚长，其思甚幻，其文甚丽，其旨甚明，凭心而论，不遵矩度……然其影响于后来之文章，乃甚或在三百篇以上”。实际上，屈原的《离骚》反映的主要是楚国的政治和三楚的“南蛮”文化，但其中也有华夏文化的影响。五胡乱华中，入主中原的北方民族，他们的作品多用汉文。同时使北朝文学文风为之一变。其贞刚与南朝的绮美文风大异。近代蒙古族作家尹湛纳希因在江浙做过官，汉文水平高，他的《一层楼》、《泣红亭》便深受《红楼梦》的影响。现代著名诗人闻捷的长篇叙事诗《复仇的火焰》吸纳了哈萨克族民歌的营养。也都说明你中有我、我中有你的交融状态。

第六，中国文学也是多元的开放的不断变化的文学，而非僵化的不变的文学。诗歌一向被视为文学的正宗。自《诗经》至今，我们就可以看到它的变化何等大！形式上就有从诗到赋，从古诗十九首到后来的律诗绝句以及宋词元曲与现代的白话诗。其间，诗的题材、主题、形式和风格都不断有新的开拓。刘勰曾总结说，“时运交移，质文代变”。不仅各民族之间互相交流和交融，国外的文学也使我们得到借鉴和吸纳。佛教文学像唐代的变文，对后来的小说、评书和弹词、鼓词等又唱又说的叙事形式便有明显影响。至于现代我国的文学，受到日本、俄罗斯和西方文学的影响，从思潮到形式，其间因开放而产生的巨变，更是我们大家所熟知的。正是这种开放中不断吐故纳新的缘故，我们的文学才会有进步。当然，开放多元中，文学也不是没有主元。《诗经》、楚辞、汉赋、唐诗、宋词、元曲、明清小说便说明各个朝代都有自己的主导文体。而在各种表现方式和文学流派中，现实主义文学始终处于主流的地位。即使今天，我们的文学虽然有浪漫主义、现代主义和后现代主义等多元表现，但占主导地位的仍然是现实主义。

第七，我国文学应从古代文学观走向现代文学观。古代的文学观是大文学观，把一切文字写的东西都概称文学。如历史文献、哲学著作、诸子百家等。后来逐渐认识到诗赋与其他文字写的东西不同，如曹丕在《典论·论文》中所指出，“诗赋欲丽”。即指具有追求华丽的审美特点。但后人在这个问题上仍没有更进一步的认识。刘勰的文论名著《文心雕龙》中，所列文类仍达35种。把许多今天看来非文学的文类都仍然看作文学。及至近代王国维受到西方美学影响，才明确审美文学的观念。即他把《红楼梦》称为“我国美术上之唯一大著述”，指出，“美术中以诗歌戏曲小说为其顶点”。而鲁迅在1907年发表的《摩罗诗力说》中更指出，“由纯文学上言之，则以一切美术之本质，皆在使视听之人，为之兴感怡悦”。这才过渡到现代文学观，即以是否具有审美特征作为文学与非文学的区分。应该说，这是历史认识的进步，是社会分工越来越细、人类认识越来越深入的表现。今天我们把诗歌、小说、戏剧、散文作为文学的四大门类，就是现代文学观的界定。有人主张回到大文学观去，我是不敢苟同的。那是一种历史倒退的主张。至于在中国文学史叙述中，为了表明历史认识的过程，在古代以大文学观来立论，也是适当的。而如果今天还把历史、哲学、伦理和政论都仍然作为文学来论述，那就不可取了。

总之，从我国文学的历史源头及其历史变化中，我们必须树立多民族的多元发展的开放的文学观。我以为，这样才符合我国文学的实际，也才符合党和国家所制定的主张民族平等和民族团结的政策。这样去认识，也会使我们更加体会到毛泽东主席当年提出的“百花齐放，百家争鸣”、“洋为中用，古为今用”、“推陈出新”的方针是何等的正确！

二〇一一年十一月二十五日

（原载《东吴学术》2012年第2期）

三

西方马克思主义文艺理论与文化研究

文学理论研究“西马化”模式的反思

董学文

20 世纪 90 年代中期以来，我国文学理论研究快速发展，研究重心也明显地向现代西方文学理论倾斜。它在表面上是多元的，但仔细观察就不难发现，其汇聚河床的许多理论支流大都朝一个方向拥挤，且多以“审美”为中心的所谓“现代性”作为航标。设置这个航标并导向大本营的理论主航道，主要是西方马克思主义文艺学。从整体上看，西方马克思主义文艺学有许多值得借鉴的地方。它是特定历史条件与文化语境下的西方学者对马克思主义文艺观的阐释，其中对资本制度的艺术生产、人的问题和审美问题的批判分析，确有现实的参照意义。但不容忽视的是，西方马克思主义是一个笼统而宽泛的概念，它不仅涉及哲学、经济学、政治学，而且涉及社会学、法学、史学、文艺学、美学、宗教学等众多学科。像其他学科一样，西方马克思主义文艺学也是打着“改造”、“纠正”或“批判”所谓马克思主义正统文艺观出现的。其内部派别林立，观念良莠不齐，且与诸种非唯物辩证思想有着千丝万缕的联系。个别的所谓按照马克思精神对马克思主义文艺观的“修正”和“创新”，跟“唯心论”或“唯我论”对马克思主义文艺观的批驳和贬损，几乎没有什么本质的区别。因此，倘若不采取有分析、有鉴别的汲取态度，而是采取照转照搬、遵循无误的态度，就会使我国文学理论研究趋同于当代西方文论，而不会日益地向中国化马克思主义文艺观的方向靠近。我们这样讲，并不是要降低西方马克思主义文学理论的价值，只不过是指出它在当代中国社会文化环境下可能而实际的理论命运与效果。

毋庸讳言，我国文学理论界对西方马克思主义文论的研究，已经取得许多积极成果，大大拓展了文学理论研究的广度和深度，促进了多学科之间的交流与融合，丰富了马克思主义文学理论研究的路径。但是，无可否认，这其中也存在明显的缺点和不足。简单说来，主要表现在“三多三少”上：其一，对西方马克思主义文论直接引进、静态介绍得多，而对它进行深入透析、价值判断、去伪存真、去粗取精得少；其二，对西方马克思主义文论家的个别人物和单个问题研究得多，而对西方马克思主义文论作为一个普遍现象和理论系统从宏观视角加以批判分析得少；其三，对西方马克思主义文论同现当代西方文艺学、美学衔接和融会得多，而与经典马克思主义文艺学、美学衔接和融会则比较少。这“三多三少”现象，在文学基础理论研究上突出地反映出来。

众所周知，西方马克思主义文论的一个显著特点，是它注重从多学科的角度探讨和研究文学与艺术问题。譬如，它试图沟通和融合马克思主义文艺学与文化人类学及存在主义哲学的关系，或者试图从后者的角度来阐发文学和审美问题。这是一个相当普遍的倾向。可是，由于马克思主义文学理论是以唯物史观和唯物辩证法作为认识基石的，它有区别于其他学说的独特立场、价值尺度和阐释模式，这就决定了它与超阶级的“文化人类学”以及个人至上的“存在主义哲学”是难以完全融通的。个中道理不难理解：在西方，科学的马克思主义文艺学说是不可能成为主流的，西方马克思主义文论家即使是从个人生存之道考虑，也须得将其自身的理论用各种流行的西方学说包装一番，打扮起来，以便取得存在的合法性。有鉴于此，中国的文论家特别是致力于马克思主义文学理论中国化的学者，更应当注意吸收西方马克思主义文论中在新的历史条件下有用的东西，而不能无批判地吸收其全部见解和成果，不能为了“吐故纳新”而走上丢弃“老祖宗”、脱离马克思主义文学理论传统优势之路。这就是我们要反思文学理论“西方马克思主义化”模式的缘起。

一　文学理论“审美特征论”模式的弊端

文学理论研究“西方马克思主义化”模式的表现形式是多种多样的。只要稍微涉及一些具体的文学理论体系和理论问题，就会发现西方马克思主义文论对我国现行文学理论影响的严重性。

譬如，审美本是文学的重要属性和功能，这在文学理论史上多是被承认和重视的。但是，20 世纪 90 年代以来当各种文学“审美特征论”出现以后，“审美”就成了文学理论的基本模式，或者把文学的“审美”当作人生救赎的主要途径，当作拯救世界的一种手段，甚至当作文学研究的“第一原理”。这时候，整个文学理论的体系和范畴就发生了巨大变化。这种文学理论“审美论”模式显然是受西方马克思主义文论影响的产物。马尔库塞曾赋予“审美”一种政治性的革命和造反的功能，作为“本能解放”的武器，主张“用美学的形式表现”出一种“抗议和拒绝”现实社会的声音①。而我们有些文学理论，则是把“审美”表达成一种无功利的、躲避政治的、逃离意识形态的、追求形式和感官愉悦的技巧和手段。对此，已有学者对近年来出现的“强调文学的审美性和自律性是马克思主义文学理论话语的基本内涵”这一倾向提出了质疑，认为“人的解放”才是马克思阐释文学与审美问题的基础，同时也是解释马克思的审美研究为何总是和政治经济学及历史研究纠缠在一起的原因②。这种质疑至少表明，过分强调“审美”在马克思主义文学理论系统中是带有片面性的。

为什么这么说呢？因为当“审美”内涵的多个层次以唯一或共名的方式被运用到对文学本质界说中时，文学审美所固有的多层次特性就被抹煞、被模糊地处理掉了。特别是当文学理论希望用下定义的方式为“文学”本质做出一劳永逸的解释时，“审美”在整个界说过程中的位置就显得既稳定又游移，既紧要又浮泛，已很难把握。事实上，将“审美”作为一种超历史性的固有属性，甚至认为文学的审美特性一旦置入社会结构来观察就变成了社会意识形态，这是把“审美”功能和领域无限地放大了。其结果，不仅抹平了从不同角度和层面去界说文学本质时所可能形成的差异，而且也混淆了在不同的视角和层面中对文学“审美”内涵的说明。

文学本质研究向“审美特性论”的靠拢过程，对“主体”的共同关注是其理论的契合点。作为审美对象的文学，是由主体意识所建构并由此获得自身某种特质的，这种观点在西方马克思主义文论中颇有代表性。强调“审美”和“文学”指向主体意识的自足性，这就使得在对文学本质的认识上特别重视对情感、想象力、肉体和精神体验等所谓“内在世界”的阐释。先前文学理论赋予文学与现实生活之间的摹仿、认知、交流、记录等一系列品格，都被认为是同文学本质不直接关联的要素，或者被认为是可

---

① 马尔库塞：《工业社会和新左派》，任立编译，商务印书馆1982年版，第184、145页。

② 孙文宪：《马克思主义文学批评中的审美话语》，《文艺报》2009年12月22日。

以统辖在“审美”之下的东西。这样，研究文学本质就仅仅趋向于“审美化”的认识。

文学理论研究中“审美”要素过度膨胀的现象，至今还没有得到合理解决。20世纪后期，就有学者对文学史叙事中的纯审美标准明确地表达过担忧，认为“‘重写’论者之所以敢于如此堂皇地提出纯审美标准，是基于他们有一种似乎很深刻的‘共识’，即文学之所以为文学，就在于文学是审美的，文学的价值就在于审美价值，因此，坚持审美标准就抓住了文学的本质。这种貌似新颖、深刻的见解其实相当的陈旧、肤浅”①。也有学者借由研究现代西方美学思想中“审美现代性”生长过程，向学界透露出由于对“审美”的过度重视而导致的现代文学理论“审美化”危机：“从审美现代性作为现代性思想系统中的否定因素这个方面来说，对审美的本体论地位的强调，事实上使审美在从现代知识结构中分离出来成为理性与伦理的中介的同时，被普泛化为一种可以对一切感性存在之外的东西提出批判和质疑的思想力量。简言之，一切都可以被‘审美化’，一切都可以被纳入审美主义的透镜中来加以审视。”② 一段时间内，文学理论研究中出现“审美论”偏重的局面，被一些研究者清晰地感受到了。“审美特性论”给我国当代文学理论的发展所带来的局限性，也被纳入思考的范围，有学者直截了当地寄希望于“拆除文学审美城的围墙，走出审美城，使文学理论在一种多学科、多视角的视野里获得新的生长点”③。可见，厘清“审美”与文学的关系以及相互间的交集，已是当前文学理论研究亟须解决的一个重大问题。

文学“审美特征论”的出现，除了受到西方马克思主义的影响，当然也有历史的根源。由康德开启的主观的“形式美学”，经过其后将近一个世纪的追捧，“审美”概念已被一步步主观化、自律化了。一般的“文学审美论”者即使并没有把“审美”作为文学的唯一本质，但在无限制地强调和夸大“审美”的作用中，遮蔽或抑制了对其他本质性因素的认知。这其中比较典型的理论就是“审美溶解说”。按此种意见，文学的审美价值

---

① 唐世春：《不能用纯审美标准重写文学史》，《文艺理论与批评》1990年第6期。

② 张辉：《审美现代性批判：20世纪上半叶德国美学东渐中的现代性问题》，北京大学出版社1999年版，第169页。

③ 杜卫：《走出审美城：新时期文学审美论的批判性解读》，东方出版社1999年版，第205页。

具有一种独具的特性，"它就像有溶解力的水一样，可以把认识价值、道德价值、政治价值、宗教价值等都溶解于其中"，因此，文学"撷取现实的审美因素不但不排斥非审美因素，相反，总是把非审美因素的认识因素、道德因素、政治因素甚至自然属性交融到审美因素中去"①。这种说法，表面上没有否定其他本质性因素的存在，但当论者认定"只有在审美体验中，人摆脱开现实进入到了一个令人心醉神迷的审美世界，人的以情感为中心的一切心理机制才被全面地、充分地调动起来，并达到高度的和谐。在诸心理因素之间，不是这个压倒那个，也不是那个压倒这个，各种心理器官完全畅通，达到无障碍状态"②，这就把"审美"功能玄奥化、理想化了。这种"审美溶解说"，尽管可以多少从西方文论中找到一些根据，但其实并不符合文学创作和文学欣赏的心理实际。这种论述混淆了文学创作中艺术逻辑和审美要求之间的区别，说到底还是一种文学理论审美化的结果。本来突出文学的审美功能有其纠偏补正的积极意义，可一旦理论走上全然"审美论"的模式，一切都须得经过审美同质化过滤，那它本身也就变成另一种霸权话语了。

二　文学理论"意识形态"概念泛化的危害

将"意识形态"概念泛化，是受西方马克思主义文论影响的又一种模式。文学具有意识形态性，或者说某种情况下是一种意识形态的形式，这在理论上不但没错，而且是马克思主义文艺学的一个基本观念。在社会生产力和生产关系发生冲突，社会出现某种变革的时候，意识形态必然成为"人们借以意识到这个冲突并力求把它克服"③的思想形式。文学是反映人和社会的，文学的本质属性中有意识形态的规定层面是不可避免的。在经典作家的文论中，可以找到并解读出此类内容，这是马克思主义文学理论具有独特阐释效力的原因之一。但是，由于受到西方马克思主义某些片面观点的影响，有的文学理论教科书把文学中的"意识形态"成分不知不觉地泛化了，几乎一切思想、观念、情感、情绪、幻想和肉欲都被看作意识

① 童庆炳：《文学审美特征论》，华中师范大学出版社2000年版，第29页。
② 童庆炳：《文学活动的审美维度》，高等教育出版社2001年版，第59页。
③ 《马克思恩格斯选集》第2卷，人民出版社1995年版，第33页。

形态，也就是说，不是社会意识形式包括意识形态，而是意识形态包括一切意识形式。这就同意识形态的本意，同唯物史观的内涵发生了偏离。

泛化“意识形态”概念，这也是从西方马克思主义文论中起源的。伊格尔顿在《意识形态导论》（1991 年）中就把“意识形态”划分成十六种。他甚至认为审美本身就是一种意识形态，也有一定的意识形态批判意义。西方马克思主义中还有人提出“文本意识形态”、“文化意识形态”、“消费意识形态”等概念，这都进一步把“意识形态”概念的内涵扭曲了。

现在有的文学理论已经不再探讨文学的意识形态性、倾向性、阶级性及党性等问题了。为什么会如此呢？据说原因是为了防“左”，为了避免深究文学和理论的意识形态问题。而为达此目的，最好的办法就是把意识形态“泛化”，将一切都戴上“意识形态”的帽子。这样，真实的意识形态问题就可以被淡化和消解了。

“泛化”意识形态，结果变成了模糊正确与错误、积极与消极、唯物史观与唯心史观的一种手段。在一些论者那里，什么都是马克思主义的观点，什么都是马克思主义的“创新”，甚至一些非马克思主义或反马克思主义的见解，也被拉入马克思主义文艺学的行列，并且把它看作马克思主义文艺理论的“当代发展”。这种貌似开明、开放的态度，因为打着“创新”的旗号，打着“马克思主义”的旗号，打着“兼收并蓄”的旗号，颇具欺骗性和迷惑性。但其结果使一些唯心论的、形而上学的、洋教条的东西大行其道，畅通无阻，科学的马克思主义观点反而受到混淆、掩盖和排斥。

眼下，几乎没有文学理论课题申报和书籍出版不说自己是坚持马克思主义观点或是用马克思主义作指导的。可实际情况呢，有的是名副其实，有的则两张皮；有的是相距甚远，有的则刚好相反。例如，有学者将发端于李泽厚的“实践美学”，经由“后实践美学”再到“新实践美学”和“实践存在论美学”，说成是中国化马克思主义美学的最高成果，这就把理论的是非和真伪弄颠倒了。之所以出现这种现象，一个相当重要的原因就是“泛化”意识形态概念，取消意识形态理论的批判功能。在此基础上，出现建立“儒学马克思主义文艺学”、“生存论文艺学”、“海德格尔存在主义马克思主义文艺学”等口号，也就不难理解了。这种“泛化”意识形态，将马克思主义文艺学同各种非马克思主义观点组合、嫁接起来的理论模式，所起的作用只能是抽空马克思主义文艺学说的精髓。

三 文学"本体论"研究的畸形变化

文学"本体"研究的多元化，是西方马克思主义文艺学的突出模式。在西方马克思主义文艺观那里，什么都可以作为"本体"来阐述：形式本体论、情感本体论、结构本体论、文化本体论、实践本体论、历史本体论、语言本体论、肉体本体论等五花八门。这种借用哲学"本体"概念的混乱阐释，恰恰说明这些意见与辩证唯物论本体观是相左的。"本体论"作为一个哲学范畴，实际指的是宇宙观、世界观，因为它所探讨的是现实世界的最后存在基础问题。文学的本体论研究虽然观点不一，但它也都是要把探讨文学最根本的存在基础作为自己的理论任务的。文学产生的一些直接性根源，当然也应予以重视，但那构成的是文学属性问题，而非本体问题。因此，对那些制造了许多非本体的文学"本体论"模式，是需要加以澄清的。

"本体论"，意为"存在论"，但"这个'存在'是对一切存在的东西的一般概括，即一般存在，或最高存在，或最后存在"①。这其中只有物质本体论和精神本体论两者之分。马克思主义的文学本体论，严格说来是在艺术世界观的意义上使用它的。文学本体论有明确的对象，不过西方某些现代文论则以"拒斥形而上学"为借口，否定文学本体论有成为科学的可能。西方马克思主义的"实践派"文学理论，则以人本主义的实践观来曲解本体论，以存在主义观点抨击所谓"主客二元对立"的认识论学说。他们认为马克思主义文艺学就是人的哲学，人的本质是实践，先前的文艺观强调的不以人的意志为转移的客观实在中没有人，所以要"超越"。再加上这种人本主义是一种弥散广泛的世界性思潮，而《1844年经济学哲学手稿》中的个别论述又给了某些论者打出该旗号以一些借口，于是，"人本主义"、"实践本体论"逐步蔓延开来。这种本体论靠的是发扬"主体性"的由头来超越时代，已经成为一种新的人类中心主义的，成为抹杀历史境域造成的差异的极权化的意识形态。如此一来，"实践本体论"的功能就只剩下挑战辩证唯物论了。

实事求是地讲，"实践本体论"绝非马克思主义创始人的原意，而是从

① 黄枬森：《关于文艺本体论和本体论的若干问题》，《文艺理论与批评》2010年第4期。

所谓的“实践唯物主义”中逻辑引申出来的。有些文学理论的著作，“把‘实践’看成‘唯物主义’中的‘物’，于是实践就成了世界的本体、世界统一的基础，成为流行于西方马克思主义中的实践本体论或实践一元论。这种观点虽然没有直接把心灵、精神看成世界的本体或世界统一的基础，但由于实践总是人的有意识的活动，这同样是承认了心灵、精神是世界的本体或世界统一的基础，与唯心主义基本上是一致的”①。因此，这种文艺观的要害是，它没有摆对“实践”在文艺活动中的位置，事实上否认了现实生活及“外部自然界的优先地位”②。实践是人类社会的一种现象，是人的一种生产活动，实践观是历史观的一个部分。从实践角度解释唯物主义应当放在唯物史观的范畴之内，把两者对立起来是不可取的。文学理论研究倘若深受西方马克思主义文论濡染，否认现实世界存在的最后根基，认为社会生活在本质上是“虚幻”的、不可知的，只将文学付诸“人生在世”的精神性“实践”，付诸脱离社会历史的“瞬间感性”，不去叩问“实践”的背后有什么，那么，这种理论模式很容易掉入唯心论的窠臼。

列宁说过：“社会意识反映社会存在，这就是马克思的学说。反映可能是对被反映者的近似正确的复写，可是如果说它们是同一的，那就荒谬了。意识总是反映存在的，这是整个唯物主义的一般原理。看不到这个原理与社会意识反映社会存在这一历史唯物主义的原理有着直接的和不可分割的联系，这是不可能的。”有些“内在论”者认为，“任何物质的生产过程，总是它的观察者的一种意识过程……在认识论上，外部生产过程不是第一性的（prius），而主体或诸主体才是第一性的；换句话说，甚至纯物质的生产过程也不能引导〈我们〉脱离意识的普遍联系”③。这些话，可以看作判断文学理论“本体论”的镜鉴，也可看作对“存在就是意识”主张的批判。

四　几点启示

在文学理论研究中，学习和借鉴西方马克思主义学说本是合理的，必

---

① 黄枬森：《关于文艺本体论和本体论的若干问题》，《文艺理论与批评》2010 年第 4 期。

② 《马克思恩格斯文集》第 1 卷，人民出版社 2009 年版，第 529 页。

③ 《列宁专题文集》（论辩证唯物主义和历史唯物主义），人民出版社 2009 年版，第 109—110 页。

要的。作为他山之石，西方马克思主义文论不仅是推动我国马克思主义文学理论建设的重要参照，而且也是推动有中国特色文论建设可资汲取的成分。在西方马克思主义文论家诸种阐释、批判和“解构式”文本中，可以重新发现许多经典作家理论内容的鲜活生命力，可以近距离地看到西方学者根据新的时代和文化语境所做出的深化与细化的探讨，可以敏锐地察觉他们对当代资本主义制度及其文化的批判锋芒、批判智慧和批判火力。但是，我们同时也应看到，由于当代西方资本主义发生了巨大变化，西方马克思主义学者在相当程度上已重新定位了“马克思主义”概念，即他们讲的“马克思主义”同我们眼下讲的“马克思主义”，已经不是一个等同的概念。他们所运用的方法论，也已未必是唯物辩证法和唯物史观。因之，我们在使用和借鉴西方马克思主义文论的时候，是不能不加以鉴别、区分和辨析的。西方马克思主义文论的近百年史，已完成了多次“范式”转型，从受现象学、解释学影响的卢卡奇模式，到受语言哲学、结构主义影响的阿尔都塞模式，再到以“知识学的政治批判”为主导的“后马克思主义”模式等。不过，它们有一个不变的特征，那就是都违背意识同活动和实践统一的本体论原则，将认识同社会历史物质实践相分离，在形形色色的认识论前提下改造辩证唯物主义的“反映”学说，进而将认识、反映和艺术把握不同程度地唯心化或神秘化。所以，我们只有对其进行“去唯心化”、“去神秘化”、“去人本化”，才能批判性地借鉴、引入和提升西方马克思主义理论的话语功能，才能合情合理地看清真假马克思主义文学理论的实际面貌。实践已经证明，热衷于用西方马克思主义文论来构制中国当代文学理论体系，迷信西方马克思主义文论的选题和研究方式，将传统马克思主义研究方法视之为“过时”而弃如敝屣，或只口头上承认而实际上背离，这对发展我国当代形态的马克思主义文艺学是极其不利的。依循西方马克思主义学说，仿佛表面上还存有马克思主义的词句，但由于它在不少方面远离了马克思主义基本原理，又有悖于在我国理论与国情“共生”的原则，因之其结果必定导致理论脱离时代、脱离实际、脱离科学性。随着我国社会的变迁与转型，近些年我国文学理论的基本结构发生了很大变化。文学理论出现了“多元并存”的局面，各种文学观念和思潮十分活跃，这是在比较和竞争中推动文学理论发展的好时机。当然，这一状况也给马克思主义文学理论带来不小的风险和变数。这种“多元”状态既有本土的因素，也有境外的因素，而其中影响最大的就是西方马克思主义文论。在某些层面或领域，西方马克思主义文论甚或有取代马克思主义文艺学说之势。这是不能不令人深长思之的。当务之急是对西方马克思主义文论进行客观的理性分析，实事求是地辨别其中错综交织的各种观念。同时，防止简单化地将西方马克思主义文论中的一些观点和方法，直接移植到我国马克思主义文学理论的建构中来。如果不这样做，以为一切西方马克思主义文论都是马克思主义的，甚至认为西方马克思主义比经典马克思主义还好，那就容易重犯本本主义和教条主义的错误。历史表明，企图用一些西方马克思主义材料来“填补”马克思主义文学理论，或者把马克思主义文论同西方马克思主义文论无条件地“调和”起来，是不新鲜也不可取的。文论研究还得走理论联系实际的路。倘若总是跟在西方学者后面，人家“回到康德那里去”，自己“就跟在新康德主义者后面蹒跚而行”；人家“轻蔑地把黑格尔视做一条‘死狗’，耸肩鄙视辩证法，而自己却又宣扬一种比黑格尔唯心主义还要浅薄和庸俗一千倍的唯心主义”[①]。这种作风是应当彻底地改变了。全面把握当前文学理论发展的进程及特征，自觉地划清马克思主义文论和西方马克思主义文论的界限，努力澄清附会和掺杂在马克思主义文论名义下的错误观点，创造性地巩固马克思主义文艺学说的思想基础，这是当前文学理论界的一项重要的学术任务。

（原载《天津社会科学》2011 年第 3 期）

① 《列宁专题文集》（论马克思主义），人民出版社 2009 年版，第 148—150 页。

马克思主义文学批评的“文化转向”

张永清

作为世界性的批评主潮，马克思主义文学批评迄今已走过了170年的历史。作为这一潮流有机组成部分的中国马克思主义文学批评，尽管有着其自身鲜明的理论个性与批评风格，但也深受国外马克思主义文学批评的影响。在此，我们无意于马克思主义文学批评的整个历史，只关注20世纪90年代以来中国马克思主义文学批评的发展趋向。我们的基本判断是，自20世纪90年代以来，由于社会现实的巨大变革，在国外马克思主义的深刻影响下，文化转向已深植于我们的马克思主义文学批评之中，进而促生了一种新的批评形态即马克思主义的文化批评。如何理解和把握马克思主义文学批评的文化转向？本文拟从以下三个方面对此问题作相关思考与探究：第一，在马克思主义文学批评的整体格局中来审视中国当代马克思主义文学批评的基本走向；第二，文化转向的主要特征及其在批评潮流中的具体表现形式；第三，文学批评伴随文化转向而产生的一些突出问题。

一

如何从整体上来把握马克思主义文学批评的历史？文化转向在其批评的历史中又是如何发生与呈现的？正如马尔赫恩所言：“‘文学’和‘批评’已经不再是一个稳定的研究领域和过程；至于‘马克思主义’的含义则一直是20世纪文化中意见最为分歧的。”① 我们认为，英国的马尔赫恩

① 弗朗西斯·马尔赫恩编：《当代马克思主义文学批评》，刘象愚等译，北京大学出版社2002年版，第1页。

与伊格尔顿的相关分析与阐释为我们提供了可资借鉴的理论框架与批评图式。马尔赫恩在写于1992年的《当代马克思主义文学批评》的导言中，运用历史的方法把19世纪40年代至20世纪90年代这150年的批评历史划分为三个相位，并对此作出了相应的理论阐释。首先，他对缘何运用历史的方法作了扼要说明："过去是现在的前历史，作为传统，它本身又是现在这个舞台上的演员；没有历史的理解，我们就无法解释现在，也无法评价现在提供给我们的种种选择。"① 其次，他所划分的三个不同相位分别为："古典主义的或科学社会主义的相位"，这一相位由马克思、恩格斯创立，持续到19世纪后半期与20世纪前半期。它主要由两个批评思潮组成，一个以考茨基、普列汉诺夫等为代表，他们深受19世纪自然科学与实证主义的影响，主要是在科学精神尤其是自然科学精神的感召下从事文学批评活动；另一个则以列宁、托洛茨基等为代表，他们主要是从革命、政治的角度从事文学批评活动，提倡一种"介入文学"。"具有自我批判的相位"兴起于20世纪20年代，在20世纪30年代中成熟和趋于多样化，此后在20世纪60年代确立了一种"非正统"的规范。这一相位主要以卢卡奇、法兰克福学派、萨特、戈德曼等为西方马克思主义代表，他们将文化和哲学问题作为批评活动的主要对象。"批判的古典主义相位"兴起于20世纪60年代早期，主要体现在文化唯物主义和反人道主义的批评潮流中，主要代表人物有威廉斯、阿尔都塞、马舍雷、伊格尔顿、詹姆逊等。在马尔赫恩看来，这一时期的批判风格对文学批评产生了尤为深刻的影响："它们在方法上是'社会学'的、'历史的'和'政治的'……事实上，这些含义对古老的文学批评世界是致命的。就其最一致的含义来说，它们瓦解了文学这一学科赖以建立的深层分类学和标准性原理，并以这一方式——文学战斗中恰如其分的高潮——解构了文学全体的想象力。'文学'与'批评'本身受到质疑。"②

在马尔赫恩的"三分法"启示下，伊格尔顿在写于1995年的《马克思主义文学理论》一文中，将马克思主义文学批评分为四个基本模式，它们分别是：人类学的、政治的、意识形态的和经济的批评。从他们两人的

---

① 弗朗西斯·马尔赫恩编：《当代马克思主义文学批评》，刘象愚等译，北京大学出版社2002年版，第2页。

② 同上书，第16页。

具体论述看，马尔赫恩的第一相位大体包括了伊格尔顿的人类学和政治批评模式，第二相位相当于意识形态批评模式，第三相位相当于经济学批评模式。如果以此来审视改革开放以来的马克思主义文学批评，我们主要受到了第二、第三相位或者是意识形态的与经济的批评模式的深刻影响。换言之，马克思主义批评的文化转向的理论资源与批评实践主要来源于以法兰克福学派和伯明翰学派为代表的西方马克思主义。从时间方面来看，我们对法兰克福学派的接受大致是在20世纪80年代，而对伯明翰学派的接受则要晚些，大致在20世纪90年代。尤其是进入21世纪以来，有些学者甚至断言，马克思主义文学批评已经难以适应现实社会的需要，已经被马克思主义文化批评所取代，由此可见文化转向对马克思主义文学批评所产生的巨大影响。

二

何谓文化？为了便于说明问题，我们有必要对威廉斯的文化定义作简要描述。第一层面是文化的理想定义："就某些绝对或普遍价值而言，文化是人类完善的一种状态或过程。如果这个定义能被接受，文化分析在本质上就是对生活或作品中被认为构成一种永恒秩序，或与普遍的人类状况有永久关联的价值的发现和描写。"① 第二层面是文化的文献式定义："文化是知性和想象作品的整体，这些作品以不同的方式详细地记录了人类的思想和经验。从这个定义出发，文化分析是批评活动，借助这种批评活动，思想和体验的性质、语言的细节，以及它们活动的形式和惯例，都得以描写和评价。"② 第三层面是文化的社会定义："文化是对一种特殊生活方式的描述，这种描述不仅表现艺术和学问中的某些价值和意义，而且也表现制度和日常行为中的某些意义和价值。从这样一种定义出发，文化分析就是阐明一种特殊生活方式、一种特殊文化隐含或外显的意义和价值。"③ 伊格尔顿在《文化的观念》中将其概括为作为乌托邦的文化、作为艺术创造的文化、作为生活方式的文化。尽管可以将文化的历史远溯至

---

① 雷蒙·威廉斯：《文化分析》，罗钢、刘象愚主编《文化研究读本》，中国社会科学出版社2000年版，第125页。

② 同上。

③ 同上书，第125—126页。

柏拉图，我们在此只关注文化与马克思主义传统的关系。我们认为，文化在马克思主义尤其是西方马克思主义的传统中占据着极其重要的位置，有的学者甚至将其命名为“文化马克思主义”。对于文化马克思主义而言，文化之所以“既是至关重要的，又是明显次要的”①，是源于它在整个人类社会生活中所处的位置与所承担的功能以及与政治、经济等其他要素之间的复杂关联性，“一方面是对马克思主义经济决定论的拒绝，文化主义者认为社会过程是经济、政治、文化复杂决定的结果，其中没有任何一个决定因素居于首要地位；另一方面，他们更广义地看待文化——整体的生活方式，从这点出发，文化就是社会过程本身，是经济和政治的组成部分……他们给予文化和艺术以绝对优先的地位，因为这种实践与整体的人类生活是紧密相关的，并且因为文化设施和体制在人们生活中起着越来越重要的作用”②。

整体看来，西方马克思主义有两次十分显著的文化转向：第一次始于20世纪20年代，以卢卡奇的《历史与阶级意识》为肇端，以法兰克福学派为代表；第二次始于20世纪50年代中期，以理查德·霍加特《文化的用途》、雷蒙德·威廉斯《文化与社会》等为重要标志，兴盛于20世纪60年代至80年代，以伯明翰学派等为代表。西方马克思主义转向文化的原因是多方面的，既与他们所处的历史背景与社会现实分不开，也与当时的政治、经济、文化等诸多因素密切相关。不过，多数研究者主要还是从政治层面来看待文化转向问题，比如，伊格尔顿认为，卢卡奇、葛兰西以及法兰克福学派等之所以未能像列宁领导的俄国革命那样导向政治实践，而是转向文化和哲学，部分原因是他们对政治不再抱幻想，以此来抵抗资本主义社会；德沃金也指出：“文化马克思主义不能被孤立地考察；它必须放在英国左派危机的背景下研究……他们试图认识战后研究的特征，重新定义社会斗争，阐明与发达资本主义社会中民主的和社会主义的政治相适应的新的抵抗形式。在这个计划中，处于核心地位的是‘文化’。它一方面指示了这种政治被重新思考的领域，另一方面认识到这个领域是政治

---

① 特里·伊格尔顿：《历史中的政治、哲学、爱欲》，马海良译，中国社会科学出版社1999年版，第109页。

② 丹尼斯·德沃金：《文化马克思主义在战后英国》，李丹凤译，人民出版社2008年版，第85—86页。

斗争的场所。"[①] 一般认为，文化转向具体表现在对文化含义的争夺、文化形式的历史建构以及对文化差异性的认识等方面。从某种意义上讲，"文化转向可以说是由必须面对大众文化这一复杂感受引发，这尤其适用于知识分子对他们变化着的社会地位的理解"[②]。在我们看来，文化转向有如下两个显著特征：第一，对新的文化形态、文化形式的关注，无论这种关注是否定性的还是肯定性的，是颠覆性的还是建构性的；第二，这种新文化具有一种典型的现代文化与后现代文化风格，图像化、视觉化是其与传统文化的根本性差异。换言之，文化转向即文学向文化、书面文本向视觉文本、语词向图像的转变，由阅读者的语词感受向观看者的视觉快感的转变。

需要指出的是，同样是文化转向，法兰克福学派与伯明翰学派之间既存在相同性，也存在着显著的差异性。就"文化观"而言，两者的共同之处在于，都反对"正统"马克思主义对基础——上层建筑这一结构性关系的阐释，避免经典模式的经济还原论，强调文化的相对自主性。但是，两者的区别在于：他们对当代文化即文化工业或大众文化的态度、立场、价值取向迥然相异。法兰克福学派主要从精英的立场看待工业社会的大众文化即文化工业，对其持一种否定的立场，认为精英文化才是救赎与拯救的力量，才是资本主义社会的批判者，才是人类获得自由与解放的神圣力量；伯明翰中心则着力挖掘大众文化、青年亚文化等蕴含的抵抗性、颠覆性力量，因而对其更多的是肯定与认可。如果从威廉斯对文化的界定来看，法兰克福学派主要是在"理想"的层面看待文化，而文学传统则主要是在"文献"的层面理解文化，伯明翰学派则是从"社会"的层面看待文化。如果说，法兰克福学派把文化区分为精英文化与大众文化，并将两者相对立，那么，伯明翰学派则致力于消弭两者的对立，比如，威廉斯将文化分为统治的、残余的、新兴的三种文化类型，强调文化的包容性。就"文化政治"而言，两者的共同之处在于，都不再追求阶级的解放、民族的解放，而是追求一种文化的解放。两者的不同之处在于，法兰克福学派不太重视工人阶级政治、工人阶级文化，而英国的文化马克思主义则强调

---

① 丹尼斯·德沃金：《文化马克思主义在战后英国》，李丹凤译，人民出版社 2008 年版，第 4—5 页。

② 戴维·钱尼：《文化转向：当代文化史概览》，戴从容译，江苏人民出版社 2004 年版，第 97 页。

工人阶级政治，关注工人阶级文化。此外，两者都注重对文化与意识形态、文化与权力关系的分析与阐释，对意识形态的分析不仅关注其内容层面，而且关注其形式层面。

三

鉴于国内学界已就文化转向对马克思主义文学批评的积极影响做了相当深入的理论探究，我们在此只就其消极影响即伴随而来的一些突出问题作扼要分析。

问题之一，在马克思主义文化批评与马克思主义文学批评两者之间的关系问题上，一些学者要么将两者相等同，要么将两者相对立。究竟如何理解和把握马克思主义文学批评和马克思主义文化批评两者之间的关系？正如文学批评有马克思主义传统与非马克思主义传统之分，文化批评同样也有马克思主义传统与非马克思主义传统之别。一段时期以来，学术界主要围绕文学批评和文化批评两者之间的关系展开了十分深入的理论探究，比如，一些学者认为，“文化被重新定位并以难以回避的方式有效地介入到文学研究之中，那么问题在于在具体的文学文本中采纳这种无所不包、具有异常丰富内涵的术语，又将如何进行文化批评？迄今为止对这一方式的主要批评，其一是认为这种批评过于宽泛，因而显得乏力；其二，在具体实践中这一批评具有某种简单化的倾向，即将有着独特性的文学现象等同于社会文化现象。实际上，文化批评并不是将研究对象简单地纳入某种所谓的文化视野，而是基于一种新的起点对原有学科进行不同角度的透视”①。“作为文化批评的文化研究不是文学批评的新上帝，文化批评成为当前文学批评的主要形态，也不是文学批评开门揖盗，而是文学和文学批评所面临的共同文化语境已经转向大众文化。”② 一般认为，文学批评和文化批评的主要区别在于批评对象、批评方法、批评目的的不同。从批评的对象看，文化批评是一种自觉的对抗性批评，就是“反对大写的文化。换言之，就是与那种一贯的，并仅仅与人们时而称之为‘高雅

① 王晓路：《文化研究关键词研究》，北京大学出版社 2007 年版，第 9 页。

② 吴琪：《从文学批评传统反观文化研究和文学批评的关系》，《文艺研究》2011 年第 1 期。

文化’一致的新东西进行对抗”[①]。具体而言，文学批评主要关注“书面文本”尤其是文学经典，文化批评则主要关注当代文化尤其是以电影、电视、广告等为代表的视觉文化。如果前者关注的是精英的、主流的、主导的文学，后者则关注的是大众的、边缘的以及青年的亚文化等。从批评的方法看，文化批评提倡一种跨学科的态度与研究方法、注重文化分析，它包括三个层面：首先是一种学术分析；作为表现的范式，语言研究构成了其主要的研究模式；在前两者的基础上，揭示其中所蕴含的意识形态及其表意策略，“文化研究一开始带来的并不是传统批评和批评理论中的非社会的个人主义，而是带来也许可以称之为社会学视角的发展”[②]。简言之，由于文学批评与文化批评两者关注的对象不同，方法不同，批评的目的等不同，两者之间既不是一种等同关系也不是一种取代关系，不是非此即彼、截然对立而是一种相互融合、相互促进的关系，正如一些学者所言，“在英国和德国的语境里，文学的各种形式分析与文化研究的发展之间一直存在着一种牢固的联系。像阿多诺和霍克海默以及雷蒙·威廉斯和里查德·霍格特这些人物所持有的共识是，他们对各种通俗文化形式的考察，是深刻地由对一种文学文化的迷恋而建构的”[③]。从研究者的身份来看，众所周知，英美从事文化批评、文化研究的相当一部分学者都是文学学者、文学教授，写了大量的文学批评论著，比如威廉斯是英文系的戏剧教授，有《现代悲剧》、《从易卜生到布莱希特的戏剧》、《英国小说：从狄更斯到劳伦斯》等文学批评著作，詹姆逊有《萨特：一种风格的起源》、《语言的牢笼》、《马克思主义与形式》等文学批评著作。特别值得注意的是，在把握马克思主义文学批评和马克思主义文化批评的关系时，首先需要明确这是既有联系又有差异的两种批评形态。这是因为，尽管文学与文化这两个关键词的内涵与外延无疑都会随着社会历史变化而发生相应的变化，不过，无论其自身如何变化，也都有其各自的边界与限度，差异性即是其质的规定性。作为两种不同的批评形态与批评范式，除了差异性外，两者之间在理论范畴、批评方法等方面都可以相互借鉴，但是，不能够简单断言马克思主义文学批评已被文化批评所取代。我们认为，马克思主义文化

---

① 王晓路：《文化研究关键词研究》，北京大学出版社2007年版，第346页。

② 戴维·钱尼：《文化转向：当代文化史概览》，戴从容译，江苏人民出版社2004年版，第22—23页。

③ 特里·伊格尔顿：《文化的观念》，方杰译，南京大学出版社2002年版，第33页。

批评无论多么重要，它只是马克思主义批评大家族中的一员，一方面我们不能将文学凝固化、狭隘化，无视社会的变革与新的文化形式；另一方面也不能完全无视文学的丰富存在，一味关注所谓的新文化，而最终失去文学与文化传统。毋庸置疑，面对新技术、新媒介、新的社会现实等的挑战，马克思主义文学批评的文化转向的最终目的是为了丰富自身、发展自身，而不是否定自身、取消自身。从批评的视角看，文学批评自身具有多维性，诸如政治之维、经济之维、道德之维、审美之维，因而文化理应成为其多维中的一个维度。当然，马克思主义文学批评自身的丰富性、多样性还有待于我们在批评理论层面加以深入开掘，在批评实践方面作更深入的文本细读与阐发，这样才能凸显马克思主义文学批评在当代的生命力。

问题之二，马克思主义文化批评重蹈了马克思主义文学批评以往的覆辙，即把文学、文化过度政治化、过度意识形态化。如果说马克思主义文学批评曾经在一段历史时期内将文学过度政治化，那么马克思主义文化批评则在很大程度上再度把文化泛政治化、泛意识形态化。从这个意义上讲，从文学批评转向文化批评其实只是文学政治到文化政治的位移，诚如伊格尔顿所言："文化的膨胀因此是一个被世俗化了的时代历史的组成部分，正如自阿诺德以降，文学——在所有事物中——继承了沉重的伦理、意识形态乃至政治任务一样，而这些任务过去曾被委托给更为技术性或实践性的话语。"① 如同"文学政治"是文学批评的首要目标，"文化政治"则是文化批评的主要理论诉求之一，而所谓的"文化政治"则是指"把文化与政治结合起来的一种理论立场和批评方法，它广泛表现在各种非形式主义批评话语中"②。作为抵抗诗学的文化批评力图通过文化的方式来达到某种政治的关切，从而使得文化与政治之间具有一种新的关联性："文化在政治前是犹豫不决的，它以超越日常兴趣和社会生活中对抗的价值的名义抵抗政治……然而，左派文化政治最近的发展导致了相反的方向。'文化'被理解为社会关系中意义的重要时刻，显然不再是自由传统中置于神龛中的实体，而被一般地赋予了一种相似的权威性。文化远不再受制于外在的政治考验，它本身已经是政治的了。"③ 文化批评尤其是在葛兰西、阿

---

① 特里·伊格尔顿：《文化的观念》，方杰译，南京大学出版社 2002 年版，第 33 页。

② 汪民安主编：《文化研究关键词》，江苏人民出版社 2007 年版，第 359 页。

③ 弗朗西斯·马尔赫恩编：《当代马克思主义文学批评》，刘象愚等译，北京大学出版社 2002 年版，第 30—31 页。

尔都塞、福柯、威廉斯等理论的影响下，更多地从权力视角来审视日常生活中存在的政治关系，这样就把政治关系理解为一种权力关系，而这种政治之所以能够发挥其作用，主要是通过其载体即文化才能得以实现。因此，文化批评的文化分析方法实际上是一种意识形态分析和权力透视，旨在揭示权力对日常生活的渗透以及对其的抵抗，即所谓的抵抗诗学和介入政治。问题在于，文学、文化诚然不能脱离政治，但是政治、意识形态也只能是文学、文化固有的内涵“之一”而非“唯一”，不能将两者同一化，在这一方面我们已有十分沉痛的历史教训。我们认为，无论是就人类社会生活还是就作为作为整体生活方式的文化而言，政治生活也只构成作为“意识形态动物”的人的社会生活的一个重要方面，“有必要坚持说，一切文化都充斥着政治价值，同时也必须坚持说，这些政治价值作为意义是文化的；因而也就更有必要理解文化与政治两者是相互不可缩减的。在‘文化政治’的概念中，它们的距离越近，它们的关系就越令人忧虑。在这类概念中，隐含价值的协调，只有在文化与政治二者妥协的身份幻想中才能得以完善”①。

问题之三，马克思主义文学批评的“非文学化”“非审美化”问题。伴随着文学批评、文化批评的泛政治化、泛意识形态化而来的则是批评的“非文学化”“非审美化”，正如 Michael Payne 所指出的那样，文学批评、文化批评至今尚未“找到一种摆脱困境的有效方式，即总是把美感与社会责任相分离”②。我们可以看出，相当数量的文学、文化批评都是从政治、意识形态、权力、阶级、性、性别、种族、身份等角度对文学文本或文化现象作出分析，这种分析往往导向社会学、政治学、经济学、心理学等维度，即使是对文学形式、叙事策略的细度也是从政治与意识形态的视角来切入，唯独缺少审美感知、审美分析、审美判断，文学批评、文学批评丧失了最可宝贵的精神特质与内在底蕴，丧失了其艺术感染力，而成为某种外在目的的枯燥证明。我们认为，马克思主义的文学批评、文化批评不能仅仅是政治批评、意识形态批评，更为重要的是，它首先应当是一种审美的批评、艺术的批评，缺少文学性、审美性的批评从根本上来说，只能是

---

① 弗朗西斯·马尔赫恩编：《当代马克思主义文学批评》，刘象愚等译，北京大学出版社 2002 年版，第 32 页。

② Michael Payne，*Some Version of Cultural and Critical Theory*，载王晓路等编《当代西方文化批评读本》，四川大学出版社 2004 年版，第 45 页。

一种非文学性、非审美性的批评，只能是效果拙劣的批评。那么马克思主义的文学批评、文化批评是否必然就是意识形态批评、政治批评，是否必然就与审美性、文学性相对立呢？从马克思、恩格斯等经典作家的批评实践来看，恰恰与此相反，文学性、审美性在其批评实践中占有极其重要的位置，他们将文学的审美性与政治性等因素十分恰切地相融合，为我们树立了光辉的典范。

（原载《西北大学学报》（哲学社会科学版）2012 年第 2 期）

关于马克思艺术生产理论的反思

陈奇佳

一

艺术生产理论是马克思主义文艺理论的重要基石。但实际上马克思本人很少明确地、直接地谈论艺术生产尤其是艺术内部的生产机制问题，其讨论重心一般聚焦在作为精神生产门类之一的艺术生产与整体精神生产之间共性与个性的关系问题上。这就是说，艺术生产理论虽然是马克思精神生产理论合逻辑的引申，但既有的引申视角是受到一定限制的，我们不能指望从马克思的论述中，找到现成的、凑手的答案来回应我们现实研究中的种种困难。

本文试图对马克思关于艺术生产的论述与我们今天对艺术生产整体性机制问题的思考之间存在的张力略作讨论。

以今天的眼光来看，马克思艺术生产观在个别论断上的历史局限是很清楚的，比如他对于艺术生产在资本主义生产体制中地位的忽视。虽然存在书籍、绘画等可以作为商品来流通的艺术品，但在当时的技术条件下，许多的艺术活动是很难被固化—物化的，也就难以被商品化。像舞台表演、歌唱虽然在一定条件下能够被当作商品出售，但受到了极大限制。一台再成功的演出，随着表演的结束，它作为商品的使用价值也就到了尽头，资本家不能指望在异时异地再把它向别的消费者兜售。因此，马克思认为："整个说来，这样一些劳动同资本主义生产的数量相比是微乎其微的量……可以把它们完全撇开不谈……"①

---

① 马克思：《资本论》第一卷第六册，《马克思恩格斯全集》第 49 卷，人民出版社 1982 年版，第 106 页。

这样的一个判断在今天看起来当然已经明显过时了。随着后来科学技术的发展以及各种现实情况的变化，艺术以及艺术相关部门的生产，已在资本生产体系中占有越来越重要的地位。依托现代科技，资本主义生产方式差不多已“能够应用”在全部人类范围内（至少是与人感官享受有关的范围内），并且它似乎具有一种特别的魔力，能够改造“事物的本性”，使得自己在一切领域中都能“应用”。因此，资本主义生产在艺术及文化领域中的“所有这些表现”，当然是不能够“置之不理”、“撇开不谈”了。

但这并不是问题的关键。对于马克思某些过时的判断人们完全不必大惊小怪。所谓的过时判断只说明了一点：在马克思展开对资本主义社会经济剥削本质和人的异化处境分析的时代，精神生产作为一个生产部门尚未在整个资本主义生产体制中占有重要地位。简言之，当时社会的精神活动的商品化还远没有达到后世那样成熟的境地。问题在于以下一些方面。

马克思尽管对整体的艺术规律问题有着非常深刻的认识，视野也非常开阔、全面，但他毕竟没有就艺术问题作完整的系统论述。一般情况下，他有关艺术本体论方面的见解都是在研究唯物辩证法、历史唯物主义和政治经济学的一般原则问题时作为不可回避的特例来谈论的。因此，不可避免地，各个局部上非常精彩的论述，整体上看起来，有时未能完全平衡，有些论断，也不无可疑争议之处。而真正糟糕的情况出现在马克思、恩格斯的身后。马克思与恩格斯（尤其是马克思）在讨论问题时总是十分全面、谨慎，但后起的一些论者却常常根据他们的只言片语引申出比较激进、极端的论断。当这些比较片面的论断与某一政治派别的某种特定诉求相结合后，其结果就很容易造成以非艺术或反艺术的东西来要求艺术，进而又将这种充满意识形态偏见的艺术理论当作政治标准去整合社会生活中其他的人类精神文化活动。

梅林在谈到《资本论》第二、第三卷编辑情况时曾这样评论：恩格斯从“遗稿中编成后两卷。这些手稿是一些笔记、梗概、札记；既有理路连贯的篇章，也有只供研究者本人利用的简短草稿”。“这些情况说明，我们不应到《资本论》后两卷中去寻求政治经济学上一切最重要问题的完满的现成的答案，而只应去寻求一部分这样的问题的提法，以及有关应该按照什么方向去探求这些问题的答案的指示。正像马克思的整个世界观一样，他的这部主要著作也不是包含着一成不变的最后真理的圣经；但它却是启发进一步的思考、促进进一步的研究和为真理而斗争的不竭的泉源。"①

我们认为，将梅林的这个意见应用到马克思文艺思想的研究中也是非常适合的。我们不应把从马克思各种遗稿中勾勒出来的关于艺术的见解当作艺术理论"完满的现成的答案"，更不应将之当作"包含着一成不变的最后真理的圣经"，我们应当从马克思整体思想建构的视角出发，回到马克思谈及各个具体艺术观念的语境，"去寻求一部分这样的问题的提法，以及有关应该按照什么方向去探求这些问题的答案的指示"。而在明确马克思的指示方向之前，我们认为还有几个问题应予以特别的思考。第一，艺术生产理论能否作为一般的艺术理论解释人类艺术活动的整体现象？其逻辑是否自足？第二，如果以艺术生产理论考量资本主义时代的文化艺术，市场体制到底对艺术活动产生了怎样的整体影响？第三，以生产理论的观点看，艺术有何独立的价值意义？

二

艺术生产理论能否作为一般的艺术理论解释人类艺术活动的整体现象？

本来，艺术生产理论作为唯物主义精神生产观的引申，这个疑问不应当存在。事情看上去是很清楚的："宗教、家庭、国家、法、道德、科学、艺术等，都不过是生产的一些特殊的方式，并且受生产的普遍规律的支配。"② 但马克思注意到了艺术问题的复杂性和特殊性。于是，他特别指出："关于艺术，大家知道，它的一定的繁盛时期决不是同社会的一般发展成比例的，因而也决不是同仿佛是社会组织的骨骼的物质基础的一般发展成比例的。"③ 尽管如此，马克思还是坚持认为，这一现象丝毫也不能动摇"精神生产随着物质生产的改造而改造"这一基本法则。产生于两千多年前的希腊艺术虽然在今天看起来"还是一种规范和高不可及的范本"，但"他们的艺术对我们所产生的魅力，同这种艺术在其中生长的那个不发达的社会阶段并不矛盾。这种艺术倒是这个社会阶段的结果，并且是同这

① ［德］梅林：《马克思传》，樊集译，人民出版社 1973 年版，第 482 页。

② 马克思：《1844 年经济学哲学手稿》，人民出版社 2000 年第 3 版，第 82 页。

③ 马克思：《经济学手稿（1857—1858 年）》，《马克思恩格斯全集》第 30 卷，人民出版社 1995 年版，第 51 页。

种艺术在其中产生而且只能在其中产生的那些未成熟的社会条件永远不能复返这一点分不开的”[①]。马克思的这个说法揭示了文艺体裁变化、文学内容表现与生产力水平、物质基础之间的宏观上的联系[②]，但还不足以成为艺术价值理论的基础，我们无法据此判断艺术作品的价值高低。而我们知道，价值问题是艺术理论的核心问题之一，人们对艺术的研究一时也离不开对艺术价值问题的关注。人们判断一个时代、一个作家艺术成就的高低，总是以它（他）贡献的艺术精品作为判断依据的，而不是以它（他）的产量。但能否从生产理论推导、建立艺术生产的价值判断机制，对此我们还需作进一步的思考。我们必须追问：是否生产力水平提高了，人类的艺术水平在宏观上、整体上也相应随之提高了？

“提高”这个字眼，运用在物质生产及自然科学的领域，很容易理解。如在自然科学上，牛顿力学作为物理学的基础当然还有着最重要的地位，但就对力学本身的认识上，现代人已经远远地超过了牛顿时代的物理学水平。但我们能否依此推论，说我们的艺术水平较之过去也“提高”了呢？或者说，一个人纵使具有弥尔顿、海涅这样的艺术水平，在今天，也将是不足挂齿的呢？——或者说，弥尔顿、海涅离我们还不够远，还可以用艺术领域的特殊性原则来解释，那我们是否能够说索福克勒斯、阿里斯托芬或阿尔基洛科斯等的艺术手腕如置诸现代，也是稀松平常的呢？

马克思关于希腊人是“正常的儿童”[③] 的说法似乎不足以回答这个疑问。且不论希腊人是否是“正常的儿童”，我们首先得质疑的是，为什么在“那些未成熟的社会条件永远不能复返”的情况下，希腊艺术在今天看起来“还是一种规范和高不可及的范本”？这一事实本身是否已经说明：艺术创造存在着一种超越生产力束缚的内在精神质量的规定性。这种规定

---

① 马克思：《经济学手稿（1857—1858 年）》，《马克思恩格斯全集》第 30 卷，人民出版社 1995 年版，第 53 页。

② 当然，这种说法能否解释各种文艺现象，则还是一个有争议的问题。比如，马克思谈到“任何神话都是用想象和借助想象以征服自然力，支配自然力，把自然力加以形象化；因而，随着这些自然力实际上被支配，神话也就消失了”（同上书，第 52 页）。但事实上，根据这近 150 年来文艺的发展情况看，神话并不是这样简单地就退出了历史舞台。在罗伯茨公司面前，武尔坎自有其生存的地盘；在避雷针面前，丘比特也有其生存的地盘，如此等等。此类现象，似不能以“人们科学文化水平还没有发展到足够的高度”之类的说法简单地加以解释。

③ 参见马克思在《〈政治经济学批判〉导言》中的解释，《马克思恩格斯全集》第 30 卷，人民出版社 1995 年版，第 53 页。

性尽管受到人类整体生产力发展水平（需要指出，我们在这里谈到“生产力水平”的概念时，多半借用了德国古典经济学家李斯特的观点，即认为所谓“生产力”应当包括精神、文化方面的要素）[①] 的影响，但它也是自为的。它的这种自为的规定性使人无法按照物质生产和知识积累一般的状况去接受前辈的艺术经验，而只能依靠个体根据每个时代各自独特的精神文化状况去随机捕捉适合于时代表现的艺术精神。或者说，这种规定性跨越了时空界限，本身即成为人的类本质的构成侧面？不然，马克思本人对古希腊艺术的热爱就有些令人费解了。“据拉法格说，马克思每年要把埃斯库罗斯的原著读一遍。他始终是古希腊作家的忠实的读者，而他恨不得把当时那些教唆工人去反对古典文化的卑鄙小人挥鞭赶出学术的殿堂。”[②]

三

如果以艺术生产理论考量资本主义时代的文化艺术，市场体制到底对艺术活动产生了怎样的整体影响？

这个问题的困难与前一个问题直接相关。由于不能肯定生产力的进步与艺术发展存在着一种确定的平衡关系，那么，资本主义生产对艺术的影响，我们就不能简单地以资本主义社会在物质生产方面所取得的巨大成就来说明问题。

那么，究竟应当怎样看待市场体制对艺术活动的影响呢？诚然，马克思曾经说过，“资本主义生产就同某些精神生产部门如艺术和诗歌相敌对”[③]。但这个别的判断并不能清楚地解释所有问题。马克思在这里说的是“某些精神生产部门”，举的也是伏尔泰想要用《亨利亚特》代替《伊利亚特》的例子——这个例子主要能够说明某些艺术样式的活跃自有其历史局限性，我们显然不能以此论断资本主义生产将注定损害诗人的诗情，更不能以此推断估价资本主义时代艺术创造的整体水平（亦即指证资本生产

---

① 参见［德］李斯特《政治经济学的国民体系》，陈万煦译，商务印书馆 1961 年版，第 124—127 页。

② 马克思：《资本论》第一卷第六册，《马克思恩格斯全集》第 49 卷，人民出版社 1982 年版，第 641 页。

③ 马克思：《剩余价值理论》第一册，《马克思恩格斯全集》第 26 卷第 1 册，人民出版社 1972 年版，第 296 页。

与艺术创作整体敌对，物质越发达、艺术越堕落等）。

所以，我们还是先回到马克思本人对资本主义制度与艺术创造整体关系的那些论断上去。他在关于19世纪欧洲社会的精神状况的著名论断中已指出了资本主义充满矛盾的二重性：一方面是进步，另一方面则是衰颓；一方面是财富的涌流，另一方面则是贫困的泛滥；一方面是科学的昌明，另一方面则是生命的物质化。①

而就艺术在社会上的存在状况而言，资本也存在着反艺术的倾向，也就是说，艺术的价值对资本来说是没有什么意义的（除非这种价值能够对资本增值产生作用，不过这时的"艺术价值"显然已经不是艺术立场上的价值了）："对商品来说，每个别的商品体只是它本身的价值的表现形式。商品是天生的平等派和昔尼克派，它随时准备不仅用自己的灵魂而且用自己的肉体去换取任何别的商品，哪怕这个商品生得比马立托奈斯还丑。"②"交换价值首先表现为各种使用价值可以相互交换的量的关系。在这样的关系中，它们成为同一交换量。因此，1卷普罗佩尔提乌斯诗歌集和8盎司鼻烟可以是同一交换价值，虽然烟草和哀歌的使用价值大不相同。作为交换价值，只要比例适当，一个使用价值和另一个使用价值完全同值。"③

那么，是否可以由此而推论，资本主义社会总体来说是一个遏制艺术、反对诗的社会？因此，过去那种生产关系比较简单的社会，倒是一个更符合人性需要因而至少在精神世界中也更适合于艺术发展的社会？

但马克思对此类推论极为反感。大多数情况下，他将这类意见斥为"为了要摆脱现代冲突而希望抛开现代技术"④ 的"浪漫主义幻想"。他认为，总体来看，社会生产的进步，最终是有益于人类的发展、丰富、完善的：

> 全面发展的个人——他们的社会关系作为他们自己的共同的关系，也是服从于他们自己的共同的控制的——不是自然的产物，而是历史

---

① 马克思：《在〈人民报〉创刊纪念会上的演说》，《马克思恩格斯选集》第1卷，人民出版社1995年版，第774—775页。

② 马克思：《资本论》第一卷，《马克思恩格斯全集》第44卷，人民出版社2001年版，第104页。

③ 马克思：《政治经济学批判》第一分册，《马克思恩格斯全集》第31卷，人民出版社1998年版，第420—421页。

④ 马克思：《在〈人民报〉创刊纪念会上的演说》，《马克思恩格斯选集》第1卷，人民出版社1995年版，第775页。

的产物。要使这种个性成为可能，能力的发展就要达到一定的程度和全面性，这正是以建立在交换价值基础上的生产为前提的，这种生产才在产生出个人同自己和同别人相异化的普遍性的同时，也产生出个人关系和个人能力的普遍性和全面性。在发展的早期阶段，单个人显得比较全面，那正是因为他还没有造成自己丰富的关系，并且还没有使这种关系作为独立于他自身之外的社会权力和社会关系同他自己相对立。留恋那种原始的丰富，是可笑的，相信必须停留在那种完全的空虚化之中，也是可笑的。资产阶级的观点从来没有超出同这种浪漫主义观点的对立，因此这种浪漫主义观点将作为合理的对立面伴随资产阶级观点一同升入天堂。①

资本异化、资本的剥削，诚然剥去了“一切所谓最高尚的劳动——脑力劳动、艺术劳动”的“神圣的外衣”。“全体牧师、医生、律师等，从而宗教、法学等，都只是根据他们的商业价值来估价了”，“一切等级的和固定的东西都烟消云散了，一切神圣的东西都被亵渎了”。但所有这些，所有“固定的僵化的关系以及与之相适应的素被尊崇的观念和见解”的“消除”，无一例外可视为是“巨大的进步”，是资本带来的历史的“巨大的进步”②。尽管不能将资本的这种历史进步性当作人性全面发展的本身，更不能认为人性自由发展的使命将最终在自由市场自然地实现，但没有疑问，资本异化包孕了人性未来发展的种子，或者说，我们可直接将资本异化当作人性未来发展的种子：

只有资本才创造出资产阶级社会，并创造出社会成员对自然界和社会联系本身的普遍占有。由此产生了资本的伟大的文明作用；它创造了这样一个社会阶段，与这个社会阶段相比，一切以前的社会阶段都只表现为人类的地方性发展和对自然的崇拜。只有在资本主义制度下自然界才真正是人的对象，真正是有用物；它不再被认为是自为的

① 马克思：《政治经济学批判（1857—1858 年手稿）》，《马克思恩格斯全集》第 30 卷，人民出版社 1995 年版，第 112 页。

② 此处论断可参见马克思《工资》，《马克思恩格斯全集》第 6 卷，人民出版社 1961 年版，第 659—660 页；马克思、恩格斯《共产党宣言》，《马克思恩格斯选集》第 1 卷，人民出版社 1995 年版，第 274—275 页等处。

> 力量；而对自然界的独立规律的理论认识本身不过表现为狡猾，其目的是使自然界（不管是作为消费品，还是作为生产资料）服从于人的需要。资本按照自己的这种趋势，既要克服把自然神化的现象，克服流传下来的、在一定界限内闭关自守地满足于现有需要和重复旧生活方式的状况，又要克服民族界限和民族偏见。资本破坏这一切并使之不断革命化，摧毁一切阻碍发展生产力、扩大需要、使生产多样化、利用和交换自然力量和精神力量的限制。①

具体到艺术的创造机制本身，资本主义的生产方式也绝不是没有意义的。就拿分工这一点来说，尽管从一方面看，“由于分工，艺术天才完全集中在个别人身上，因而广大群众的艺术天才受到压抑”②；但从另一方面看，从艺术展开的历史来看，艺术的分工在现实的社会中，也发挥着重要作用。马克思批驳施蒂纳关于“科学劳动和艺术劳动”的“唯一性”的见解③，认为即使是艺术劳动，无论是劳动表现的内容，还是其抽象的形式，抑或是它折射着不可度量的人性光辉的那部分活的精神元素，都必然地与现实的物质劳动实践有所关系。到了资本主义发展的阶段，市场活动甚至通过分工等形式内在地提高了艺术家的能力：

> 拉斐尔的艺术作品在很大程度上同当时在佛罗伦萨影响下形成的罗马繁荣有关，而列奥纳多的作品则受到佛罗伦萨的环境的影响很深，提威安诺的作品则受到全然不同的威尼斯的发展情况的影响很深。和其他任何一个艺术家一样，拉斐尔也受到他以前的艺术所达到的技术成就、社会组织、当地的分工以及与当地有交往的世界各国的分工等条件的制约。像拉斐尔这样的个人是否能顺利地发展他的天才，这就完全取决于需要，而这种需要又取决于分工以及由分工产生的人们所受教育的条件。④

---

① 马克思：《经济学手稿（1857—1858年）》，《马克思恩格斯全集》第30卷，人民出版社1995年版，第389—390页。

② 马克思、恩格斯：《德意志意识形态》，《马克思恩格斯全集》第3卷，人民出版社1960年版，第460页。

③ 同上书，第459页。

④ 同上。

另外，对一般水平的艺术劳动来说，分工也是有意义的。“巴黎对通俗喜剧和小说的极大喜好，促使从事这些创作的劳动组织出现了，而这种组织贡献出来的作品比德国的同这种组织竞争的‘唯一者’所写的作品无论如何要好一些。”①

不仅如此，资本主义的生产方式可能促使艺术创造的整体境界也出现革命性的变化：

> 资产阶级，由于开拓了世界市场，使一切国家的生产和消费都成为世界性的了……过去那种地方的和民族的自给自足和闭关自守状态，被各民族的各方面的互相往来和各方面的互相依赖所代替了。物质的生产是如此，精神的生产也是如此。各民族的精神产品成了公共的财产。民族的片面性和局限性日益成为不可能，于是由许多种民族的和地方的文学形成了一种世界的文学。②

显然，马克思、恩格斯在此谈到的“世界文学”，所指的绝不仅仅是由于世界市场的开拓造成的内容题材上的变化，它指的应是这样的一种艺术精神：这种艺术精神能够真正意义上从世界的角度，从全体人类的高度，来度量、权衡人类的本质问题（在这之前人们关于人类本质问题的讨论，其实都是从特定民族、特定区域出发的推断），而这种精神高度只有建立在世界市场的现实基础上才可能被经验、想象。

事情在这里就变得复杂了起来：一方面，资本世界是个“衰颓”的世界，“这种衰颓远远超过罗马帝国末期那段载诸史册的可怕情景”；另一方面，资本又在发挥着“伟大的文明作用”，它克服了“闭关自守地满足于现有需要和重复旧生活方式的状况”，它“破坏这一切并使之不断革命化，摧毁一切阻碍发展生产力、扩大需要、使生产多样化、利用和交换自然力量和精神力量的限制”。

对这一问题，马克思、恩格斯已从政治的角度谈到了解决方案，这就是发动无产阶级革命，让无产阶级——这个被现代资本主义体制生产出来

---

① 马克思、恩格斯：《德意志意识形态》，《马克思恩格斯全集》第3卷，人民出版社1960年版，第459页。

② 马克思、恩格斯：《共产党宣言》，《马克思恩格斯选集》第1卷，人民出版社1995年版，第276页。

的阶级掌握政权，便既能够发扬资本生产既有的先进性，又能够克服资本主义生产所造成的人性戕害。“要使社会的新生力量很好地发挥作用，就只能由新生的人来掌握它们，而这些新生的人就是工人。工人也同机器本身一样，是现代的产物。”①

但就艺术领域而言，马克思、恩格斯的上述理论仍然遗留了一些不容忽视的难点。第一，所应许的无产阶级的未来并不能明确回答这一问题：资本主义制度是否有助于艺术的整体发展？第二，如果资本制度整体上对艺术发展有利有弊（按照笔者的个人观点，马克思似乎是倾向于前者的），那么在什么阶段、在怎么样的状况下，资本主义的消极作用主导了社会文化的发展趋向？这种社会文化“衰颓”的趋势是否是不可逆的，是否注定体现在文学艺术中——就是说，社会的“衰颓”是否一定导致文学的“衰颓”？第三，既然“无产阶级身上实际上已完全丧失了一切合乎人性的东西”②，“失去了自己”，那它又应在何种尺度上重新找回自己，并以此为基础批判资本主义的文化与艺术？第四，资本主义文化的发展状况能否简化为这样的模式：早期，由于资产阶级的进步性，其文化艺术整体上也是进步的；后来，随着无产阶级队伍的壮大，资本主义制度越来越暴露出不适应生产力发展的一面，由它主导的社会文化也就越来越显现出腐朽、堕落、低级趣味的一面？对许多马克思之后的理论家来说，如不确证这一点，似乎就没法确立无产阶级文化批判的合法性。

需要指出，从无产阶级文化、艺术后来的历史发展经验来看，前述隐含的、有待讨论的问题，在一些人的理论中却被政治化的判断所取代，并引发了一些较为激进的后果。这一趋向，和社会主义阵营中流行的过分低估市场经济生产潜能的思潮很有关系（无须避讳的是，马克思、恩格斯，主要是恩格斯的某些观点推动了这一思潮）③。照这种思潮的说法，市场经济体制差不多是近代社会罪恶的渊薮，它将越来越不能适应生产力发展的需要，在一个无须太长的时间阶段里，它即将被从自己生产体制发展出来

---

① 马克思：《在〈人民报〉创刊纪念会上的演说》，《马克思恩格斯选集》第 1 卷，人民出版社 1995 年版，第 775 页。

② 同上。

③ 可参见［德］恩格斯《反杜林论》，《马克思恩格斯选集》第 3 卷，人民出版社 1995 年版，第 633—634 页；［德］恩格斯《社会主义从空想到科学的发展》，《马克思恩格斯选集》第 3 卷，人民出版社 1995 年版，第 759—760 页等处。

的高度发达的社会生产力所摧毁。而从研究一面来看，既然这种生产体制是一个垂死的、腐朽的、即将被摧毁的体制，研究这种体制内在的独特的精神文化生产方式就没有什么太大的意义了。

四

以生产理论的观点看，艺术有何独立的价值意义?

前面已经较多地谈到了生产对艺术的制约性作用。那么反过来，艺术对生产又有什么反作用呢?或者退一步说，在整个生产体系中，艺术是否可能具有一种相对独立的价值立场呢?

显然，马克思并不关心这样一个问题。一般地说来，他总是强调生产对于艺术的优位性，强调艺术对生产体系主动地、积极地表现与反映——如果能够吻合革命理论并能恰当地表现出被压迫阶级（阶层）反抗愿望的，自然更属上乘。而对那些偏离生产理论的基本原则，甚至从其他各种明显错谬学说中建立自己价值立场的创作，马克思一概表示了自己无情的鄙视态度。这其中，浪漫派（除了海涅）遭到了他的严厉批评：

> 批评化的庸人……可以郑重其事地把自己本能上的发育不全完全相反地说成是道德上的十全十美。例如各国人民的宗教幻想把无罪的时代、黄金时代列在史前时期（当时还根本没有任何历史发展，因此也没有任何否定、任何背弃），从而辱骂了整个历史。又如在轰轰烈烈的革命时代，在强烈的、激情的否定和背弃的时代，例如18世纪，出现了正直而善良的大丈夫，出现了以停滞状态的田园生活来同历史的颓废相对抗的素有教养、作风正派的盖斯纳之类的色鬼。但是为了嘉奖这些田园诗人（他们也是一些批评化的道德家和道德化的批评家），应当说，他们在评定牧人和山羊两者在道德方面谁数第一时所表现的那种犹豫不决的态度是诚恳的。①

作为一个读者，马克思当然有权根据自己的趣味拣选自己喜爱的作家

---

① 马克思:《道德化的批评和批评化的道德》，《马克思恩格斯全集》第4卷，人民出版社1958年版，第329页。

并予自己讨厌的作家以严厉的酷评。但问题在于，如果后来的理论家将这类判断的适用范围扩大甚至当成艺术的基本法则之一，这就会带来很多问题。我们认为，生产理论能够作为艺术理论的基础这一点，并不意味着作家需要有意识地以生产理论作为自己价值判断的根据，这更不意味着作家在创作时必须对一切有益于物质生产的东西都持理性理解、积极赞同的态度。如果是这样，艺术家们得以展现身手的舞台就未免太狭小了。事实上，这种思维在创作论上也是根本不可行的。这很容易把事情弄到这样的田地：艺术家如果不熟读《资本论》并且完全赞成其立场就无法从事创作。

艺术理论并不是马克思生产研究的主要思想问题。因此，他有关艺术的论断不能解释全部的艺术现象是很正常的事情。并且，在他逝世一百多年后，整个世界情况已发生了如此深刻的变化，我们今天再来学习、理解他的思想，当然就更需要进行多方面的重新诠释了。限于学力，我们还远远不能够对马克思主义的一般艺术理论提出什么框架性的建议。不过我们也认为，本文所讨论的几个方面的问题是我们今天在研究马克思主义艺术理论时所必须慎重对待、妥善处理的问题。

（原载《江苏社会科学》2011 年第 4 期）

新世纪以来国内西方马克思主义文学批评研究现状及问题*

魏天无

在当今世界马克思主义文学批评领域，经典马克思主义文学批评、俄苏马克思主义文学批评和西方马克思主义文学批评是三支重要力量，特别是异军突起的西方马克思主义文学批评，已成为现代西方文学理论批评中的生力军，具有明显区别于其他理论批评的形态特征，对中国当下文学批评也产生了深广影响。相形之下，中国的马克思主义文学批评在近百年的将马克思主义基本原理同中国实践相结合的本土化历程中，虽然在各个历史时期屡有建树，涌现了一大批优秀的马克思主义批评家和批评文本，但却缺乏明晰的批评范式、问题域以及属于自己的独特的概念术语、话语模式。随之而来的是，在全球一体化和多元文化的碰撞、交流中，中国马克思主义文学批评难以发出自己的声音，并在世界范围内的文学批评中占据一席之地。因此，从批评形态的角度，探讨建构马克思主义文学批评的“中国形态”，就显得尤为重要。这一建构很重要的一个方面，是从形态比较的角度，分析西方马克思主义文学批评与中国马克思主义文学批评在批评范式、问题域及其理论模式、方法等方面的异同，研讨西方马克思主义文学批评形态的形成对“中国形态”建构的启示。

在韦勒克那里，文学批评这一术语不仅指对个别作品和作者的评价，而主要是指有关文学的原理和理论，可以涵盖批评理论和批评实践。新时期以来，有关西方马克思主义文艺理论的研究成果较为丰富，这些成果也或多或少地内含对批评理论、批评实践的研讨。从研究马克思主义文学批

* 本文为2011年度国家社科基金重大项目“马克思主义文学批评的中国形态研究”的阶段性成果，项目编号：11&ZD078。

评“中国形态”的需要出发，本文主要评述的是21世纪以来涉及西方马克思主义文艺理论对中国马克思主义文艺理论的影响、西方马克思主义文艺理论形态以及中西马克思主义文艺理论异同比较等方面的研究状况及存在的问题，以便为马克思主义文学批评“中国形态”的建构提供研究思路、模式、方法的借鉴。

一 西方马克思主义文艺理论对当代中国马克思主义文艺理论的影响、启示研究

这一类研究非常丰富和活跃，由于在不同层面展开，学者们的意见和观点不尽相同。

第一种意见关注西方马克思主义文艺理论对中国新时期以来文艺理论的深层次影响，认为这是两者在发展过程中有相似或相同的境遇、动力、结构以及所关注的核心问题所致。这种意见认为，西方马克思主义复兴马克思主义大致有三条路径，其一是发掘马克思思想中长期被遮蔽、未能注意和吸收的部分，就是提倡“回到马克思”；其二是把20世纪当代西方哲学文化思潮中的某些可取之处，作为思想资料改造和补充到马克思主义；其三是把目光投注到现实社会，试图用马克思的原理和当代伟大思想的成果，去解决当代资本主义社会的艺术、审美等问题。而这些路径与中国新时期发展马克思主义文论的路径是一致的。此外，在西方马克思主义理论结构中，既有马克思主义的原理部分，又有当代思想文化的最新成果，还有面向现实的维度，这种理论结构也与中国新时期文论的理论结构相一致。新时期中国的文学批评是在马克思主义基本原理的正确指导下，对西方当代思想合理吸收，对传统文论精华再度发掘等综合因素的整合之中，面对新情况、新问题而作出的探索和解答。上述深层次的影响主要包括对以下问题的提出和阐释：艺术与美学的人道主义、现实主义与现代主义之争、艺术生产论、艺术的文化阐释学、艺术的人文精神的失落与拯救问题、大众文化问题、语言学转向与马克思主义文艺学方法论等。[①]

---

① 参见冯宪光《“西马”文论与当代中国文论建设》，《文学评论》1999年第1期；《西方马克思主义文论对中国新时期文论的影响》，《四川大学学报》（哲学社会科学版）1999年第1期；《批判地吸收国外马克思主义文艺学的成果》，《甘肃社会科学》2002年第4期。马驰：《西方马克思主义文艺理论研究中值得关注的几个问题》，《文艺理论与批评》2010年第1期。

第二种意见则从话语形态的角度，探讨西方马克思主义思潮及其文艺理论对中国马克思主义文学批评“当代形态”建构的启示。有学者认为，20世纪中国文艺理论是在西方近现代文论与思潮的直接影响下发展生成的，它伴随社会、时代及文学实践的发展，基本上是在启蒙与救亡、政治与权力及多元共生的框架中转换的。虽然在三次转换中中国文艺理论的发展很不相同，但有一个较为突出的共同特征，那就是搬用外来的东西或教条的东西多，还没有建立起属于中国、具有“当代形态”的中国文艺理论及其话语。就西方马克思主义文艺理论和美学来说，总体上是一种与文化、意识形态、政治批判直接联系在一起的文艺理论和美学。20世纪西方马克思主义文艺理论家，继承和发展了经典马克思主义的精神内涵，他们提出的一系列命题与19世纪马克思主义文艺理论虽有所不同，但基本精神却是一脉相承的。正是如葛兰西、卢卡契、本雅明、阿尔多诺、雷蒙德·威廉斯、伊格尔顿、詹姆逊等这些当代西方马克思主义者，使马克思主义文艺理论在继梅林、普列汉诺夫以后，具有了20世纪的现代理论形态。但从总体和主要倾向来看，这些被称为马克思主义的文艺理论和美学已经脱离了马克思、恩格斯从物质生产实践的发展出发来观察、解决包括文学艺术在内的一切意识形态的历史唯物主义观点。[①] 另有学者指出，西方马克思主义思潮及其文艺理论对建构当代中国马克思主义文艺理论话语形态的启示和借鉴，主要体现在五个方面：一是如何理解理论创新与经典理论的关系问题，即要以理性的而非信仰的态度对待经典，要以对话的而非教条的方式对待经典。二是如何理解马克思主义与其他主义的关系问题。西方马克思主义的实践证明，只有在与其他理论的激荡砥砺中，才能形成形态各异、异彩纷呈的马克思主义文论流派。三是如何把握理论创新与时代和现实生活的关系问题。西方马克思主义的相关理论、思想在我们的当下社会中之所以具有如此强劲的影响力，是因为其理论、其所提出的问题及解答，在很大程度上与我们目前所处的社会环境、所面临的各种状况具有诸多相似之处。理论的生命力来自于对时代与现实问题的解答能力。四是如何把握理论创新与文学实践的关系。话语形态的建构不仅来源于各种哲学思想理论资源，还来源于时代与现实的需要，也有赖于对文学实践的总结与提炼，即理论、现实和文学实践三者的有机统一。五是要在

① 危磊：《国外马克思主义文论与当代中国文论的建构》，《江西社会科学》2005年第1期。

一些重要理论问题上重点突破。西方马克思主义在异化、意识形态、艺术生产等问题的突破，都与其对现实、对当代人的社会心理的深刻洞察等紧密关联。①

第三种意见则认为，西方马克思主义文艺理论对当代中国马克思主义文艺理论的影响、启示主要体现在其精神实质，同时也要注意它的负面作用。有学者在20世纪末撰文指出，西方马克思主义最有价值的内涵是它的批判精神，它提出和发展的社会批判和文化批判理论，对于我们反省现代化进程中的种种负面现象，抵制物欲的膨胀和拜金主义盛行，具有可贵的启发和借鉴作用。但另一方面，它的浪漫主义和乌托邦气质，它对现代化的拒斥态度，有可能在中国引起“半是挽歌，半是谤文；半是过去的回音，半是未来的恫吓”般的反响，造就出几个西方“新左派”的盲目追随者和蹩脚模仿者，有碍于中国走向世界，走向现代。② 21世纪以来，特别是近年来，对当代中国马克思主义文学理论中“西马化”倾向及模式所存在的弊端，进行批判性反思的研究日益增多。有学者认为，马克思主义文学理论的中国化进程，诚然应当吸收和借鉴包括“西马”文学理论在内的外国文学理论的优秀成果，但必须以本民族的经验和需求为根基。如果这种“中国化”的进程，不能同当代中国的社会发展实际、同中国文化的民族特性相结合，那么，这种文学理论必将成为不能解决“中国问题”的空洞说教，或者将会把文学的创作与批评引向歧路。③ 同一学者指出，国内对西方马克思主义文学理论的研究存在明显的缺点和不足，主要表现在“三多三少”上：一是对西方马克思主义文论直接引进、静态介绍得多，对它进行深入透析、价值判断、去伪存真、去粗取精得少；二是对西方马克思主义文学理论家的个别人物和单个问题研究得多，将其作为一个普遍现象和理论系统从宏观视角加以批判分析得少；三是对西方马克思主义文学理论同现当代西方文艺学美学衔接和融会得多，与经典马克思主义文艺学美学衔接和融会则比较少。④ 也有学者指出，自20世纪初从卢卡契开始，仅就其文学批评理论来说，西方马克思主义表现出从“重写”到“改

① 张永清：《从“西马”文论看当代马克思主义文论话语形态的建构》，《文学评论》2010年第5期。

② 徐友渔：《西方马克思主义在中国》，《读书》1998年第1期。

③ 董学文：《文学理论研究的“西马化”倾向》，《湖南社会科学》2011年第1期。

④ 董学文：《文学理论研究“西马化”模式的反思》，《天津社会科学》2011年第3期。

写”马克思主义本文意义的倾向。因而，对国内的文学理论工作者来说，厘清“西马”批评理论、文学理论与马克思主义思想之间的关系，或者有效地从“西马”批评理论中分离出与马克思主义相“异质”的话语，是一个根本性的理论前提。历史地看，“西马”的批评理论中的这种“异质话语”主要体现在三个方面：一是取消文学实践主体的倾向，二是泛化意识形态的特征，三是去唯物主义化（dematerialisation）的话语特征。“西马”文学批评理论中的“非马克思主义”话语，制约了它自身的理论效果，局限了它的理论普适性。在今日大多数“西马”批评理论家在“意识形态”理论语境中匆匆投入“话语斗争”、“文化研究”、“文化批判”的情况下，如何“回到文学问题本身”，如何将“西方马克思主义总体性批评”所提出的有益的命题，重新纳入中国本土文学的理论思考语境之中，进而形成我们自己系统的、科学的文学理论，理所当然地成为一个新的课题。① 另有学者反思西方马克思主义文艺理论在中国的历史效果，认为将西方马克思主义文艺理论纳入中国本土文学理论研究语境中，纳入对文学理论当下建构的反思性视野之中，诚然是一个重要课题，然而，如何在本土性视野中辩证地而非僵化地、复杂地而非简单地、历史地而非静止地认识和阐释所被纳入的对象及其异质性，却是一个更为根本的前提性课题，否则，思维方式的僵化将会指斥西方马克思主义文论的“异质性”为“非马克思主义性”，甚至指责所谓文艺学“西马化”倾向为危害。简单化将流于西方马克思主义文论的伪同一性之障目一叶；静止化将对于西方马克思主义文论的具体性和历史性产生选择性失明。由此带来理论上的削足适履与批评上的话语暴力的危险将自不待言。②

二 对西方马克思主义文艺理论形态的研究

相对而言，这一类研究显得较为匮乏，亟待加强。现有研究的视角及观点主要有：

一是知识谱系角度。从这一角度，有学者把20世纪马克思主义文艺理论划分为原典形态、承传形态、阐释形态和创新形态。据此有学者认

① 赵文：《“西方马克思主义”文学批评理论的局限》，《湖南社会科学》2011年第1期。

② 孙士聪：《反思西方马克思主义在中国的历史效果》，《湖南社会科学》2011年第4期。

为，20 世纪的马克思主义是马克思以后的马克思主义，都是马克思主义的承传形态。而且，20 世纪的马克思主义理论家只有面对新情况作出新的阐释和创新，也才有可能成为传承形态。[①]

二是哲学本体论角度。有学者认为，20 世纪西方马克思主义文艺理论毕竟是马克思身后的马克思主义文艺理论，它本身是对马克思主义文艺思想的继承，同时又是对马克思文艺思想的新的理论建构。也因为如此，20 世纪西方马克思主义文艺理论在马克思主义文艺理论一元化本体论思想的指导下，展现出人类学文论、意识形态批评文论、艺术生产文论与政治学文论四种具体的理论形态，其中，政治学文论可以看作是前三种理论形态的归宿与落脚点。这四种理论形态不仅是对马克思主义文艺理论的继承与发展，更是对其进行新的理论阐释与建构活动的结果。在结合历史与现实思想文化语境的马克思主义文艺理论的发展与流程中，它们共同构成马克思主义文艺理论本体论的主要逻辑架构体系与空间性的具体存在形态，奠定了马克思主义文艺理论的扎实基础与敞开的发展前景。这四种理论形态也大致勾勒出了 20 世纪西方马克思主义文艺理论的本体论形态。当然，这四种本体论形态在个别理论家身上以及个别西方马克思主义文论中，都存在着交叉、融合、整合的特征。[②] 冯宪光著《在革命与艺术之间——20 世纪国外马克思主义政治学文艺理论研究》、傅其林著《审美意识形态的人类学阐释——20 世纪国外马克思主义审美人类学文艺理论研究》、温恕著《精神生产与艺术生产——20 世纪国外马克思主义艺术生产理论研究》和邱晓林著《从立场到方法——20 世纪国外马克思主义意识形态文艺理论研究》即是对上述四种理论形态的专门研究。

三是着眼于西方马克思主义与现代主义关系的角度。有学者对两者的关系作了系统的梳理和回顾，指出，20 世纪以来，西方马克思主义与现代主义发生了三次重要的相遇，在这三次相遇中，西方马克思主义美学或文化批评呈现出了三种理论形态：现实主义的、现代主义的与后现代主义的。它们从各自的方面丰富和扩展了马克思主义本有的社会批判品质，使

① 冯宪光：《当代马克思主义文艺理论本体论形态问题》，见冯宪光著《在革命与艺术之间——20 世纪国外马克思主义政治学文艺理论研究》“导论”，巴蜀书社 2008 年版，第 3 页。

② 参见冯宪光《当代马克思主义文艺理论本体论形态问题》，见冯宪光著《在革命与艺术之间——20 世纪国外马克思主义政治学文艺理论研究》“导论”部分；冯宪光：《20 世纪西马文论本体论的主要形态》，《外国文学研究》2005 年第 4 期。

马克思主义的话语成为今日西方文化研究中不可或缺的一维。①

三 中西马克思主义文艺理论的比较研究

这一类研究虽以“比较”为题、为行文框架，但数量有限，且普遍存在观点陈旧、内容空泛、问题意识不够明确等不足。如有学者对中西马克思主义文学观念政治意识化作出比较分析，认为马克思主义经典文艺理论观念的形成对当代东西方文学艺术的发展产生了极大影响，中西马克思主义文艺理论观念的形成都是与不同的政治意识紧紧地交合、渗透在一起的。中西马克思主义的文艺观念都在努力阐释和宣传经典的马克思主义，但由于各自所处的具体社会历史环境不同，各自的政治思想和理论观念不同，因而他们各自的理论内涵和对社会文化发展的影响也大相径庭。② 另有学者对毛泽东文艺思想与西方马克思主义文艺理论本质论进行比较，认为两者都强调文艺的社会学特征，即强调社会对文艺的决定作用和文艺对社会的反作用，但在具体侧重点上有所不同。西方马克思主义文艺理论更重视现实主义、悲剧、典型等问题，而毛泽东文艺思想强调文艺为人民服务、深入生活、改造世界观、文艺的教育作用和认识作用等。③ 类似这种以“比较”为名所得出的中西马克思主义文艺理论的同与异，并没有超越人们的一般性认识。而且，在比较对象的选择上，也缺乏严密的学理依据。

与此不同，对中西马克思主义文艺理论中共有的核心范畴、概念的比较研究值得我们注意。如有学者对中西马克思主义文艺理论中的“意识形态”观念进行比较，认为西方马克思主义主要从贬义和中性层面理解这一概念，他们虽然并不否认文学的意识形态性，但是将更大的精力放在文学与意识形态的对立上，强调文学的审美特性。相对而言，中国马克思主义文论把出发点放在另一极，即从文学的意识形态属性出发，论证文学作为

---

① 吴琼：《解读现代主义——西方马克思主义与现代主义》，《中国人民大学学报》2001 年第 2 期。

② 朱印海：《中西马克思主义文学观念政治意识化的比较分析》，《学习与探索》2010 年第 1 期。

③ 高玉：《毛泽东文艺思想与西方马克思主义文艺理论本质论比较》，《襄樊学院学报》2000 年第 1 期。

“审美意识形态”和政治意识形态的距离，以此确立文学的审美特性。[①]同一学者也对中西马克思主义文艺理论中“接受者”的地位问题作出比较，认为，虽然两者都突出强调了接受者的重要性，从表面上看，接受者的主体性得到张扬，实际上这只是话语本身的虚构，政治话语和审美话语都是想以接受者为中介，达到社会变革的目的。即使像法兰克福学派那样非常关注个体自身的解放，那也是审美话语观照下的有选择性的解放。中西马克思主义理论家都试图恢复接受者的主体地位，最终却陷入了话语的悖论，即接受者只能在话语中被赋予主体性，这样产生的只能是抽象的主体。接受者都不具有真正的主体性，而只是有着“被建构的主体性”。[②]

从上述概述中，可以看到21世纪以来国内西方马克思主义文学批评研究呈现如下特点和问题：

第一，这类研究总体上还是在作历时性叙述和阐释，缺乏宏观、整体的共时性关系的论述。共时性关系的论述实际上意味着需要从比较研究的视野出发，对西方马克思主义文学批评中卓有影响的各种流派、潮流及其代表性人物之间异同进行比较分析，从总体形态上把握其各自特点，以寻找对建构马克思主义文学批评“中国形态”的镜鉴。比如对法兰克福学派的研究，更多的是从其缘起、发展历程、主要人物及主要思想、学派影响等方面展开，而少有从批评形态及批评实践的角度，对其不同阶段的代表人物及其思想作纵向或横向的比较。

第二，有关西方马克思主义文艺理论对包括中国马克思主义文艺理论在内的当代中国文艺理论的影响和启示的研究，受到学者的普遍关注，是这一时期研究的亮点。不过，这一类研究主要遵循的是影响—接受模式，即研究者是基于两者在发展过程中有某些相似或相同之处，来探讨西方马克思主义文艺理论对中国马克思主义文艺理论的“强势渗透”，以及其间所出现的诸多问题，而没有采用影响—接受—建构的研究模式，即未能将研究触角延伸到对中国马克思主义文艺理论在主动或被动地接受相关理论之后，如何予以创造性转换、融合，以形成自己独特的理论话语这一地步。“中国形态”的研究由此也更强调主体的建构性和理论的思辨性。

---

① 谭善明：《文艺与意识形态的张力——中西马克思主义文论意识形态观念比较》，《长春工业大学学报》（社会科学版）2008年第1期。

② 谭善明：《被建构的主体性——论中西马克思主义文论中接受者的地位问题》，《黑龙江社会科学》2008年第1期。

第三，在西方马克思主义文艺理论形态研究方面出现了一些新的值得注意的成果。尽管这一类成果或着眼于马克思主义哲学本体论，或着眼于西方马克思主义与现代主义思潮的“相遇”，而不是侧重于中西马克思主义文学批评形态异同的比较，但都对如何建构马克思主义文学批评“中国形态”的研究提供了思路、方法上的启示。批评形态的研究关联着对某种批评的知识话语系统的考察，它的范式、问题域、概念术语等也只能放在特定的知识话语系统内，才能得到准确的理解和阐释。

第四，有关中西马克思主义文艺理论的异同的比较性研究，一直没有中断。但这一类研究中存在的主要问题并未取得实质性的改观，主要表现在：一是所比较分析的问题比较陈旧，如文艺本质论、文艺的政治意识形态性、文艺的社会学特征、文艺的内容与形式关系等；二是所比较的若干问题或对象之间缺乏缜密、合理的逻辑与学理关系，有为比较而比较之嫌；三是比较研究的目的往往较为模糊，缺乏明确的问题意识。

如果将视野扩展到30年来国内西方马克思主义研究的总体状况，我们会发现：（1）对西方马克思主义整体思想、哲学思想及其代表性学派、人物的研究，重于对文艺理论、文艺美学的研究；（2）在西方马克思主义文艺理论、文艺美学研究中，对其形形色色的现代主义、后现代主义艺术观念，以及大众文化理论等的研究，重于对文学批评理论、批评实践的研究；（3）在西方马克思主义文学批评理论、批评实践的研究中，对个案的研究重于对整体态势的研究。尽管上述研究之间存在密切的逻辑关联，并非彼此割裂，也不应割裂开来对待，但是，对西方马克思主义文学批评，特别是对其整体发展态势、范畴、问题域等的研究，处于相对薄弱的一端；对文艺理论、文艺美学的研究取代了对文学批评相对独立的审视。因此，从文学批评学科性质和要求出发，在批评实践活动和批评文本中考察其理论、范畴、模式、方法的演变及其构成，这一类研究没有获得应有的重视。而从批评形态比较的视角，深入探讨西方马克思主义文学批评对中国马克思主义批评的挑战及其应对方式，在全球视野中比较中西马克思主义文学批评在形态构成上的异同及其存在的问题，推动中国马克思主义文学批评在新的社会历史语境中的发展和完善，使之在理论形态结构中既能容纳经典马克思主义的原典思想，又能吸收当代世界思想文化——包括西方马克思主义思想文化——的最新成果，同时具有面向中国社会现实的维度方面，这一类研究亟待加强。

英国学者佩里·安德森认为："西方马克思主义整个说来，似乎令人困惑地倒转了马克思本身的发展轨道。马克思这位历史唯物主义的创始人，不断从哲学转向政治学和经济学，以此作为他思想的中心部分；而1920年以后涌现的这个传统的继承者们，却不断地从经济学和政治学转回到哲学。"[①] 从这个意义上说，对西方马克思主义整体思想及哲学思想研究的重视，符合其自身发展的历史轨迹，也是这一研究题中应有之义；同时，对文艺理论、文艺美学，包括文学批评的研究也不可能脱离哲学思想研究的指导。此外，西方马克思主义始终把目光投注到资本主义发展的现实境况之中，创造性地运用经典马克思主义的原理和当代思想文化成果，试图解决当代资本主义的社会问题和艺术、审美问题，因此，其文艺理论、文艺美学的内涵和外延均发生了很大变化，更多地具有社会批判和文化批判的锋芒，更多地关注文学—文化的整体性互动研究。不过，这种转向并不能成为我们忽视对西方马克思主义文学批评研究的借口，恰恰应当成为重新审视中国马克思主义文学批评现状及其问题的契机。美国学者布赖斯勒认为，今天的马克思主义文学批评已经从结构主义、解构主义、女权主义、新历史主义批评等这些不同的批评那里吸收了许多思想，并逐渐发展成众多不同的理论，也出现了各种各样的马克思主义批评流派。正因为如此，将西方马克思主义文学批评作为一种具有同质性和差异性的理论形态，并且与中国马克思主义文学批评进行比较研究，以建构起马克思主义文学批评"中国形态"，这一工作显得既艰难又迫切。

[原载《中国政法大学学报》2012年第2期（总第28期）]

① 佩里·安德森：《西方马克思主义探讨》，高等译，人民出版社1981年版，第68—69页。

西方马克思主义文化批评的理论指向

王晓路

经典马克思主义分析的对象是资本主义社会本身，它奠定了观察、解释资本主义社会的宏观政治学基础，对于资本主义内部的资本运行方式提供了有力的分析模式和理论再生产的诸种可能性，因而这一宏观政治学蕴含了极其丰富的子视阈和子题域。所以，不论当代资本主义社会的具体形态是什么，马克思主义都成为分析的起点。在后结构主义思潮的影响下，西方学者在各个分属领域中都展开了极为广泛的西方马克思主义式的微观政治学探讨，将人类解放细化到社会正义、种族、性别、文化身份的公正上。社会形态受制于时代的物化条件，其中包括技术和社会体制等外部确定性条件。显然，当代西方社会与经典马克思主义的时代有着不同的内在结构和外部显现特征，其中个体和群体的问题均必须置于这一政治、经济、社会、文化的关联结构中才能得到有效的凸显。按照剑桥大学社会学系讲座教授瑟博（Göran Therborn）的观点，“现代政治的社会空间（social space）至少有三个关键性参数：国家、经济和‘社会模式’”。① 而其中的“政治领域的参数在战后已经转移。存在着某种旨在寻求左翼和右翼之间平衡点的空间。首先出现了环境政治……第二种族和性别身份的政治在世界一些地区显得更为重要。”② 在这一历史背景下产生的文化产品和理论思考，社会文化的角度至关重要，因而当代欧美人文社科领域的学术生产，实际上都不同程度地起着支撑马克思主义的作用。“学界、智囊团和公共

① Göran, Therborn, *From Marxism to Post-Marxism*. London: Verso, 2008, p. 4.

② Ibid., pp. 25 - 26.

研究机构等，依然在广泛的领域中支持马克思和其他左翼思想。”① 在这一场持续久远的探讨中，马克思主义的诸多元命题在欧美人文社会科学领域中获得了持续的补充、修正或改写，成为不断被挖掘的理论资源。

欧美学界研究马克思主义的学者大致可以分为两类：一类主要依据经典马克思主义的学说进行再研究，并紧紧围绕新的时代特点进行补充和阐释。另一类并非专门研究马克思主义，但他们在各自的人文社科领域中不得不遭遇马克思，所以他们的研究也涉及了大量马克思主义的观点和问题，其中尤以性别研究、种族研究、文化批评和文化研究为甚。西方马克思主义学者们的种种理论话语的尝试，无不彰显着上述努力。② 因而西方马克思主义是一种国际性的思潮，有着广阔的前景。

西方马克思主义是自20世纪20年代初期开始企图把马克思主义与西方哲学相结合所产生的具有国际性影响的思潮……在理论上，西方马克思主义不仅重视对马克思主义哲学的研究，而且把马克思主义理解为一种社会历史理论。不仅重视资本主义社会普遍存在的物化或异化现象这一根本问题，而且把马克思的辩证法理解为历史辩证法或主体—客体辩证法，反对恩格斯的自然辩证法。在用总体性原则去分析社会现实时反对第二国际的庸俗经济决定论，并特别重视意识形态对社会现实的作用。在用实践本体论扬弃了旧的物质本体论时，体现了马克思主义实践唯物主义的真精神。在对当前世界面临的一些重大问题，如后工业社会问题、全球化问题、生态问题上也有独到的研究。直到今天，把马克思主义与当代西方各种新思潮融合的倾向仍在扩张着……这表明了西方马克思主义思潮仍然有着广阔的前景。③

台湾地区马克思主义学者洪钎德先生在总结西方马克思主义的理论话语时，特别说明了这一理论的几个特征。

西马最简单的描述可以总结出至少有三点：（1）文化议题的突出；（2）以人为本位的知识观之坚持；（3）概念设备之广博性与折中精神……不论奥［奥地利］马也好，西马也好，都在致力于“文化批判”

① Göran, Therborn, *From Marxism to Post-Marxism*, London: Verso, 2008, p. 33.

② Goldstein, Philip, *Post-Marxist Theory: An Introduction*, State V of New York, 2005, Preface; Jacoby, Russell, *Dialectic of Defeat: Contours of Western Marxism*, Cambridge: CUP, 1981, p. 3, Sim, Stuart, ed., *Post-Marxism: A Reader*, Edinburgh: Edinburgh UP, 1998, Preface.

③ 李鹏程主编：《当代西方文化研究新词典》。吉林人民出版社2003年版，第324—325页。

(Kulturkritik) ……因为一开始它就是西方文化危机的理论，是对布尔乔亚文明大力抨击的学说……西马不但从坚决反对工业化的精神面貌中成长出来，也以批判工业文明而茁壮。一言以蔽之，就是拒绝现代的社会价值。①

西方马克思主义在经典马克思主义的宏观政治学的基础上，以复数形式将几乎所有微观政治学的各个分支进行了重新界定、整合和分析，希冀与当代社会特质同步，以多元解释系统取代单一经济地位支配上层建筑的解释方式，以政治、经济、文化和社会的多重结构取代基础/建筑式二元结构，用异质取代同质。

单一或同质的马克思主义是过去的马克思主义。马克思主义呈现出了色彩，有时附带了其背景条件。马克思主义发展成了复数的马克思主义……这种复数的马克思主义内在的巨大差异导致了一种理论的差异。不同马克思主义的种种形式被当作了各种截然不同的范例或个案。每一种马克思主义均是独特的，有其自身的历史、文本、领衔人物、造诣和问题。②

因此，马克思主义在欧美持续的理论发展有着外部条件巨大的作用。由于当代社会经济主导模式不是主要停留在开发型和生产型，而是与消费、风险和流通型交叉在一起，于是身份变换和认同成为当代社会一个不可忽略的现象。它带来了社会矛盾聚焦点的变化，其中新的社会中阶级群体的表象、社会心理以及客观的阶级属性和群体主观的阶级认同之间的矛盾，也成为西马最为关注的问题之一。

20世纪后半叶孕育而生的后马克思主义思潮在很大程度上是回应韦伯的问题。因为在晚期资本主义社会，客观的阶级归属与主观的阶级认同之间的不一致性表现得更加明显，影响阶级范围的因素远远超出了韦伯当年的“三元”（即经济、社会、法律）互动的狭隘想象。在客观层面上，由于知识转化为财富的过程缩短，大量小型企业的快速发展以及弹性工作方式和社会服务的多样化带来了更多的个体化工作机遇，从而使得社会阶层之间等流动性增强，而风险社会的到来更是加剧了社会生活的不稳定性和社会身份的变动性；在主观层面上，人们关注的政治问题转向了过去被认

---

① 洪钎德：《西方马克思主义》。扬智文化事业股份有限公司2004年版，第12—15页。

② Jacoby, Russell, *Dialectic of Defeat*: *Contours of Western Marxism*, Cambridge: CUP, 1981, pp. 1 – 2.

为不重要甚至被忽略的一些问题，如生态环境、女性权利、同性恋、生活格调等各种不同的新型社会问题，这导致了人们政治观念和意识形态的破碎化、个人价值取向和行为选择的个体主义化，这一切都拉大了客观阶级归属与主观阶级认同之间的距离，使二者之间逻辑连接变得更加困难。①

社会分层、身份、种族和性别的问题，是随着社会结构的内在变化而出现的；而新的社会特征所出现的多面且复杂的现象及其背后的多极支撑点，使得复数的马克思主义的诸多话语共同指向了差异性背后的文化政治和权力政治。

后马克思主义政治观的一个重要取向就是拒斥总体化的同源性的基础性权力，转而寻求一种异质性权力概念，这一观念的现实结果便是对趋向于日常生活的微观政治的关注与倡导。差异政治、欲望政治、身体政治、族群认同政治、性政治、边缘政治、文化政治等，都是后现代的微观政治的不同表现形式②。

换一种表达方式："传统的思想家主要关注社会的历史、政治和经济维度，而西方马克思主义继承者则主要关注哲学、文化和美学，这不仅是从经济基础到上层建筑的转移，而且也是对上层建筑本身的再界定。"③

在西方马克思主义的视阈中，上层建筑中的固有文化实践和文化产品本身受到了重新审视，其理论话语的主旨试图直接透过文化表征看到背后的文化政治寓意。而文化批评的努力，实际上是力图打破传统文学研究中专注于文字符码的纸质文本的研究范式，尤其是对文本构成性要素的单一性分析方式，将文本中心转移到文本生产中心，即纳入文本环境、社会文化和社会文本综合性分析之中。其最为有效的理论话语，也是其最明显的特征，就是走向跨学科的文化政治学。这一时期，西马的微观政治学趋向与人文社会科学范式的革命发生重叠。从生产场域到微观的日常生活领域，又恰好与文化批评的范式产生了貌似巧合、实质是逻辑使然的汇流。

传统的文学研究通常是建立在对"经典"文本的解读上，而对于文本何以成为经典等外部确定性条件是不关心的。但是，由于社会形态、技术

---

① 周凡主编：《后马克思主义：批判与辩护》，中央编译出版社2007年版，第8页。

② 同上书，第3页。

③ Dworkin, Dennis, *Cultural Marxism in Postwar Britain: History, the New Left, and the Origin of Cultural Studies*, Durham: Duke UP, 1997, p. 137.

普及和生存方式的巨大变化，人们在文学和文化领域这些上层建筑以艺术再现和文化表征的显现方式，迫使固有的文本边界发生了蔓延。“恰恰是这些新形式的金融资本在形成一种新的全球性的流通文化，取代了以生产为中心的流通文化。”① 何谓文学？何谓解释？这些看似最为基本的问题再次被提到了新的认知高度。② 由于社会文本在实用意义被抽取后可以隐喻性地再现为文学和文化文本，于是社会所有的事件和现象均可以转换为研究对象。在文本形式和文本传播方式变化的情况下，文化区域群体的生存状况、观念接受方式以及娱乐方式等，实际上成为观察和分析日常生活最为重要的文本形态。而通过对日常生活的观察与分析，可以从社会文化角度透视出结构性问题。在文化批评的视阈下，纸质文本与动态的社会文本由此产生了有机的结合，传统人文社会科学的研究对象和研究范式也随之发生了转变……其结果是，构成文本的界定极大地拓宽了，新的界定包括文化实践、仪式、服装、行为以及固化的（fixed）或“生产”，如电视节目以及广告。其重点迁移到意义的产生直至社会实践，甚至更为重要的是，迁移到意义的定位、参与实践者，而非实践本身……其结果是，意义的来源取决于其社会关系的设置，而文本置于这种关系之中或者文本本身的具体形式就成为争论之处。③

所以，文化批评和文化研究给传统人文社会科学所带来的冲击和挑战是不难理解的：文化研究确实给传统的人文社会科学带来了挑战。它使我们得以跨越学科的边界并重新形成我们的认知方式，因而我们可以看到文化观念的复杂性和重要性。文化研究致力于对日常生活的建构的理解拥有某种令人倾慕的目的……并非所有的学术努力都有这样一种实践性的政治目标……文化研究的实践对我们认知世界的方式形成了潜在的挑战。④

其实，每一历史阶段都有一个需要对原有的规定性解释系统进行重新界定的需求。雷蒙·威廉斯（Raymond Willliams）关于文化界定的“理想、文献和社会”三分法，使人们跳出了文化的静态观察方式，改变了将文化视为一种自足的体系，从而也改变了学界对文化观念思考的精英立

① 李湛忞：《全球化时代的文化分析》，杨彩霞译，译林出版社 2008 年版，第 3 页。

② Leitch, Vincent B., ed., *The Norton Anthology of Theory and Criticism*, New York: Norton, 2000, pp. 1—7.

③ Turne, Graemer, *British Cultural Studies*, London: Routlege, 1996, p. 104.

④ Ibid., pp. 235 -236.

场，重新以社会发展的眼光和新的文本观念看待文化本身。[①] 这使得学界开始从文献中走出来，转而对社会文化和日常生活加以关注。这种目光向下的方式，又与对文化的经典定义和再定义有联系。

威廉斯坚持认为，有必要审视作为整体的文化过程，以便将（诸如）媒介产品置于生产它们的体制和社会结构的关系之中进行文本分析。于是，文化分析就是对“日常生活的全部要素间的关系进行的研究”，旨在“揭示生产这些关系复杂机构的本质”。[②]

社会文本和文学文本在当代社会生活中的变换，日常生活各个层面在社会表征之中的隐喻性展示，“理想”与“文献”式的文化含义在社会文化中的占用、利用和消费，构成了当代社会生活和文化生活的总体意义，并形成这一意义的指涉实践系统和符号象征框架。[③]

在经典马克思主义的时代，19 世纪晚期以及 20 世纪前半期，消费者大体上还可以依据使用价值选择商品，因而消费者拥有某种权力。而霍克海默（Max Horkheimer）和阿多诺（Theodor Adorno）等人均认为，20 世纪的资本主义较之马克思时代拥有了一种更加清晰的生产方式。[④] 群体面对市场异常丰富多样的商品时，媒介对消费者的引导作用成为必然，以广告为标识的传媒，将新商品的潜在使用价值和符号价值带入到生产者的控制之中。于是消费者只能按照资本主义方式要求的那样进行被动消费，并进入循环消费系统。文化艺术品的市场作用亦如此。阿多诺因此认为，晚期资本主义社会的特征是商品生产，需求按照商品的交换调节，艺术和文化作品受一般商品规律的支配。因此，文化生产资料的高度控制和集中导致了“文化工业”，使人们在接受物化文化产品的同时接受产品的观念，其结果与启蒙相反，成为束缚意识的手段，也阻碍了自由个性的发展。[⑤] 虽然这些观点将消费者主体作用抹杀了，但的确指出了市场策略包括广告媒体所隐含的人为诱导是消费的重要起因；而且这一生活方式是社会利益

① Raymond, Willliams, “*The Analysis of Culture*”，载王逢振等编《文化研究选读》，外语与研究出版社 2007 年版，第 51—61 页。

② Turne, Graemer, *British Cultural Studies*, London: Routlege, 1996, p. 52.

③ 王晓路：《文化批评关键词研究》，北京大学出版社 2007 年版，第 4—5 页。

④ Edgar, Andrew, and Petter Sedgwick, eds., *Key Concepts in Cultural Theory*, London: Routledge, 1999, pp. 80 - 83.

⑤ Adorno, Theodor W., *The Culture Industry*, Ed. J. M. Bernstein, London: Routledge, 1991, pp. 85 - 90.

集团通过媒介和市场运作方式所强加给大众的，因而消费文化批判延续了一种政治文化批判。

从跨越时空具有普遍意义的“伟大之书”（Great Books），转移到日常生活和社会现象的批评指向中，文本作为中心的地位开始动摇了，并在很大程度上让位给了生产。最具传统意义的文学理论领域在20世纪下半期的巨大变化，也颇能说明这一范式的转型。由于理论指向从美学转为社会文化，因此在这一历史语境中，马克思主义的诸多元命题、基本观点和理论范畴，在新的时期再一次引发了学界的高度重视。若考察20世纪文学理论和文化理论的发生学和批评旨趣，人们可以看到，在各个分支理论上均含有类似的新的社会、政治伦理批评的内涵。当代西方学界中的一批具有影响力的人文社会科学学者，都不同程度地将马克思主义作为难以回避的思想资源，采纳或利用该理论框架和基本范畴分析社会状况，审视西方和非西方国家的文化政治境遇。以西方马克思主义为代表的文化批评，在新的历史境遇中尤为反映出时代的品格，同时也以巨大的理论生成性和实践空间架构，从学理角度说明马克思主义本身的生命力和科学性。学界开始在一种新的关系结构中关注原有观念系统的合法性，及其政治文化取向。该领域的学者大多以文化批评或文化研究为切入口，从更广阔的层面与国家—民族、历史、社会、政治等话题联系起来，对理论生成及发展进行重新描述和定位，对理论的演变、旅行和影响进行透视和研究。

因此，当代文化批评以及20世纪50年代在英国兴起的文化研究，在相当多的层面上与马克思主义实施了多维度的结合。虽然文化批评在早期主要是从文化角度对文学文本进行切入，但在社会文化层面上，它与更为广泛的文化研究在对象和方法上有较大的重叠。① 因此文化研究从其形成伊始就受到马克思主义的影响，“各种不同的新马克思主义理论对20世纪70年代中期以来的文化研究的形成产生了重大影响，在此关注这种影响是非常重要的”。② 因此有学者直接认定，文化研究或文化批评本身难以与马克思主义脱离开来，其本身就是一种马克思主义批评，“文化研究或文化批评的出现和发展，很难完全从马克思主义思想分离开来。在某种程度

① Knupnick, Mark, *Lionel Trilling and the Fate of Cultural Criticism*, Evanston: Northwestern UP, 1986, pp. 3 – 7.

② 麦克罗比：《文化研究的用途》，李庆本译，北京大学出版社2007年版，第3页。

上，马克思主义是大多数文化批评背景之背景，一些当代文化批评家也认为自己就是马克思主义者。”① 所以，资本主义的当代形态和社会状况激发了文化研究和文化批评，后者在采纳马克思主义的同时提出了一些修正，是马克思主义在当代人文社会科学中的外在延伸方式。

从一种“马克思主义”的立场来看，文化研究与当代资本主义的推进有着令人怀疑的共谋关系。文化研究也是一种对马克思主义的批评。文化研究是20世纪中叶作为对战后社会状况的反应而兴起的，当时传统的马克思主义就对此难以理解：电台、电影、电视等新媒体的巨大影响；工人阶级的富裕以及消费资本主义。文化研究的起源通常在历史和文学批评家的论著中，与20世纪50年代的英国新左派有很大关系，是与马克思主义相左的观点，至少与当时处于支配性的正统经济学马克思主义相左。②

对此，这位研究文学理论与马克思主义关系的学者，引用霍尔的话说得更为直接：“所以文化研究与马克思主义之间的关系，用霍尔的话来说，是一种‘在与马克思主义临近的范围内发挥作用，是一种论证马克思主义的工作，是一种反马克思主义的工作，与之同行，又旨在发展马克思主义的关系研究’。”从方法论上看，从社会文化角度关注文本内涵的社会问题的文化研究，自然将马克思主义的理论资源、尤其是西方马克思主义的理论资源，作为自己最重要的方法论基础。

无论西方马克思主义的构成如何具有异质性，文化研究依据的还是西方马克思主义。因为西方马克思主义既反对经济基础和上层建筑关系的正统阐述，同时坚持认为基础/上层建筑模式对于马克思主义是必不可少的，西马各派由此得到统一。西方马克思主义没有摒弃这个观点，即生产方式有其独特的结构，并且是导致社会根本冲突的原因，因而西方马克思主义认为，政治、意识形态和文化具有自身的特殊性和逻辑。③

在新的历史语境中，当代西方文化批评领域的主要理论家也都从不同角度解读马克思，并进行了卓有成效的分析和研究。但是，马克思主义并非一种简单的经济基础和上层建筑关系的反映论，而是为历史哲学、政治哲学、社会结构、人本身的全面解放提供了众多的思考起点，其中包括大

---

① 史密斯：《何谓文化批评?》，王晓路译，载王晓路《文化批评关键词研究》，第346页。

② Haslett, Moyra, *Marxist Literary and Cultural Theories*, New York: St. Matin's, 2000, p. 127.

③ Dworkin, Dennis, *Cultural Marxism in Postwar Britain: History, the New Left, and the Origin of Cultural Studies*, Durham: Duke UP, 1997, p. 142.

量的文化分析的思路。所以，传统的文学研究和当代的文化批评之间是有区别的。"文化研究很快就从文学研究中分离出去——尽管在理论影响上和文学研究的理论之间，二者有着紧密的联系，尽管存在着这一事实，即许多进行文化研究的学者都有着文学训练的背景。"① 这样一种新的内在思路，极大地推进了当代西方文化批评和文化研究的发生、发展和蔓延。西方马克思主义者在文化批评实践中，虽然对应了西方社会的实际状况和文本形态的变化，但是他们借用马克思主义的角度、研究方法以及看待社会历史发展中的问题意识等，依然将马克思主义当作可资借鉴的重要资源。自 20 世纪 90 年代以来，最新的西方论著中有相当一部分正是以此角度获得了学界的重视，并由此推动了人文社会科学的研究。以笔者有限的了解，其中影响学界的重要论著就有如下数种：格尔斯坦（Philip Goldstein）的《文学理论的政治：马克思主义批评导论》（*The Politics of Literary Theory: An Introduction to Marxist Criticism*，1990）、班内特（Eve Tavor Bannet）的《后文化理论：马克思主义范式之后的批判理论》（*Postcultual Theory: Critical Theory after the Marxist Paradigm*，1993）、杰克逊（Leonard Jackson）的《卡尔·马克思的解物质化；文学与马克思主义理论》（*The Dematerialisation of Karl Marx: Literature and Marxist Theory*，1994）、多尔金（Dnnis Dworkin）的《英国战后的文化马克思主义》、博兰尼根（John Brannigan）的《新历史主义与文化马克思主义》（*New Historicism and Cultural Materialism*，1998）、迪恩（Jodi Dean）编的《文化研究与政治理论》（*Cultural Studies & Political Theory*，2000）、丹斯基斯（Leonidas Donskis）的《意识形态或乌托邦的终结？20 世纪伦理想象与文化批评》（*The End of Ideology & Utopia? Moral Imagination and Cultural Criticism in the Twentieth Century*，2000）、哈斯利特（Moyra Haslett）的《马克思主义文学和文化理论》、哈尼克（*John Hutnyk*）的《问题性马克思主义：资本主义与文化研究》（*Bad Marxism: Capitalism and Cultural Studies*，2004）、潘纳南（Victor N. Pannanen）编的《英国马克思主义批评》（*British Marxist Criticism*，2000）、托米（Simon Tormey）等著的《批判理论到后马克思主义五十位思想家》（*Key Thinkers from Critical Theory to Post-Marxism*，2006）、伯曼（Paul Bowman）的《后马克思主义与文化研究》（*Post-Marxism Versus Cultural Stud-*

---

① Turne, Graemer, *British Cultural Studies*, London: Routlege, 1996, p. 172.

ies: Theory, Politics and Intervention, 2007)、瑟博(Göran Therborn)的《从马克思主义到后马克思主义》，等等，不一而足。从中可以看到，西马文化理论学者在从文化角度剖析当代社会文本的实践中，大量采纳、运用、改写了马克思主义，并为此进行了卓有成效的分支细读和理论建构。

文化批评和文化研究针对变化的社会状况、针对传统的单一的解释方式乏力的状况，重新从社会和文化层面看待新的问题、提出新的问题，并对这些问题加以新的解释。这些问题的提出和解释，在很大程度上借鉴了经典和西方马克思主义。我们可以说，文化批评和文化研究在当代人文社会科学领域中拥有范式革命的意义，因而文化批评的重新扩展和文化研究在全球的蔓延也就不难理解了。在这一问题上，当代学者邓宁(Michael Denning)说得颇为清楚：我认为有两种方式看待文化研究，其一，文化研究成为人文学科新的名称，或更准确地说，是左派重新定义人文学科的关键性标识……文化研究在人文学科的领域成为强有力的口号，大学、博物馆、国家文化机器，其观点为社会与文化、劳动与艺术、体力与脑力劳动之间有着联系……因此在这种意义上，文化研究最好不应看作是一个新的学科，而应看作对这些原有学科的批判……作为人文学科新的名称和对学科批判的领域，文化研究成为了文化产业和国家文化机器中的工人战术性联盟标识……然而文化研究在大学里还不仅仅是一种准学科的发展。文化研究作为人文学科新的名称的出现，还在于它是新左派对广泛领地的文化反映，是三个世界时期对文化转义的一种强有力的马克思主义的重新书写。①

因而邓宁在其三个世界文化的论述中，坚持认为文化研究在这种国际政治的语境中是对马克思主义的发展和贡献：“文化研究在这一意义上，(对文化产业和国家意识形态机器的批判、对于这些产业和机器对属下阶层和人民的文化构成的相互作用的反映)则是一种21世纪马克思主义最为认真的永久性贡献。”② 当代被引用最多的法国思想家德里达就着重指出：不能没有马克思，没有马克思，没有对马克思的记忆，没有马克思的遗产，也就没有将来；无论如何得有个马克思，得有他的才华，至少得有他的某种精神。因为这将是我们的假设或更确切地说是我们的偏见，有诸

---

① Denning, Michael, *Culture in the Age of Three Worlds*, Verso, London: 2004, pp. 148 - 149.

② Ibid., p. 150.

多个马克思的精神，也必须有诸多个马克思的精神。[1]

而在政治、经济、社会、文化的结构中，马克思主义的基本观点恰恰使人们逐渐认识到，文化批评和文化研究在坚持其文化政治的理论指向时，依然具有极强的学理性。对文化批评和文化研究过于泛化的批评，其实是将文本视为静态的对象，同时也对文本外的社会属性视而不见。但具体到对象化的研究，我们必须重视文学文本所拥有的特殊属性，不能进行空泛的外部批评。诚如亚当斯所言，“但要匡正文化研究对于批评传统在建立文学文本属性以及结合形式与内容所作的努力所采取的一贯忽视或诋毁的倾向。它也要能匡正美学分析造成诗从人类活动并思虑于其间的世界中脱离的倾向”。[2] 由于当代社会的超常规发展和复杂性，作为一种依靠包括马克思主义在内的思想资源而形成的有效的解释性和分析性方法论，文化批评为学界带来了重要的思想和方法论资源。重要的问题是，在这一场新的西学复制和借鉴中，中国学界需要拥有当代知识学意识，对其理论进行历史还原，进行关联性研究，在建构认知共同体的基础上，对类似问题提供中国学界的理论生产方式和探讨的可能性。

（原载《外国文学》2011 年第 5 期）

---

① 德里达：《马克思的幽灵：债务国家、哀悼活动和新国际》，何一译，中国人民大学出版社 2008 年版，第 15 页。

② 亚当斯：《西方文学理论四讲》，傅士珍译，洪范书店 2000 年版，第 171 页。

试论生态马克思主义对生态批评走向的理论意义

王庆卫　李　岚

生态批评是兴起于20世纪70年代西方的具有广泛影响的文学批评思潮，是西方生态主义思想在文学理论领域的成果。自1974年美国学者密克尔提出“文学的生态学”以来，不少欧美著名学者跨入这一研究领域，使之在20世纪90年代成为文学批评领域里的重要分支。美国生态批评的代表人物之一彻丽尔·格罗特费尔蒂这样界定生态批评：“生态批评是探讨文学与自然环境之关系的批评……它一只脚立于文学，另一只脚立于大地。”① 国内生态文学研究始于20世纪80年代，进入21世纪之后，生态批评成为文学批评领域的热点和显学，相关的研究专著和论文逐年大量涌现、增多；但国内外学术界对生态批评也不乏质疑和反对的声音。本文拟从分析当前国内生态批评的现状出发，对其理论模式和学理基础上存在的问题进行分析，并在此基础上探讨生态批评未来可能的发展路径。

一　国内生态批评现状

国内的生态批评在理论资源上多从西方的生态主义思想出发，并结合中国传统思想中的生态和谐观念来进行建构。学者们在梳理和归纳中国古代思想中的生态观念、寻求中外理论的结合点问题上做出了可贵的探索，使这一批评思潮获得了实质上的推进。其中，王先霈的“绿色批评”主张、曾繁仁的“生态存在论美学”、鲁枢元的“生态文艺学”、袁鼎生的“审美生态学”和王诺的“欧美生态文学研究”等一批学术成果为学术界

① 袁鼎生：《生态批评的规范》，《文学评论》2010年第2期。

瞩目。但从总体上看，被称为“生态批评”的这一批评思潮并不是一种统一的批评主张和批评模式，被引以为理论资源的西方生态思想就包括生态中心主义、生态整体主义、弱人类中心主义等；有的生态批评主张由于缺少学理坚实的哲学理论基石，缺少统辖全局式的理论架构，使其在选取西方各种生态理论资源时显露出某种随意和失范，有时呈现为不同学术背景和文化背景的观念的生硬杂糅而难以整合为统一的理论模式的现象，比如一些学者热衷于以“生态中心主义”作为理论起点，而罔顾这一观点的文化背景、现实可操作性以及自身的逻辑困境等问题。由于研究者自身视阈的差异和遵循的学术范式不同，有的生态批评观念缺少体系化的理论预设，一些学者不厌其烦地重复古今中外有关生态思想的老生常谈，对生态观念不断进行大而化之的原则宣示、情绪化的感性吁求，却罕有文学批评的实际操作，这些都在一定程度上影响了生态批评的学科定位和自身发展，甚至使生态批评的存在合法性受到置疑。

笔者认为，当前的生态批评在学理基础、批评对象、批评方法以及实践操作上，都还存在着一些模糊不清的地方，需要生态批评的研究者在进一步研究中加以探讨。需要引起关注的问题主要包括：生态批评是什么？它的批评对象（批评范围）是什么？如何进行生态批评？

在大量的生态批评论著和论文当中，找到上述问题的答案似乎并不困难。但问题在于生态批评既没有形成统一的看法，也没有做到批评理论与批评实践的一致。从生态批评的话语立场来分析，可以把“生态批评”看作一种从生态主义视野观察文学艺术的文艺理论批评，其目的是通过研究作家创作和文学文本，探索并反思人们的生存方式和文明的发展模式。如学者王诺的界定比较有代表性：生态批评是在生态主义思想指导下探讨文学与自然之关系的文学批评，既要揭示文学作品中反映出来的生态危机之思想文化根源，同时也要探索文学中有关生态审美的领域①。

不言而喻，生态批评是一种文学批评。但实际的情况是我们能在生态批评中看到“生态”——对生态思想的表达，看到“批评”——对反生态主义的观念和破坏自然生态的现实的批评，却很难看到“文学”——对一个界定明确的批评对象的批评，很少看到生态批评从理论和方法的层面向我们展示对于文学文本的卓有成效的操作。正是对于批评对象的不明确导

① 王诺：《生态批评：界定与任务》，《文学评论》2009 年第 1 期。

致了批评观和批评方法的模糊，这是当前生态批评所面临的症结之一。

对什么文本进行生态批评？是对生态题材的文学作品（生态文学）依据生态观念进行的批评，还是对一切文学文本进行“生态地”批评？如果是前者，那么生态批评就还不是一种独立的批评模式，而是一种外在于文学的观念，是对某一类文学作品所共有的思想特质的概括和评述；如果是后者，那么则要求生态批评应当具有明确的批评理念和由此产生的批评方法，它必须具备文学理论的特质，而这一点是当前的生态批评尚未做到的。批评范围的过宽或过窄，使生态批评陷入了两难境地。

美国生态学者斯洛维克说：“没有任何一部文学作品不能从生态批评的角度加以阐释，也不存在与绿色阅读无关的作品。”① 美国哈佛大学学者劳伦斯·布依尔也认为：“原则上讲，生态批评所涉足的地域形态或生命形态是没有限制的。每种文学体裁可能都与之有关——诗歌、叙事、戏剧和非虚构文学。”② 把生态批评的对象定位于一切文学文本，这一观点在相当大程度上影响了国内生态批评学者的看法。理论基础（生态主义思想）论域的相对狭隘和对象的杂多构成了难以调和的矛盾，当前的生态批评理论在试图解读非生态主题或自然景物描写较少的文学文本时，总是显得力不从心。

这就使我们看到了生态批评的一种尴尬局面：要么把与作品并无太大关涉的生态理念强行嵌入文本，进行一种生硬而肤浅的解读；要么在文本中着意搜寻生态思想的蛛丝马迹，一旦找到就不惜罔顾文本的自身逻辑，进行六经注我式的过度阐释。这种批评的结果不过是对其理论预设进行印证——预设了生态批评方法的普适性，也预设了生态内涵的无处不在；它既不能推进生态观念的进展，也不能把握文本的审美价值和思想价值，只是索然无味的观念游戏。如果生态批评仅仅是戴上一副绿色的眼镜，然后总能如愿以偿地把一切对象看成绿色，那么这种批评从一开始就没有任何价值。

生态批评的话语疆界决定了它不可能涵盖整个文学领域，而生态批评学者们也并不甘心只在生态文学的狭小圈子里打转。那么，我们究竟应该

---

① Branch, Slove, *The ISLE Reader*: *Ecocriticism*, *1993 - 2003*, Athes: The University of Georgia Press, 2003, p. XIX.

② 劳伦斯·布依尔：《文学研究的绿化现象》，张旭霞译，《国外文学》2005 年第 3 期。

如何认识生态批评的对象呢？实际上，批评观念、对象和方法是同一问题的不同方面，对对象范围的确认不应凭借一种理论野心或者无根据的折中态度，而应该从对批评观念的转换入手。王先霈在《中国古代文学中的绿色观念》一文中指出："对自然的破坏，对生态环境的破坏，归根结底，不是来自科学技术的高度发展，而是来自人类社会组织方面的弊病，尤其是来自刺激人的恶性的病态的消费欲的机制。人被煽动得竭力去占有最多最新的、其实他并不需要的商品，以此推动和维持经济的高速增长。人们急速膨胀的物欲导致人与自然的进一步严重对立。"① 这一看法对生态批评观念的重新阐释具有启发意义，其基本观点与当代西方的生态马克思主义一致，即从人类的社会生产和消费角度去阐释生态问题的成因，从而也把文学批评对象中的人类社会与自然生态相割裂的状态予以弥合。

而王诺对生态批评对象作了这样的认定："它研究和评论的对象是整个文学，绝不仅仅是生态文学，绝不仅仅是直接描写自然景观的作品，更不仅仅是'自然书写'。是否描写了自然，不是生态批评能否展开的必要条件。只要有关生态危机的思想文化根源，只要对人与自然的关系产生了影响，文学作品哪怕完全不涉及自然景物，哪怕只表现一个破坏生态的政策的出台过程、一种消费主义生活方式、一次严重的污染事件（比如生态审丑所审的就不一定是自然物，而更多的是人造物或人类行为），也是生态批评应当探讨，甚至重点探讨的对象。"② 笔者不赞同这种批评范围上的僭越，但是认为这一观点也不乏合理之处，只不过那些社会生活事物需要被纳入一个新的、更为广阔的生态批评视野，一个结合了社会批评理论和方法的全新批评模式，它应该使生态批评在文学的人学品格上阐释文本的生态意义成为可能。

二　生态马克思主义对生态批评的启示

在西方当代学术理论多元发展的态势下，随着生态主义思潮的兴起，形形色色的思潮、流派聚集在生态主义的绿色旗帜周围，包括生态原教旨主义、生态无政府主义、主流绿党等。在这些理论主张中有一个引人注目

① 王先霈：《中国古代文学中的绿色观念》，《文学评论》1999 年第 6 期。

② 王诺：《生态批评：界定与任务》，《文学评论》2009 年第 1 期。

的流派，即生态马克思主义理论。生态马克思主义理论近年来日益成为生态主义的一个重要派别，同时它也是西方马克思主义在21世纪出现的重要理论主张。其实，早在20世纪八九十年代之交的苏东剧变之后，生态马克思主义已逐步成为西方马克思主义的主要趋向之一。美国得克萨斯大学教授本·阿格尔在1979年出版的《西方马克思主义概论》一书中首次提出了"生态马克思主义"（Ecological Marxism）这一概念，并阐述了生态马克思主义的主张[①]。阿格尔指出："生态马克思主义……把矛盾置于资本主义生产与整个生态系统之间的基本矛盾这一高度加以认识。"[②] 阿格尔从马克思的经济危机和异化劳动的观点中引申出消费异化导致生态危机的结论。阿格尔的这些论述标志着生态马克思主义的形成。生态马克思主义在继承和发展法兰克福学派的生态危机的理论基础上，对环境保护主义和生态中心主义把生态危机归于科学技术和工业化的思想进行了批判和分析，从意识形态和资本主义制度的层面对生态危机的成因进行了深刻的剖析。

与一般的生态主义观点回避社会制度因素的态度不同，在看待生态危机和解决生态问题的立场上，生态马克思主义把矛头指向资本主义制度，强调阶级关系和生产关系是社会、经济和政治问题的根源，因此认为生态危机的根源在于资本主义；只有废除资本主义制度，消除这一制度带来的贫困和不公正，才能最终解决生态危机。生态马克思主义并不一般地反对人类中心主义，而是反对人类中心主义的资本主义形式，并强调人类在检讨自身的同时，不应放弃人类的自身尺度，乃至提出重返人类中心主义。生态社会主义与一般的生态主义的上述差异，显示其主张背后的理论基础的不同，即无政府主义与社会主义的对立[③]。具体来说，生态马克思主义认为当今时代生态危机的原因是多方面的，错误的自然观、异化的消费观、扭曲的技术观构成了生态危机的观念原因，而资本主义矛盾、资本主义生产方式则是生态危机之所以产生的制度原因。

---

① 段忠桥：《20世纪70年代以来英美的马克思主义研究》，《中国社会科学》2005年第5期。

② 本·阿格尔：《西方马克思主义概论》，慎之等译，中国人民大学出版社1991年版，第475页。

③ 陈学明、王凤才：《西方马克思主义前沿问题二十讲》，复旦大学出版社2008年版，第285—287页。

西方生态马克思主义的代表人物主要有：法国生态社会主义学者安德烈·高兹、美国新马克思主义经济学家和生态社会学家詹姆斯·奥康纳、加拿大现代著名左翼学者威廉·莱斯、加拿大哲学家本·阿格尔、美国学者约翰·贝拉米·福斯特和英国牛津布鲁克斯大学地理系教授大卫·佩珀等人。他们认为，生态危机已取代经济危机而成为资本主义的主要危机，其根源在于资本主义条件下的“异化消费”。而对生态危机的解决之道是建立一种稳态的社会主义经济模式。鉴于此，他们提出了在发达资本主义国家争取实现社会主义道路的构想。兹将他们的主要观点列举一二：

本·阿格尔在《西方马克思主义概论》中认为，马克思主义关于资本主义生产领域危机的理论已失效，当今的资本主义危机已转移到消费领域，生态危机取代了经济危机①。威廉·莱斯在《自然的控制》一书中指出：生态危机的根源在于错误的自然观和技术观，其中，基于文艺复兴和近代理性主义的“控制自然”的观念是生态问题最深刻的根源。莱斯在《自然的控制》一书中，考察了从“控制自然”到“控制人”观念的历史演进过程，提出了通过社会变革和重新阐释“控制自然”的观念，使人们摆脱意识形态的束缚，才是实现“自然的解放”的必由之路②。马约翰·贝拉米·福斯特在《马克思的生态学——唯物主义与自然》一书中认为马克思的世界观“是一种深刻的、真正系统的生态世界观”，而且“这种生态观是来源于他的唯物主义的”③。福斯特着重阐述了马克思在《资本论》中提到的“新陈代谢”理论，分析了马克思基于对资本主义农业生产的研究而表达的生态观，即在资本主义生产条件下，由“生命本身规律所决定的社会新陈代谢”不再被遵循，从而造成“人和土地之间的物质变换的断裂”，比如，“食物和服装纤维的长距离运输贸易使土地构成成分的疏离问题变成了一个‘不可修复的断裂’问题”④。

再如高兹分析了“技术的资本主义使用”问题，明确提出反对技术中性论，把“资本主义技术”和“后工业社会技术”进行了区分：前者如核

---

① 本·阿格尔：《西方马克思主义概论》，慎之等译，中国人民大学出版社 1991 年版，第 486 页。

② 威廉·莱斯：《自然的控制》，岳长岭、李建华译，重庆出版社 2007 年版，第 11—18 页。

③ 约翰·贝拉米·福斯特：《马克思的生态学——唯物主义与自然》，刘仁胜、肖峰译，高等教育出版社 2006 年版，第Ⅲ页。

④ 同上书，第 156 页。

技术，以高度集权为特点，决策权掌握在一小部分人手中，造成严重的环境问题；后者以权力分散为特点，具有民主和反资本主义的倾向，如太阳能、风力、地热等。高兹认为，解决生态危机的关键在于如何选择技术、选择什么样的技术。他在《经济理性批判》中指出：资本主义的利润动机必然破坏生态环境，资本主义的危机本质上是生态危机。资本家不愿意在环境保护上投资，即便投资，脑子里想的也是赚钱①。在《劳动分工的批判》一书中，高兹进一步指出："资本主义的劳动分工是一切异化的根源。"②

生态马克思主义比较自觉地运用马克思主义的理论和方法分析当代资本主义的环境退化和生态危机，并探讨解决危机的途径。尽管他们的理论资源不是传统的马克思主义观点，而是来自西方马克思主义理论，但是这毕竟显示了马克思主义在当代发展的新路径和解决新问题时的方法论意义。生态马克思主义者相信马克思主义中包含着深刻的生态思想，有待挖掘和进一步发扬。同时，马克思主义的方法论也是他们展开生态问题思考和论述的基础，比如系统分析方法、辩证分析方法、把自然联系于社会进行分析的方法等。这些方法的运用是生态马克思主义区别于其他生态主义主张的重要标志，也是带来一系列观念差异的根源，这些差异集中体现在对待"人类中心主义"等问题的看法上。

运用马克思主义理论来重新检视国外生态主义的重要主张，对于深入把握生态思想的内涵，有选择地吸收借鉴理论资源，建构有自己特色的生态批评都是十分重要的。生态马克思主义在"控制自然"的文化观念、异化消费观念、资本主义技术使用、后工业社会技术、资本主义矛盾向生态危机转化、发达国家向第三世界转嫁危机等方面的思想，是对生态危机现象进行的社会角度的深入考察，具有巨大的理论深度和现实意义，完全可以成为观察和分析现实以及展开文学批评的视角和理论资源。西方生态马克思主义的理论主张在国内已经引起了一些学者的重视，相关的著述和论文也为数不少，但是这一理论资源尚未被引入文学批评领域。它能够给予我们的启示是：把对当代生态问题的思考和生态批评的建构置于马克思主

① 邹有峰、胡刚：《"生态学马克思主义"生态危机观研究综述》，《经济研究导刊》2009年第5期。

② 同上。

义理论视野下，可以使这一新兴的批评理论获得完备的思想基础和严谨的学理支持。对于生态批评的建构而言，这一理论资源可能使生态批评走出对空洞伦理观念的宏大叙事，摆脱抽象的道德、超我的自诩，获得巨大的现实批判力和理论深度，成为一种与现实生活息息相关并具有严格的理论形态和科学方法的文学批评；同时，也为生态批评指出了一条可能的走向，即与社会批评相结合的建构之路。

三　对生态批评学理基础的反思

马克思主义把人的实践活动对客观世界的改变看成认识的基础，强调要从主观的方面去理解事物，把事物当作人的感性活动、当作实践去理解；同时强调外部自然界的优先地位，坚持劳动实践所受到的自然制约的观点。马克思主义的生态自然观念为我们分析鉴别各种生态主义思想提供了有力的参照，而生态马克思主义的生态思想在立场、观点和方法上与马克思主义一致，是对马克思主义生态观的坚持和进一步深化。在马克思主义和生态马克思主义的理论视野下，可以清晰地鉴别各种生态主义观念的优势和不足。西方生态中心主义思想是生态批评的主要理论资源，对这一思想进行分析和鉴别具有极为重要的意义。这里拟以马克思主义理论为依据，对生态中心主义、生态伦理和自然的内在价值这三个相互联系的问题加以分析，以便把握当下生态批评理论资源的内涵，判断它是否适合作为生态批评的理论基础，并针对其不足提出可能的解决构想。

（一）生态中心主义和生态整体主义

生态中心主义认为，人类中心主义作为人与自然关系的准则，它为人类进行的主体性实践活动提供了伦理依据。人类从此便与自然界相隔离，任意对待自然而毫无道德负担。因此，人类中心主义对今天的生态危机有不可推卸的责任。如美国学者彼得·S. 温茨指出：“人类中心主义：即以人类为中心。人类中心主义者认为唯有人类自身具有价值，并且想当然地以为，动物、物种以及生态系统尤其必须为人类最大幸福的获得作出牺牲。”①

---

① 彼得·S. 温茨：《现代环境伦理》，宋玉波、朱丹琼译，上海人民出版社 2007 年版，第 455 页。

生态主义主张人是自然的有机组成部分，是自然的产物，而非自然的主宰，希望超越人与自然之间的主客体关系，而代之以主体间性关系；同时认为，人自身目的的实现不应以牺牲自然为代价，而应充分关注自然本身的目的，在自我实现的同时使自然的目的得以实现。

马克思在《1844年经济学哲学手稿》中说："在这种自然的、人类的关系中，人同自然界的关系直接就是人和人之间的关系，而人和人之间的关系直接就是人同自然界的关系，就是他自己的自然的规定。"[①] 马克思这一论述表明，自然只有在实践活动中才能成为人的对象物，人与自然的关系归根结底还是人与人、人与自身的关系。人类保护环境的目的是保存和改善自身的生存环境，与自然和谐相处的最终目的还是为了人，人类的任何有理智的主张和行为都不可能反对自身。作为这种"平等"观念的制定者，人类也不会为了保护任何一种动物而牺牲自己。有学者提出了"相对的人类中心主义"的说法，但是这种缺乏质的规定性和量的描述性的"主义"，只能看作是面对理论死结时的无奈之举。

也有学者提出，以利奥波德的"大地伦理学"、奈斯的"深层生态学"、罗尔斯顿的"自然价值论"为代表的生态思想都从人与自然的系统性思维出发，使生态整体观系统化而成为"生态整体主义"。生态整体主义的核心思想是：把生态系统的整体利益作为最高价值而不是把人类的利益作为最高价值，把是否有利于维持和保护生态系统的完整、和谐、稳定、平衡和持续存在作为衡量一切事物的根本尺度。它的核心特征是强调生态的整体性及其内部联系，而不人为设定"中心"，从而避免了"中心"的优先性，因此"生态中心主义"的概念已经不适用了。但这种"去中心化"只是试图把人这个真正的中心隐藏起来。生态整体主义只把人与自然界看作生态系统中的平等因素，未能意识到自然界实际上是通过人的实践而逐渐展开的一个过程，把人与自然之间的实践关系代之以那个抽象而模糊的系统性质。

以生态整体主义强调的"生态平衡"为例来分析，似乎关注的重心是整体的生态系统，但是"生态平衡"不仅仅是对一种自然状态的描述，它还内在地包含着价值判断。实际上，生态系统总是处在平衡与不平衡的交替中，问题在于我们要的是以哪个物种为主导的、以保障哪个物种的生存

---

① 马克思：《1844年经济学哲学手稿》，人民出版社1979年版，第72页。

为基本出发点的平衡。我们在判断物种之间的物质能量交换的平衡状态的时候，无法摆脱一个人类视角。人吃羊是平衡，狼吃人也是平衡。“绿水青山枉自多，华佗无奈小虫何”。试问我们是要一个人类为主导的、以有利于人类生存发展为基本取向的生态平衡，还是要一个肉食动物或细菌病毒主导的生态平衡并不惜为此自我牺牲？有学者这样说：人类作为自然界能反思的、有生态意识的最高物种，建立以人类为主导的生态平衡更符合自然生态发展的客观要求，这是对的。但是这一观点又不可避免地回到了人类中心主义。

（二）生态伦理

一些学者主张把人类道德关怀的对象扩大到自然界领域，重新定位价值的内涵，承认万物存在自有其价值与目的。美国哲学家利奥波德在其著作《大地伦理学》中主张扩大伦理学的边界，确立新的伦理价值尺度。他提出“大地共同体”的概念，认为人和一切生命都是大自然家庭中的“普通一员和公民”，人类“应当尊重他的生物同伴”，“以同样的态度尊重大地社会”[①]。其他的生态伦理学的代表人物如罗尔斯顿、史托斯也都主张“尊重生物的生存权利”和反对以人类为中心的“人类沙文主义”[②]。他们这种以平等为核心的道德原则和以“协调”为宗旨的道德目的，创建了一种新型的伦理学——生态伦理学。

从马克思实践唯物主义观点看来，这种所谓道德伦理的定义似是而非。马克思主义认为，道德是建立在一定社会经济基础上的思想关系。其一般本质是对社会物质关系的反映，是由社会物质条件特别是经济关系所决定并为其服务的社会意识形式，也是凭借善与恶、正义与非正义等观念来把握现实世界的“实践精神”。恩格斯指出：“人们自觉地或不自觉地，归根到底总是从他们阶级地位所依据的实际关系中——从他们进行生产和交换的经济关系中，吸取自己的道德观念。”[③] 按照传统的伦理观，道德只是对人才存在的，只有人才承担道德义务并得到道德关怀，人类之外并无

① 余谋昌：《生态哲学》，陕西人民教育出版社 2000 年版，第 157 页。

② 澳大利亚环保主义者 John Seed 指出：“人类中心主义就是人类沙文主义。与性别主义相似，人是生物的君主、一切价值的根源、一切事物的尺度。这一观念深深扎根于我们的文化中。”John Seed, “Anthropocentrism”, in Devall & Sessions, *Deep Ecology*, pp. 243 – 246。

③ 恩格斯：《反杜林论》，人民出版社 1970 年版，第 91 页。

道德关系。

生态伦理把道德对象扩大到自然界一切生命，所反映的现实关系正是现代资本主义社会生活和生产实践带来的对生态的严重破坏与人类生存发展的冲突，生态伦理的提出反映了调和这一冲突的必要性和迫切性。生态伦理主张削弱自身意志对自然界无止境的欲求，这表面上是对人类中心主义的否定，由人本位转换为生态本位，但实际上这是一种更高形态的人类中心主义（比如以美国哲学家诺顿为代表的弱人类中心主义），是为着眼于长远而克制当下欲求、着眼于物种整体利益而牺牲个体当下幸福感的伦理道德观。

（三）自然的内在价值

马克思在《〈政治经济学批判〉导言》中指出："主体是人，客体是自然"①，而价值关系恰恰是依据客体对主体的作用和意义生成的。马克思主义实践观把人看作自然界的唯一主体，这与人类中心主义的中心立场是一致的。人类中心主义实际上就是把人类的生存和发展作为最高目标的思想，它要求人的一切活动都应该遵循这一价值目标。人是唯一具有内在价值的存在物，自然则只具有工具价值，无内在价值，而内在价值是一个存在物获得道德关怀的前提。

依照康德的观点，"无论是谁，在任何时候都不应该把自己和他人仅仅当做工具而应永远看作自身就是目的"②。就是说，如果一个人仅仅被当作工具来对待，就等于把他当作毫无内在价值的人。内在价值是不依赖他人评判的，并以自身具有目的性为标志的价值，而目的性即生命追求自身生存的证明。

马克思指出："价值这个普遍的概念是从人们对待满足他们需要的外界物的关系中产生的。"③ 马克思对价值的界定表明，价值本身是个关系范畴，是一种属人的关系。价值的基本含义是客体对主体需要满足的效应，即作为主体的人类运用客体满足自身需求或目的的效应。这个界定在学术界已得到公认。主体性和目的性是价值概念的核心内涵。

① 《马克思恩格斯选集》第2卷，人民出版社1972年版，第88页。
② 康德：《道德形而上学原理》，沈叔平译，上海人民出版社1980年版，第86页。
③ 《马克思恩格斯全集》第19卷，人民出版社1963年版，第406页。

美国生态学者罗尔斯顿则认为，“自然的内在价值是指某些自然情景中所固有的价值，不需要以人类作为参照”①。“内在价值”这一概念明显扩大了价值主体的范围。在罗尔斯顿看来，内在价值甚至可以不依赖自身目的性来赋予（无自我意识的动植物、非生命体的生态系统），同时也与评判者（人）无关。如此，除了人类之外，具有内在价值者就还可以包括有意识地、或者依照生物本能维持着自己生命系统的存在物，甚至可以包括具有自我调节与平衡能力的整个自然界，仅把非生物或无机界排除在外。这一看法显然是不能成立的。如果认为生态系统具有自身目的，那么这一主张就是泛神论或万物有灵观的翻版；如果生态系统内在价值的成立无须以自身目的为前提，那么价值就由一个关系范畴转变为实在范畴，这显然已经改写了价值的意义，变得不知所云了。

为了自圆其说，罗尔斯顿提出“系统价值”概念来阐释其观点。“系统价值”是指生态系统整体所具有的一种“创造性”的能力，即“创造万物的大自然”的创造能力。系统价值不完全存在于个体身上，而是弥漫在整个生态系统中，系统价值是某种充满创造性的过程，这个过程的产物就是“内在价值”。罗尔斯顿论述的矛盾是显而易见的。用古希腊的哲学语汇来说，罗尔斯顿等于把事物存在的创造因混同于其目的因。经过了这样一番偷换概念之后，仍不能向公认的价值概念靠拢，系统的创造性特点既不能证实自身的主体性，也不能体现出目的性，反而会有陷入神秘主义的危险。因此，自然的内在价值一说，至今仍没有有力的依据和论证。

生态中心主义以强调人类与非人类的共同利益伦理来反对人类中心主义的狭隘功利性，这固然使人类认识自身和进行实践时有了更为宏阔的视野和全面的参照系，但这并不能泯灭人类作为独立的物种所具有的自身诉求，不能消除人类与自然和其他物种在发展过程中必然面临的竞争、矛盾与冲突。反人类中心主义充其量是一种感情化的表达，对人类而言，人类中心主义不可超越。

从以上分析可以看出，当下生态批评的理论资源在上述问题上的观点，都存在着一定的学理漏洞。而且，它把当今时代的生态危机及其解决归之于抽象的观念领域，把属于人类实践的问题归结为道德情感问题，试图通过道德自省、观念转变和对自然界的移情拟人来重建人与自然的关

① 罗尔斯顿：《哲学走向荒野》，吉林人民出版社2000年版，第189页。

系，并以此指导一种文学批评观念的确立。把这种内容十分具体、论域十分独特且与日常意识有相当隔膜的思想作为支撑一种能普遍运用的批评模式的理论基础，显然是荒谬的想法。它注重观念而无视人类社会生活、生产实践和文化、制度的现实，一味地强调生态意识的重要、表达对生态危机的忧思，或沉迷于对自然之美、生态和谐的赞美和向往，对于改变生态危机的现实、阐释人的行为和社会现象则无能为力；既缺少学理的严谨，也不具备可操作性。这正是生态批评遭遇理论困境的原因所在。因此，生态批评要面对现实、人生和文本发挥自身作用，其理论基础的修正和扩充势在必行。

生态批评既应保留对生态问题的关注和生态观察的视角，又要立足人类社会，以马克思主义的“自然通过实践向人生成”的观点去思考生态自然的价值，借鉴生态马克思主义通过对资本主义制度、技术使用和异化生产、异化消费的考察进行分析的方法，以社会批评、历史与逻辑相统一的理论形态重新审视人与生态的关系，这可以看作生态批评获得现实依据、理论深度和扩展其批评疆域的重要途径。

四　结语

运用马克思主义的观点和方法检视西方生态中心主义理论的学术价值和不足，借鉴生态马克思主义观点和方法去审视当代的生态危机成因和探索解决之道，对于正确地吸收国外相关理论资源，建构本土的生态批评，具有极为重要的意义。生态中心主义本身是一种有着明显理论缺陷的思想，其伦理意义和情感意义大于理论意义，不足以成为一种科学的文学批评理论的基础。但这样说并非否定一切生态主义主张的价值，相反，生态主义在揭示当代人类社会面临的最紧迫问题并促使人类对社会和自身进行反思方面，起着不可替代的巨大作用。生态主义思想的产生不是凭空而来，而是有其社会现实和历史的依据；生态批评的思想基础不能停留在某种思想理念或感性倾向上而不去深入把握其思想根源，不能只看到非人的自然而忽略人类社会。把握生态思想和生态危机的现实根源、制度原因，从而引发人们进行对生产和生活方式以及社会制度的反思，激励人们积极探索解决危机的途径、调整实践的尺度，把人类生活的自然之维和社会之维结合起来，并使生态批评在较为坚实的学理基础和较为完备的理论形态基础上获得解释的深度、广度及可操作性，才是生态批评在自身建设中理应追求的目标。西方生态马克思主义的思路，正为生态批评的未来发展提供着巨大的理论资源。

[原载《湖北大学学报》(哲学社会科学版) 2011 年第 3 期]

弗雷德里克·詹姆逊的“马克思主义文学批评”

范方俊

美国批评理论家弗雷德里克·詹姆逊的名字对于中国读者并不陌生，他的多部代表性的著作在中国学界可以说是风行一时。“马克思主义文学批评家”、“文化批评家”以及“后现代理论家”等诸如此类的称谓，连同他的数目众多的书籍，使得弗雷德里克·詹姆逊的名字似乎成了一个无所不包的代名词。然而，细读弗雷德里克·詹姆逊的著作，我们不难发现，尽管詹姆逊的学术研究跨越文学批评、文化研究、后现代主义理论研究等诸多方面，但马克思主义文学批评一直是詹姆逊批评理论和实践的一个重要的、不可分割的组成部分。

一　弗雷德里克·詹姆逊与“马克思主义文学批评”三部曲

弗雷德里克·詹姆逊本人一再申明，其学术生涯是从文学批评开始的，他的大学法国文学的专业背景决定了他最初从事文学批评的研究取向。从20世纪60年代初的《萨特：一种风格的始源》（1961年）开始，詹姆逊连续写作了几部颇具影响力的文学批评著作。其中，最具代表性的是被称为“马克思主义文学批评”三部曲的《马克思主义与形式》（1971年）、《语言的牢笼》（1972年）和《政治无意识》（1981年）。

《马克思主义与形式》（1971年）是詹姆逊进行“马克思主义文学批评”的最初尝试。众所周知，马克思主义最首要的是关于经济、历史、社会和革命的理论，而马克思和恩格斯散见在论著中的关于文学的论述成为马克思主义文学批评的开端。对于马克思和恩格斯而言，存在决定意识，文学的本质是建基于人类社会经济基础之上的一种社会意识形态，只有把文学放在社会现实的大框架内才能真正地理解文学，由此，强调文学的意识形态性质，要求从构成人类社会的经济基础和上层建筑的内在结构中寻求文学发生、发展的决定性因素，成为马克思主义文学批评的“传统”。詹姆逊本人不仅从理论上把马克思主义文学批评概括为三个方面的内容：一是文学的意识形态本质问题，二是经济基础和上层建筑的辩证关系对于文学的决定性影响，三是文学的表象问题，[①] 而且在文学批评实践中身体力行地运用马克思主义文学批评的原则。应该说，作为一位美国学者，詹姆逊在20世纪70年代对“马克思主义文学批评”表现出情有独钟，在当时多少显得有些“不合时宜”，因为当他向美国读者介绍马克思主义时，在美国思想领域占据统治地位的是“政治自由主义、经验主义和逻辑实证主义的那种混合，也就是我们所谓的英美哲学”。[②]

对于这种产生于美国本土的带有浓重实证主义色彩的标榜为“我们自己的传统”的英美分析哲学思维类型，詹姆逊是十分反感的。在他看来，像英美分析哲学这样排斥思辨、重视经验的思维类型在思维上是存在明显缺失的，其导致的政治后果也是极其严重的，“这种传统的反思辨偏见，它对个别事实或事件的强调，是以牺牲该事件可能寓于其内的诸关系的网络为代价的，它继续鼓励对现存秩序的屈从，阻挠其追随者在政治上进行联想，特别阻挠他们得出本来是不可避免的结论”[③]。因此，对于处于英美传统影响范围内的人们而言，引入迥异于英美分析哲学传统的注重思辨的马克思主义辩证理论，学会辩证思维，掌握辩证文化的基本原理，以及它所提供的基本批评武器，“已是当务之急”，因为“马克思对于个别艺术作品的强调，以及它们对他所具有的价值，远远不是个人的人格问题；从某个方面说，只有马克思主义理论才能进行更加精确的鉴定”[④]。故此，詹姆逊在《马克思主义与形式》中追溯了由马克思和恩格斯开创，历经阿多诺、本雅明、马尔库塞、席勒、布洛赫、卢卡奇、萨特等人继承发展的马克思主义辩证文学史观，并特别强调尽管此书涉及了大量德、法辩证文献，“然而，本书并非哲学，而是文学批评，或者起码是对文学批评的一

① 《詹姆逊文集》第1卷，中国人民大学出版社2004年版，第127—128页。

② Fredric Jameson, *Marxism and Form*, New Jersey: Princeton University Press, 1971, p. 5.

③ Ibid. .

④ Ibid. , p. 6.

种准备”[1]。该书的副题“20 世纪文学辩证理论”也明确地说明了这一点。

继《马克思主义与形式》之后，詹姆逊很快推出了其马克思主义文学批评的另一部力作《语言的牢笼》（1972 年），站在马克思主义的文学批评立场上，对 20 世纪初新出现的以俄国形式主义和法国结构主义为代表的文学语言学批评模式进行细致的分析和评判。对于俄国形式主义和法国结构主义代表的文学语言学研究范式，有人曾提出反对意见，认为“它在重蹈哲学史的老问题的覆辙，又回到了马克思主义之前，甚至是黑格尔之前那些我们今天已无须再操心的思想窘境和谬误之中”[2]，但詹姆逊并不这样认为，在他看来，“在构成意识和社会生活的所有因素中，语言显然在本体意义上享有无与伦比的优先地位”，而俄国形式主义和法国结构主义“以语言的组织和状况为其内容，提供了一批新的材料，使老问题以新的、未曾预见过的方式重新提出”，以意识形态为理由将其“拒之门外”就等于“拒绝把当今语言学中的新发现结合到我们的哲学体系中去这项任务”，真正的马克思主义文学批评并不否认形式主义文学批评对于文学语言性质揭示给予文学研究带来的“启发性的见解”和“丰富的想象力”。[3] 不过，对于俄国形式主义和法国结构主义将文学视作独立于人类社会之外的自足封闭体、把文学研究单纯地归结于语言分析的做法，詹姆逊同样提出了批评，因为尽管语言是人类意识活动中一个十分重要的因素，但语言的社会性决定了文学研究的语言视角不是关注语言本身，而是探讨语言在社会文化生活中的作用和位置，“这一点是从马克思主义的框架中必然生发出来的”。[4] 从内容上来说，《语言的牢笼》和《马克思主义与形式》，一为共时性的理论分析，一为历时性的理论建构，这本是两种截然有别的研究思路和范式，詹姆逊却通过对它们的分析、消化和吸收，实现其马克思主义文学批评应该成为“能够涵盖所有相互对抗、差别甚大的批评方法的不可超越的视野”的理论雄心。

进入 20 世纪 80 年代，詹姆逊完成了“马克思主义文学批评”三部曲的最后一部《政治无意识》（1981 年）的写作，集中讨论了马克思主义文

---

① Fredric Jameson, *Marxism and Form*, New Jersey : Princeton University Press, 1971, p. 11.

② Fredric Jameson, *The Prison-House of Language*, New Jersey: Princeton University Press, N. J. 1972, p. 7.

③ Ibid. , p. 8.

④ 《詹姆逊文集》第 1 卷，中国人民大学出版社 2004 年版，第 127 页。

学批评的“意识形态”和“表象”理论。在本书的前言部分，詹姆逊指出在文化领域存在两种研究：一种是以美英新批评为代表的形式主义文本分析，对某一特定文化文本的客观结构的本质的研究，研究其形式和内容的历史性，其各种语言可能性出现的历史时刻，及其美学的特定环境功能。另一种是马克思主义对文化文本进行阐释性研究，这种研究与其说是研究文本本身，毋宁说是阐释和利用文本，具体地说就是把文本视作政治性的寓言，而文化研究的使命就是揭示隐藏在文化文本背后的政治影像。詹姆逊坦言不管好坏，自己都坚定地选择第二条道路，并充满自信地为自己的研究思路辩护：“本书将论证文学文本进行政治阐释的优越性。它不把政治视角当作某种补充方法，不将其作为当下流行的其他阐释方法——精神分析或神话批评的、文体的、伦理的、结构的方法——的选择性辅助，而是作为一切阅读和一切阐释的绝对视阈。”① 需要指出的是，尽管詹姆逊本人在《政治无意识》一书的前言中提出了“文化研究”的主张，但《政治无意识》的主体部分借助的依然是对巴尔扎克、吉辛、康拉德等文学文本的阐释，《政治无意识》并未脱离文学批评的范畴。不过“文化研究”的提出，已经表明詹姆逊不甘囿于文学文本的藩篱将批评对象由文学文本扩展至文化文本的企图，所以《政治无意识》既是詹姆逊马克思主义文学批评的一部带有总结性的著作，同时也预示了詹姆逊从文学批评向文化批评的转型。

二　文化研究视野下的马克思主义文学批评

从20世纪80年代开始，詹姆逊转向了文化研究。1985年，詹姆逊在北京大学做了长达一学期的文化学术讲座。有意思的是，詹姆逊本人这次在向中国听众作自我介绍时，尽管提及了自己的文学学术背景，但刻意强调的是自己的文化学者身份：“我是搞法国文学的，并不是研究美国的专家，我注意的是世界范围内的后现代主义文化的发展，因此可以说是个文化批评家。我讲的并不局限于文学理论。”同时他在给中国学生开列阅读材料时再次说明：“我选择了阿多诺、本雅明、卢卡奇、弗洛伊德、阿尔

① Fredric Jameson, *The Political Unconscious*, New York: Cornell University Press, 1982, p. 17.

都塞的作品，并不一定是作为文学批评来读，而是作为文化批评的材料"[①]，并引证了英国文化学者雷蒙·威廉斯的话："文学教师必须把他们研究的对象当作一种文化的产物，这样才有可能认识作品的意义和本质。"[②] 在实际的授课过程中，詹姆逊就文化讲了这样几个话题：引论：文化与文化分期；文化——生产方式（第 1 章）；文化——宗教（第 2 章）；文化——意识形态（第 3 章）；文化研究——叙事分析（第 4 章）；后现代主义文化（第 5 章）。但即便如此，詹姆逊的文化研究并没有排斥他原先一以贯之的对于文学文本的解读与分析。比如他在北大的这次文化讲座尽管像马克思的《政治经济学批判》、摩尔根的《古代社会》、列维·施特劳斯的《野蛮人的心灵》等非文学的文化文本占据了不少的篇幅，但他仍然在课堂上用马克思主义的"意识形态"理论重点讨论了两部文学文本：康拉德的《吉姆爷》和艾略特的《荒原》。

《吉姆爷》是英国作家康拉德作于 1900 年的一个"海上故事"，说的是主人公吉姆从一个懦夫成为一个英雄的人生过程。传统的文学批评通常将《吉姆爷》当作是一部英雄主义的小说，而在詹姆逊文化研究视野里，《吉姆爷》被赋予了更多的文化方面的内涵。首先，"小说中的存在主义色彩是相当浓厚的"[③]。其表现就是主人公吉姆在面临紧要关头时对自身行动的"选择"。特别是当他所在的商船漏水下沉，其他水手纷纷跳水逃命，吉姆站在船舷边犹豫不决，内心进行着逃还是不逃的激烈抉择，詹姆逊认为，《吉姆爷》"对'选择'的分析很富有独特的色彩。在选择的时刻就必须做出决定，除此之外，什么也帮不了你的忙，因为犹豫不决也就是一种选择。这种时刻没有办法求助于任何外在力量，只有经过这充满痛苦的时刻才能达到自由"[④]。其次，《吉姆爷》具有明显的意识形态特征。詹姆逊利用法国叙事学者格雷马斯的"符号的矩形"分析模式，从《吉姆爷》中归列出一个建基于行动与价值二元对立的"符号的矩形"，以此来分析小说背后寓含的意识形态特征。因为"意识形态就是这样的。或者说这是一个两难推理，一种困境。在西方，我们提倡相信应该行动……但我们同时又强调价值。这中间的困境就是这两样东西不能完美地结合：价值是超

① 詹姆逊：《后现代主义与文化理论》，唐小兵译，北京大学出版社 1997 年版，第 13 页。
② 同上书，第 14 页。
③ 同上书，第 142 页。
④ 同上书，第 143 页。

验的，而行动却又是属于这物质世界的，因此我们的使命就是在自己的世界里力求解决这个世界里解决不了的问题……《吉姆爷》就是努力要解决这个矛盾，最后给人的感觉是似乎解决了这个困难，找到了出路，但这只是在叙事中达到了这一境界，现实中并没有这样。从中我们得出结论：任何二元论都是一种意识形态。只要你有对立的两项，你就有了意识形态，原因在于二元论是无法解决的问题”，① 所以“《吉姆爷》被看成是19世纪维多利亚时代的意识形态，是对资本主义社会的分析诊断。货币的社会是一个充满行动的社会，但自身并没有任何价值。这从历史的角度看是真实的，是事实，但同时又正是对自身的看法，因此属于意识形态，是一个神话，西方关于自己的神话”②。

《荒原》是英国诗人艾略特的代表作品，诗歌通过对水、火、风、雨、雷、电等意象的选择和营造，传达了现代人深陷现代文明危机中的一种干渴和绝望之情。关于《荒原》的传统解读，通常都是通过对构成诗歌诸元素的上述意象进行语义分析，析解其背后寓含的隐喻之义。而在强调文化研究的詹姆逊看来，此种批评方式绝不像人们想象得那样有效，他尝试用另外一种文化研究的方法来解读《荒原》。这种文化研究是通过考察诗中代词的使用来展开的。正如詹姆逊所指出的，《荒原》的首段在陈述表达荒地上生命之痛苦时，没有使用一个代词，如四月是最残忍的一个月，荒地上/长着丁香，把回忆的欲望/掺和在一起，又让春雨/催促那些迟钝的根芽。而在接下来的段落中，开始大量出现“我们”、“我”、“他”和“你”等代词，如冬天使我们温暖，大地/给助人遗忘的雪覆盖着，又为/枯干的树根提供少许生命。/夏天使我们惊讶，在下阵雨的时候/来到了斯丹卡基西；我们在柱廊下躲避，/等太阳出来又进了霍夫加登，/喝咖啡，闲谈了一个小时。/我不是俄国人，我是立陶宛来的，是地道的德国人。/而且我们小时候住在大公那里/我表兄家，他带着我去滑雪橇，/我很害怕。他说，玛丽，/玛丽，牢牢揪住。我们就往下冲。/在山上，那里你觉得自由。/大半晚上我看书，冬天我到南方。并且出现了明显的由集体性的代词向个体性的代词的变化。詹姆逊指出，正是从这些代词的有规律的变化中，我们可以读出诗中寓含的带有意识形态特征的文化内涵，即“在

① 詹姆逊：《后现代主义与文化理论》，唐小兵译，北京大学出版社1997年版，第160页。

② 同上书，第142页。

这些代词的变化中，我们经历了一系列的意识形态，而这首诗也就是用这种方式来扩展的，其他的东西都可以融进这个基本框架。首先诗里有一种‘深层意识’，这也许是一个种族的集体性深层意识，而这正是诗中神话的来源；然后是一个‘贬值了的集体’，这就是工业化社会中的人们；而这种集体性中的个人也是没有生命的，正如但丁笔下那些既没有得到拯救也没有被贬入地狱的人们一样，因为他们是毫无价值的”。[①]

事实上，詹姆逊的文化研究对于文学文本的关注并不仅限于此，除了上面提到的两部文学作品之外，还涉及了对包括西班牙作家塞万提斯的《堂吉诃德》，意大利作家卜加丘的《十日谈》，中国作家茅盾的《春蚕》、《子夜》、《林家铺子》等在内的众多作家和作品的阐释和分析。詹姆逊为什么要将文学批评扩展至文化研究？在《政治无意识》中，他已经表明了其马克思主义文学批评的立场：文学的本质是一种社会的象征性行为，文学研究的根本不应在文学文本内部结构里打转转，而是透过对于文学文本的阐释去揭示社会的本质。由于文学文本不是显现社会本质的唯一载体，所以越出文学文本进入更大的文化文本来全方位地揭示社会本质就成为詹姆逊探寻社会本质的逻辑必然。但詹姆逊文化研究中对于文学意识形态性质的关注也表明，带有鲜明马克思主义文学批评印记的文学研究是詹姆逊文化研究的一个重要的组成部分，詹姆逊文化研究视野下的马克思主义文学批评并未缺失。另外，在詹姆逊的文化研究转向中有一个情况不能不提，这就是他对于电影这种非文学文本的关注。詹姆逊认为，电影在现代生活中的重要地位与文学在传统生活中的重要地位极其相似，电影集中体现了“文化工业”的特征，是现代社会特别是后现代社会重要的“文化文本”，理应引起批评的重视，这实际上打开了詹姆逊从事后现代研究的大门。

三　后现代主义研究与马克思主义文学批评

比利时经济学家恩内斯特·曼德尔在《晚期资本主义》一书中，把资本主义的发展划分为三个阶段：第一阶段是市场资本主义，第二阶段是帝国主义下的垄断资本主义，第三阶段是晚期资本主义。在詹姆逊看来，上

① 詹姆逊：《后现代主义与文化理论》，唐小兵译，北京大学出版社1997年版，第161页。

述划分是后马克思主义对资本主义社会的纲领性认识，“而且，与早期马克思主义相比，也似乎更具文化性，从根本上转向迄今人们所知的商品物化和消费主义等现象”,[①] 并在此基础上对于资本主义进行了文化分期，依次是现实主义、现代主义和后现代主义，其中我们所处的当下社会也即人们通常所说的晚期资本主义所处的文化语境正是后现代主义。不过，尽管詹姆逊一再宣称后现代主义文化文本已经与以往时代的文化文本发生了深刻的“断裂”，他在解读后现代主义文化文本时看重的是电影、绘画和建筑这样的非文学文本，但文学文本在詹姆逊的后现代主义文化研究中同样没有缺席，而且一如既往地坚守马克思主义的文学批评立场。

首先，詹姆逊对于资本主义社会所做的现实主义、现代主义和后现代主义三阶段文化分期借助的是文学批评用语，划分的依据则是马克思主义对资本主义社会性质的经典分析。具体地讲，就是他所说的资本主义的第一个阶段市场资本主义，是马克思写作《资本论》的时期，此时的资本主义采用的是国家范围的资本主义形式，其对应的文化形式是现实主义，不仅在时间段上与现实主义文学的兴起相吻合，而且其用来说明市场资本主义文化特征的就是美国现实主义代表作家德莱塞的现实主义力作《嘉莉妹妹》。资本主义的第二个阶段垄断资本主义，是马克思、恩格斯之后大约20—30年时间里，列宁指出资本主义进入了一个新的时期，资本主义由竞争的企业向垄断集团过渡，其标志是1885年西欧国家召开的讨论瓜分非洲的殖民会议，詹姆逊把这一时段的资本主义文化指称为“现代主义”，并特别强调了其与西方现代主义文学之间的密切关联，“我所称的现代主义，虽然可以说是开始于1857年，即波德莱尔的《恶之花》和福楼拜的《包法利夫人》出版的那一年，但总的说来，应该说是开始于市场资本主义向垄断资本主义转变的同时出现的象征主义运动，即19世纪80年代。而且80年代出现的工业化、现代化正是资本主义社会前所未有的。因此，在19世纪80年代有了国家市场向世界市场的扩张，出现了垄断企业，出现了新的大规模的工业化，同时出现了新型的文化”[②]。资本主义的第三个阶段有好几个名称，如“晚期资本主义”、“媒介资本主义”、“后工业化

① 詹姆逊：《后马克思主义五条论纲》，陈永国译，《詹姆逊文集》第1卷，中国人民大学出版社2004年版，第315页。

② 詹姆逊：《后现代主义与文化理论》，唐小兵译，北京大学出版社1997年版，第157页。

资本主义”、“多国资本主义”等，詹姆逊倾向于使用“后现代主义”来概括这一时期的文化特征，其思路是与他用现实主义和现代主义来概括资本主义的前两个阶段一脉相承的，如他本人所说的，“后现代主义是在晚期资本主义阶段中出现的，正如垄断资本主义曾经带来了现代主义一样”，[①] 现实主义、现代主义和后现代主义“不一定只是描写文学作品中的风格，而应该将这些名称看成是某一阶段的文化风格，代表某一阶段的文化逻辑”[②]。

其次，詹姆逊对于后现代主义文化特征所做的经典概述同样得益于他对文学文本的马克思主义文学解读。在《后现代主义，或晚期资本主义的文化逻辑》一文中，詹姆逊曾对后现代主义的文化特征做了如下的概括：（1）后现代主义是一种缺乏深度、给人以平面感的新型文化形式；（2）后现代主义文化是一种历史感愈趋浅薄微弱的文化；（3）后现代主义文化是一种呈现出新的语法结构及句形关系的文化；（4）后现代主义文化是一种情感消逝了的文化。[③]

为了具体说明后现代主义的这些文化特征，詹姆逊在从后现代主义文化中的绘画、雕塑、电影和音乐等非文学文本进行举例说明的同时，还直接借助后现代主义文学文本来说明后现代主义的文化特征。比如，关于后现代主义文化在外在空间深度和内在意义深度的双重缺失，詹姆逊举证了托马斯·品钦的小说《万有引力之虹》。在他看来，传统意义上的文学作品都是讲求作品深度的，而且作品深度是与解释密不可分的，而“后现代主义作品恰恰是不可以解释的，例如品钦的《万有引力之虹》，虽然也是很广阔的画面，也像《尤利西斯》一样有百科全书的性质，但这里并没有什么可以解释的，毋宁说是一种经验，你并不需要解释它，而应该去体验。这里没有必要去建筑什么意义，因为品钦已将他要表达的全部意义都明确地写进作品中了”[④]。

关于后现代主义文化历史感的淡薄，詹姆逊分析了美国作家多托罗的小说《爵士乐时代》。他认为，尽管从表面上看，《爵士乐时代》这部小

---

① 詹姆逊：《后现代主义与文化理论》，唐小兵译，北京大学出版社 1997 年版，第 200 页。

② 同上。

③ 詹姆逊：《晚期资本主义的文化逻辑》，陈清桥等译，生活·读书·新知三联书店 1997 年版，第 433 页。

④ 詹姆逊：《后现代主义与文化理论》，唐小兵译，北京大学出版社 1997 年版，第 232 页。

说颇似一部追述美国早期时代风貌的“历史小说”，但它实质上是一部彰显出“历史性”这个观念本身正面临危机的症状，因为“在阅读这部小说时，我们实在无法接触到其内容所蕴藏的正式的‘主体’，更难以掌握到什么作品的‘主题’。因为，一切皆漂浮于文本的组织之上，无法凝结在我们读到的字里行间之中。由此可见，小说不但极力抵制任何阐释的企图，它更以其独有的结构形式，全面地把作品的意义范畴封锁起来。结果，旧有的、以社会历史的现实为出发点的阐释方法站不住脚了，因为任何的解释一旦提出，立即又被撤回。这样的阐释方法……使文本的一字一句皆充满了后现代的基本矛盾”①。

关于后现代主义在语言结构上所展现出来的崭新特征，詹姆逊提到了美国新诗派中一个名为“语言诗派”的诗歌创作。所谓“语言诗派”，“也称‘新句子’诗派，他们不是写诗，而是写一些句子”②。詹姆逊举出其中的一首名为《中国》的诗作，指出类似这样的一些诗作“都是些很简单的句子，你可以随时阅读，你可以有一种直接的反应，只要你不打破沙锅问到底，不去追问到底有什么意思……这种结构，没有试图把所有的句子串起来，而是让所有的句子都各自存在着”③，并特别强调后现代主义文学在语言结构上的这种创新是与后现代主义对于时间概念和时代体验息息相关的。

关于后现代主义的情感的消逝，詹姆逊比较了现代主义文学与后现代主义文学在相关主题上的不同对待，做出这样的判断：“在狭义的文学批评领域里，‘情感的消逝’可以解释为现代主义文艺观念中‘时间’、‘时间性’以至记忆等主题的消逝……在当代日常生活中，我们的心理经验及文化语言都已经让空间的范畴而非时间的范畴支配着。盛行于昔日现代主义高峰时期的典范性批评概念，能否继续沿用于今天的社会，确是值得怀疑的事。”④

这些事实表明，在詹姆逊的后现代主义文化研究中，马克思主义文学

---

① 詹姆逊：《晚期资本主义的文化逻辑》，陈清桥等译，生活·读书·新知三联书店 1997 年版，第 464 页。

② 詹姆逊：《后现代主义与文化理论》，唐小兵译，北京大学出版社 1997 年版，第 230 页。

③ 同上书，第 232 页。

④ 詹姆逊：《晚期资本主义的文化逻辑》，陈清桥等译，生活·读书·新知三联书店 1997 年版，第 465 页。

批评并没有缺场，同样是詹姆逊后现代主义文化研究中的一个重要组成部分，所以，詹姆逊在论及后现代主义文化理论时，一再提醒大家关注这样一点：在注意了后现代主义在建筑、绘画乃至音乐等非文学文本领域的表现的同时，同样需要注意后现代主义“在文学和美学观念中，都有相应的影响和后果”。①

毋庸讳言，詹姆逊本人的研究领域的确存在着由文学批评向文化研究的转向，但他对文学文本的关注以及所持的马克思主义的文学批评立场应该是始终如一的，马克思主义文学批评是詹姆逊批评理论和实践重要的不可分割的一个组成部分。笔者想关注詹姆逊马克思主义文学批评的理论和实践至少可以给我们如下两个启示。

（1）文学研究固然不能在文本内部形式里故步自封，文学研究要达至对于文学本质的探寻需要越出文本之外寻求更广阔的社会、文化上的关联才可奏效，但寻求文学研究的广阔视野绝不能是以舍弃文学研究本身作为代价的，这对中国当代“文化热”中漠视文学研究边界的做法，是一个有益的警示。

（2）理论与现实的有机结合和互动。理论的建构归根结底是要解决现实的问题，马克思主义的精髓不仅是解释世界，更重要的是能够改变世界，所以一味地在理论里转圈圈而不去关注现实是没有多少益处的，这一点对于当代中国方兴未艾的后现代研究尤为切要。

参考文献

马克思：《1844年经济学—哲学手稿》，人民出版社1979年版。

索绪尔：《普通语言学教程》，高明凯译，商务印书馆1996年版。

詹姆逊：《快感：文化与政治》，王逢振译，中国社会科学出版社1998年版。

詹姆逊：《布莱希特与方法》，陈永国译，中国社会科学出版社1998年版。

詹姆逊：《时间的种子》，王逢振译，江苏教育出版社2006年版。

Fredric Jameson, *The Prison - House of Language*, New Jersey: Princeton University Press, N. J. 1972.

（原载《马克思主义研究》2010年第5期）

① 詹姆逊：《后现代主义与文化理论》，唐小兵译，北京大学出版社1997年版，第166页。

戴维·哈维与马克思主义文学批评传统

阎 嘉

20世纪晚期，随着西方资本主义世界从第二次世界大战的破坏中恢复元气、完成重建乃至出现“经济起飞”的某种程度的繁荣，以“福特主义”大规模流水线生产为主导的生产方式，逐渐转向“后福特主义”灵活生产与弹性积累的生产方式，资本主义社会出现了引人注目的社会转型，进入到一种以“消费主义”为主要特征的所谓“后现代”时期。在这样的社会语境中，资本主义社会的文学、艺术、文化，伴随着社会转型，也出现了某些显著的变化。曾经成为20世纪西方文学批评最为重要的潮流之一的马克思主义文学批评传统，在英国著名马克思主义批评家特里·伊格尔顿（Terry Eagleton，1943— ）所说的“理论高峰”之后的走向，成了关注马克思主义在21世纪之命运的一个重要方面。以戴维·哈维（David Harvey，1935— ）为代表的“新马克思主义”异军突起，力图为马克思主义传统开拓“空间理论”与地理学维度，开创了“历史—地理唯物主义”学说，在学界引起了巨大反响。哈维一方面明确提出了把空间理论和“历史—地理唯物主义”整合到现有的文学理论之中的任务，一方面则运用自己开创的理论去具体分析巴尔扎克、波德莱尔、福楼拜、左拉、品钦、卡尔维诺等作家的作品，力图从理论和实践两个方面为马克思主义文学批评传统增加全新的维度。哈维的努力，为我们提供了可资借鉴的重要理论资源。

一

在笔者看来，从19世纪中叶马克思主义诞生以来，马克思主义在西方的发展历史，可以分为经典马克思主义、西方马克思主义和新马克思主义三个阶段。[①] 经典马克思主义是指马克思主义的创始人马克思和恩格斯的思想，西方马克思主义是指从20世纪早期到20世纪70年代左右以“法兰克福学派”为主要代表的“批判理论”，而新马克思主义则指以哈维等人为代表的历史—地理学派。

众所周知，马克思和恩格斯并没有开创一种完整系统的文学批评传统。虽然马克思从读大学时起就对文学作品和文学创作抱有极大兴趣，这种兴趣贯穿于他的一生，并且也表现在他的很多重要理论著作之中，但正如英国学者柏拉威尔（Siegbert Salomon Prawer，1925—　）在《马克思与世界文学》一书中所说：“马克思从来没有写过一篇完整的美学论文，也从来没有发表过一篇扎实的正式的文学批评——他对欧仁·苏的《巴黎的秘密》的分析是他揭露施里加和布鲁诺·鲍威尔的青年黑格尔分子的附带产物；他对《弗兰茨·冯·济金根》的评论是在一封私人信件中信笔挥就的。”[②] 同样，恩格斯也经常关注文学问题，就革命悲剧、现实主义、典型性、艺术产生的相对自主性等问题发表过精彩意见。但这些意见大多是分散的和非系统性的。

尽管如此，我们必须承认，经典马克思主义为后来一百多年的马克思主义文学批评传统奠定了理论基础。这些基础在根本上是原理性和规范性的，体现在《资本论》、《政治经济学批判》、《德意志意识形态》、《共产党宣言》等经典著作中。经典马克思主义始终坚持对资本主义社会进行政治—经济批判，通过对黑格尔式辩证法的改造，创造性地提出了历史唯物主义的范畴，它包含以下内容：第一，承认人类的物质生产活动决定了社会结构和个人本质，一个社会的法律、艺术、宗教和道德归根结底是这些物质关系的一种表现。第二，资本主义的劳动分工造成了私有财产的集中化，以及社会行为的异化。破坏性的经济危机是资本主义生产、流通和消费固有的矛盾。第三，资本主义国家内部的一切斗争都是阶级之间的斗争，这种斗争导致了社会变迁。第四，资本主义的积累、集中化和世界扩张导致了贫富尖锐对立的世界。正是资产阶级本身，创造了毁灭它自身的

---

① 关于马克思主义发展阶段的问题，目前学术界尚有诸多争议。本文无意介人这方面的争论，采取了一种较为简单清晰的划分方式。

② ［英］柏拉威尔：《马克思和世界文学》，梅绍武等译，生活·读书·新知三联书店1980年版，第537页。

武器——无产阶级。无产阶级的历史任务是废除私有制，把自身的基础置于全人类的需要之上。

从文学批评的角度看，经典马克思主义的一些重要论点构成了20世纪马克思主义文学批评传统的基本支撑，并在一定程度上构成了一种开放性。这些论点包括：（一）拒绝“同一性”概念，不承认包括文学在内的一切对象能以某种方式独立存在，只能按照文学与意识形态、阶级和经济基础的关系来理解文学。（二）坚持认为客观世界的建构与人类的社会实践活动有关，而不是固定不变的，因而具有历史性。（三）把艺术作品理解为一种商品，与其他商品一样具有物质性和价值等特性。艺术创作在总体上可以被看成是社会生产的一个分支。（四）关注作为历史内在动力的阶级斗争，以及它与作为意识形态折射之场所的文学的关系。（五）认为语言不是一种自我封闭的体系，而是一种社会实践活动，植根于社会的物质条件之中。

马克思和恩格斯的思想在全世界范围内产生了巨大影响，形成了马克思主义的思想传统和文学批评传统。这种影响的范围包括了社会学、哲学、经济学、政治学和文化理论等，以及历史主义、女性主义、解构主义、后殖民主义和文化批评等众多批评理论。在马克思主义传统发展的一百多年里，马克思主义并未像一些西方学者所称的已经“式微”或者“死亡”，而是处于不断的发展中，根据变化着的历史境况不断地发展着。

但同时，我们也必须认识到，尽管一些早期马克思主义者，如意大利人安东尼奥·拉布里奥拉（Antonio Labriola，1843—1904）、德国人弗朗茨·梅林（Franz Mehring，1846—1919）和罗莎·卢森堡（Rosa Luxemburg，1871—1919）、俄国人格奥尔基·普列汉诺夫（George Plekhanov，1856—1918）等曾根据经典马克思主义的原理，致力于发展马克思主义的文学批评与美学传统，为马克思主义的发展作出了重要贡献。但在随后不久，这一传统就发生了重大转折：以西方马克思主义为代表的马克思主义思潮，逐渐告别经典马克思主义的政治—经济批判路线和无产阶级革命，从知识分子精英和专业学者的立场出发，一方面抛弃无产阶级革命，另一方面把经典马克思主义对资本主义社会的政治—经济批判转换为哲学批判与文化批判，甚至纯粹的学术批判，使马克思主义丧失了其革命性和实践性。

1976年，英国著名新左派评论家佩里·安德森（Perry Anderson，1938— ）在其《西方马克思主义探讨》一书中概括了西方马克思主义的六个特征：学术与政治实践相脱离；从政治经济转向哲学和上层建筑；到以前的资产阶级哲学中寻找马克思主义的根源；著作晦涩难懂；弥漫着悲观主义情绪；未能把马克思主义同群众斗争结合起来。同时，安德森还开列了一张西方马克思主义者的名单，其中包括卢卡契、科尔施、葛兰西、本雅明、霍克海默、马尔库塞、阿多诺、萨特、阿尔都塞等人。[①] 应当承认，安德森所做的概括和开列的名单，基本符合西方马克思主义的实际情况。

西方马克思主义的始作俑者是匈牙利哲学家格奥尔格·卢卡契（Georg Lukács，1885—1971）。他在思想上深受齐美尔、马克斯·韦伯、海德格尔和康德等人的影响，尤其是黑格尔哲学的影响，这使得其理论在总体上带有哲学唯心主义倾向和新黑格尔主义色彩，这一切明显表现在他的代表作《小说理论》（1916 年）和《历史与阶级意识》（1923 年）之中。卢卡契试图在马克思主义体系中恢复黑格尔的总体性范畴，把历史唯物主义的根源追溯到黑格尔的辩证法，把马克思主义界定为对方法论的探求。卢卡契在文学理论方面提出的现实主义概念，其核心就是以黑格尔具体的普遍性概念为基础的总体性范畴。他提倡艺术反映论，要求艺术反映出历史力量的总体性，而不只是机械地证明偶然联系起来的世界的表面细节。他还用现实主义概念来反对现代主义，认为现代主义是从自然主义派生出来的。

意大利马克思主义理论家安东尼奥·葛兰西（Antonio Gramsci，1891—1937）对马克思主义的主要贡献在于他对“霸权”（hegemony）概念的阐述。他把“霸权”定义为统治阶级的文化领导力。葛兰西认为，无产阶级革命只能通过政治上和知识分子的自主性来实现。葛兰西的霸权概念实际上强调了人类主体性力量的作用，而不是依赖于经济活动的“必然性”。葛兰西的文学批评观坚持要求在历史和政治语境中去理解文学生产，认为批评家的任务是要协调一般的文化和政治斗争。

“法兰克福学派”“批判理论”的主要代表人物是马克斯·霍克海默（Max Horkheimer，1895—1973）、特奥多尔·阿多诺（Theodor Adorno，1903—1969）和赫伯特·马尔库塞（Herbert Marcuse，1898—1979）。他们的批判集中在哲学和文化方面，其理论充满浓厚的黑格尔哲学色彩，同时也带有弗洛伊德思想的印记。这些理论家认为，现代资本主义社会的大众

① 参见陆梅林选编《西方马克思主义美学文选》，漓江出版社 1988 年版，第 3 页。

文化受到了控制，被变成了商业的一个方面，而艺术则体现了远离社会和政治世界的一种独特批判距离。受到这种倾向影响的瓦尔特·本雅明（Walter Benjamin，1892—1940）在其《机械复制时代的艺术作品》中认为，现代技术已经改变了艺术作品，剥夺了它在早先时代所拥有的独特“韵味”（aura）。现代艺术作品是为大众消费而复制的，实际上是与原初形式毫无关系的复制品。

后来的马克思主义文学理论传统，虽然逐渐与黑格尔哲学分道扬镳，但与各种非马克思主义的结构主义相结合，愈加远离经典马克思主义理论的路径。如路易·阿尔都塞（Louis Althusser，1918—1990）的结构主义的马克思主义在文学和批评方面强调了作者意图与主体力量的作用，卢西恩·戈德曼（Lucien Goldmann，1913—1970）的文学社会学认为文本是表现了特定社会阶级之心理的更大精神结构的产物，皮埃尔·马歇雷（Pierre Macherey，1938— ）的文学生产理论认为，文学文本是艺术家重新改写语言学和意识形态原材料的产物。弗雷德里克·詹姆逊（Fredric Jameson，1934— ）的文学批评辩证理论，同样利用了总体性等黑格尔式的范畴，并把它与结构主义和弗洛伊德的思想结合起来，要求在广阔的历史语境中去理解文学文本。特里·伊格尔顿则概括了马克思主义文学分析的各种范畴，致力于阐明马克思主义与大多数现代文学理论之间进行沟通的条件和差异。

二

与西方马克思主义传统所采取的哲学批判和文化批判的路径不同，戴维·哈维提出的“历史—地理唯物主义”明确主张返回到经典马克思主义的传统，不仅要在马克思和恩格斯的经典著作中寻求理论资源，更重要的是要返回到经典马克思主义的政治—经济批判路线和历史唯物主义、辩证唯物主义的根本原理之上。2000 年，哈维在接受《新左派评论》的记者采访时说：“马克思是我藉以依靠的核心。马克思的著作是对资本主义的批判，我对应用这种批判乐此不疲。我总是一方面发展普遍性的理论，但另一方面，理论要脚踏实地……资本主义在美国盛行，这决定了我们在研究方面的优势。”[1] 哈维所说的“发展普遍性的理论”，实际上是指发展经

① 《哈维访谈录》，《国外理论动态》2001 年第 3 期。

典马克思主义理论的灵魂——历史唯物主义，而他所说的“理论要脚踏实地”，实则是说要从当今资本主义的社会生产方式、政治经济状况、艺术和文化发展现状出发，为历史唯物主义增加新的阐释维度，对资本主义发展中的新问题做出具有说服力的解释。

作为人文地理学者，哈维选择接受和发展马克思主义理论的切入点，是与地理环境相关的“空间”问题。哈维发现，在马克思主义传统内部，对于空间问题和时间问题还没有非常明确的论述，但哈维认为，“马克思本人却是一位相关的思想家。在1848年那样的革命形势中，马克思担心过去会像噩梦一样影响到活人的头脑，并直接提出了在当时如何创建未来的革命诗歌的问题”①。在哈维看来，马克思和恩格斯的经典著作包含了对空间和时间问题的思考，只是由于他们从当时的现实出发，把注意力主要放在了批判资本主义社会和建构历史唯物主义理论上，未能发展出相关的空间和时间理论。例如，马克思在《1857—1858年经济学手稿》中说过：“资本一方面要力求摧毁交往即交换的一切地方限制，夺得整个地球作为它的市场，另一方面，它又力求用时间去消灭空间，就是说，把商品从一个地方转移到另一个地方所花费的时间减到最低限度。资本越发展，从而资本借以流通的市场，构成资本空间流通道路的市场越扩大，资本同时也就越是力求在空间上更加扩大市场，力求用时间去更多地消灭空间。”② 马克思和恩格斯在《共产党宣言》中提到了“不断扩大产品销路的需要，驱使资产阶级奔走于全球各地”，“世界市场使商业、航海业和陆路交通得到了巨大的发展。这种发展又反过来促进了工业的扩展”，因而“一切固定的东西都烟消云散了”。③ 哈维对待马克思和恩格斯经典著作的这种态度，与大多数西方马克思主义者到黑格尔哲学中去寻找马克思主义的根源的做法，形成了极为鲜明的反差。

除了马克思和恩格斯的经典著作之外，哈维认为，在经典马克思主义之后的马克思主义传统之中，只有为数不多的人注意到了空间问题，其中

① David Harvey, "Space as a Keyword", in David Harvey: *A Critical Reader*, edited by Noel Castree and Derek Gregory, Blackwell Publishing Ltd., 2006, p. 287.

② 马克思：《1857—1858年经济学手稿》，《马克思恩格斯全集》第46卷（下），人民出版社1980年版，第33页。

③ 马克思、恩格斯：《共产党宣言》，《马克思恩格斯选集》第1卷，人民出版社1972年版，第252—254页。

之一便是英国著名马克思主义文化理论家雷蒙德·威廉斯（Raymond Williams，1921—1988）。威廉斯在《文化与社会》、《漫长的革命》和《马克思主义与文学》等一系列著作中提出并阐明了“文化唯物主义”的理论，并在《乡村与城市》中触及了资本主义社会转型时期乡村与城市之间空间转换的问题。威廉斯在《大都市概念与现代主义的出现》一文里曾经提出：“由于许多社会的和历史的原因，19 世纪下半叶和 20 世纪上半叶的大都市，变成了一个全新的文化维度。它现在远远超过了非常巨大的城市，甚至超过了一个重要国家的首都城市。它是新的社会关系、经济关系和文化关系开始形成的场所，超出了城市和国家较老的意义……”① 威廉斯把西方现代性过程中出现的大都市当成一种特殊的空间形式，并且把巴黎、伦敦、纽约等大都市与现代性以及陌生化、孤独感、异化感、神秘感等文学上的重要主题联系起来考察。哈维注意到，威廉斯的小说也表现出了对空间和时间问题的关注：“在威廉斯的小说《黑山人》里，时空的关系性成了核心。威廉斯用它来把叙事连接在一起，直接强调了伴随着对时空之不同感觉的不同认识方式。”②

哈维在研究“第二帝国”时期巴黎的城市改造时，对本雅明“拱廊规划”的研究方法进行过评析。在《巴黎，现代性之都》里一方面肯定了本雅明的《拱廊规划》对“拱廊”这种特殊都市空间的研究，称赞本雅明把物质空间与人们的想象、梦想、概念、表现等联系起来，另一方面，哈维也清醒地看到了本雅明的空间研究的缺陷，即本雅明对“拱廊规划”的研究是通过收集各种第二手资料，将这些零零碎碎的东西罗列起来，当成巴黎这个现代性场所运转的真实情景。哈维把本雅明研究“拱廊”的方式称为“碎片化地接近总体性”，而这种方式与哈维的方式明显属于不同的理路：“我的目的与本雅明的目的完全不同。正如我所能作出的最大努力那样，我的目的是要重构‘第二帝国’的巴黎是怎样运转的，资本与现代性怎样在特定的地点和时间里集合在一起，各种社会关系和政治想象怎样因为这种遭遇而充满活力。”③ 从哈维所进行的对比中可以看出，他研究空间问题的宗旨在于：通过对人们建构的物质空间的分析，去透视它所汇聚起

---

① ［英］雷蒙德·威廉斯：《现代主义的政治》，阎嘉译，商务印书馆 2004 年版，第 65 页。

② David Harvey, “Space as a Keyword”, in David Harvey: *A Critical Reader*, edited by Noel Castree and Derek Gregory, Blackwell Publishing Ltd., 2006, p. 287.

③ David Harvey, *Paris, Capital of Modernity*, New York and London: Routledge, 2003, p. 18.

来的各种社会力量、政治经济关系、资本运作的内在机制，而不是单纯地把空间当成一种绝对的物质构成来研究，也不是单纯地研究对空间的表现。

20世纪马克思主义传统中对哈维的空间理论产生了直接影响的重要人物，是法国马克思主义理论家列斐伏尔，尤其是列斐伏尔的重要著作《空间的生产》。哈维在《作为关键词的空间》一文里明确说过："在马克思的传统内部，除了列斐伏尔和地理学家之外，缺乏对空间和时间之疑问的一种广阔理解。"[①] 列斐伏尔在《空间的生产》里把空间分为"物质空间"（体验的空间，以及容易受到身体触觉和感觉影响的知觉空间）、"对空间的表现"（设想和呈现出来的空间）和"表现的空间"（经历过的、被合并到我们日复一日生活之中的感觉、想象、情感和意义的空间）三种。哈维认为，这种划分有助于用来说明空间与人类实践活动之间的联系，尤其有意义的是，有助于说明在文学和艺术中对空间的表现以及被表现出来的空间。但他强调说，必须在实际运用中使这三种空间保持一种"辩证的张力"，最好能够把列斐伏尔划分的三种空间范畴，与他自己划分的"绝对空间"、"相对空间"和"相关空间"这三个范畴结合起来，组成一种空间"矩阵"，以此来说明空间问题的复杂性，及它们与社会、政治、经济、资本、文学、艺术等活动的复杂关联。

三

哈维为西方新马克思主义理论作出的最大贡献，是他所开创的"历史—地理唯物主义"。他在回答写于1996年的《正义、自然与差异地理学》一书主旨的问题时非常坦诚地说过："我的目的是提出一些非常基本的地理概念——空间、位置、时间和环境，并说明它们是任何历史唯物主义者了解世界的核心。另一种说法是，我们必须有历史地理唯物主义的想法，为此我们需要一些辩证法的概念。从任何唯物主义者对待历史的方法来看，地理问题总是当代的问题。但它们从未系统地得到解决。我希望为

---

① David Harvey, "Space as a Keyword", in David Harvey: *A Critical Reader*, edited by Noel Castree and Derek Gregory, Blackwell Publishing Ltd., 2006, p. 288.

解决这些问题打下必要的基础。"① 从20世纪70年代初期开始，哈维就一直在为建立历史—地理唯物主义的理论而不懈努力，不断对历史—地理唯物主义理论进行补充、修正和充实，并且也不断尝试用这一理论来阐释现代主义和后现代主义的文学与艺术问题。

概括地说，哈维为新马克思主义所作出的突出贡献体现在以下四个方面。

第一，致力于新马克思主义在理论上的突破和创新。

如前所述，经典马克思主义始终坚持政治—经济的批判立场，始终从历史唯物主义的角度去批判资本主义社会和资产阶级。此后，西方马克思主义逐渐偏离经典马克思主义的传统，大多从知识分子精英的立场出发，走向对资本主义的哲学批判和文化批判，力图使马克思主义的传统返回到黑格尔哲学。新马克思主义立足于第二次世界大战后西方资本主义社会在生产方式与文化现象方面出现的新变化，一方面回归经典马克思主义传统，从马克思和恩格斯经典著作中寻求资源，另一方面从空间和时间的角度切入，力图为马克思主义传统增添审视社会、经济、文化和文艺现象的新视角。哈维所开拓的历史—地理唯物主义理论，从资本主义社会生产、经济、政治变迁追寻文化和艺术的演变，通过时空关系追踪社会变迁的研究路径，成了马克思主义发展史上的里程碑，即把空间生产看成是特定社会关系的生产，而文化和文艺中体现出来的种种表征，都是通过空间生产折射出来的社会关系的生产。

哈维认为，在历史—地理唯物主义的总体框架重构中，应该重视对阶级政治与资本力量的研究，重视对物质关系与社会关系之关联的研究。他说："人们之间的物质关系显然是无处不在的，正如在事物内部体现出各种社会关系的方式有无数种一样。因此，对事物的一切重构都需要一种对各种社会关系的重构：我们在创造和再造城市时，也在创造和再造我们自己，既是个体的，也是集体的。要把城市建构成一个有感觉力的存在……"② 同时，他也强调，历史—地理唯物主义的社会辩证法也应该包括社会的美学实践与文化实践。他认为，文化的生产状况值得密切关注，

① 《哈维访谈录》，《国外理论动态》2001年第3期。

② David Harvey, "Space as a Keyword", in David Harvey: *A Critical Reader*, edited by Noel Castree and Derek Gregory, Blackwell Publishing Ltd., 2006, p. 287.

必须把文化生产和话语生产当作资本主义象征秩序的再生产及其转变的组成部分来分析。这样做时，尤为重要的是，要思考我们从物质上塑造自己环境的方式，思考我们用以表现和在其中生活的方式。所以，哈维提出："我认为，公正地说，马克思主义的传统尚未深入地触及到这些问题，这种普遍的失败（当然，虽然也有许多例外）经常意味着丧失某些有变革能力之政治的可能性。"① 哈维还举例说，如果社会主义现实主义艺术无法唤起想象力，如果经过规划的公社和共产主义的城市经常都显得对世界如此呆滞，那么，批判性地介入这个问题的一种方式，就是要考虑思考空间和时间的方式。

第二，致力于建构新马克思主义理论的空间关系阐释框架。

以哈维为代表的新马克思主义者摒弃了哲学批判和文化批判的路线，把重心转向历史—地理唯物主义研究的新方向，将"空间范畴"引入理论研究，推进了新马克思主义批判理论的发展。哈维的空间理论的要点在于：（一）从时空变化的角度探究当代资本主义在社会各个方面的演变；（二）把空间关系看成是特定地理形式的社会关系，以人类历史和社会实践为立足点，探究各种社会关系如何在空间和时间的演变中交集；（三）运用不同空间框架和范畴，去解释资本主义发展过程中的现代性和后现代性，不仅解释现代性和后现代性的政治—经济关系，同时也要解释现代性和后现代性在文学与艺术上的表现及其特征；（四）力图把空间关系与经典马克思主义的历史唯物主义原理结合起来，把空间关系看成马克思主义传统中不可分割的组成部分。

哈维曾经受到德国哲学家恩斯特·卡西尔（Ernst Cassirer，1874—1945）的空间理论（卡西尔把空间分为"感官空间"、"知觉空间"和"象征空间"）和美国美学家苏珊·朗格（Susanne Langer，1895—1985）的空间理论（朗格把空间分为"真实空间"与"虚幻空间"）的影响，也受到法国哲学家列斐伏尔的空间理论的影响，在此基础之上，哈维把空间分成"绝对空间"、"相对空间"和"相关空间"。然而，极为重要的是，哈维非常强调不同空间框架之间的辩证关系："空间本身既不是绝对的、相对的，也不是相关的，但它可以依据境况成为其中一种，或者同时成为全部三种。恰当地使空间概念化的问题，要通过与之相关的人类实践来解

① David Harvey, *Paris, Capital of Modernity*, New York and London: Routledge, 2003, p. 55.

决。换言之，不存在由空间性质产生的哲学问题的哲学答案——答案在人类实践之中。因此，‘什么是空间’的问题，要由‘不同的人类实践如何创造了空间以及怎样利用对空间的不同概念化’的问题来取代。”① 也可以说，不同的空间形式，是由不同的人类实践活动决定的，是不同的人类实践活动的一种折射。

除此之外，在哈维划分的不同空间框架中还有一个关键性的概念，即“关系性”。人类的实践活动与空间联系的扭结点，正在于凝聚在空间中的“关系性”之上。在空间的“关系性”里，外在影响在特定的过程或者事物之中通过时间而被内在化了。因此，看起来凝固的物质空间，实际上内化或者体现了人类活动的各种事件、事物与过程。凝固在物质空间中的外在过程、事件、事物等，正是“空间”产生意义的根源。

第三，创立人文地理学空间问题阐释框架的核心范畴“时空压缩”。

哈维从马克思主义经典著作切入空间和时间问题，创造性地提出了“时空压缩”的范畴，以此来揭示资本主义在工业革命之后，随着生产力和科技水平的提高，在物质生产和技术进步方面所取得的成果，它们带来了所谓的现代性和后现代性，同时，它们也将空间和时间的性质彻底改变了，造成了我们在感受和表达时空方面的各种挑战和焦虑，以及由此产生的一系列社会、经济、政治、文化和艺术上的反应。

哈维对“时空压缩”的内涵做过这样的集中表述：“这个词语标志着那些把空间和时间的客观品质革命化了，以至于我们被迫、有时是用相当激进的方式来改变我们将世界呈现给自己的方式的各种过程。我使用‘压缩’这个词语是因为可以提出有力的事例证明：资本主义的历史具有在生活步伐方面加速的特征，而同时又克服了空间上的各种障碍，以致世界有时显得是内在地朝着我们崩溃了。花费在跨越空间上的时间和我们平常向我们自己表达这一事实的方式，都有利于表明我所想到的这种现象。”② 这样一来，一方面是我们花费在跨越空间上的时间急剧缩短，以至于我们感到现存就是全部的存在；另一方面是空间收缩成了一个“地球村”，使我们在经济上和生态上相互依赖。前一个方面的“压缩”可以叫作“使时间

① David Harvey, “Space as a Keyword”, in David Harvey: *A Critical Reader*, edited by Noel Castree and Derek Gregory, Blackwell Publishing Ltd., 2006, p. 275.

② ［美］戴维·哈维：《后现代的状况》，商务印书馆2003年版，第300页。

空间化”（即“存在”），后一个方面的“压缩”可以叫作“通过时间消灭空间”（即“形成”）。时空压缩的这两个方面的关系既是对立的，又是辩证的，它们在现代性和后现代性的历史进程中始终交替着发展，呈现出相互交融的趋势。

第四，努力推动历史—地理唯物主义及其相关理论在文学和艺术领域里的运用。

近年来，哈维不断致力于把历史—地理唯物主义及其相关理论用来解释西方现代性和后现代性发展进程中的各种文学、建筑、绘画、电影等方面的问题，为发展新马克思主义传统的文学理论和艺术理论作出了突出贡献。哈维曾经明确地呼吁：“对空间和时空的恰当思考，对于如何阐明和发展各种理论与理解，具有至关重要的影响……尽力解决作为关键词之空间问题的要点，因而在于：要确定这个概念怎样能更好地被整合到现有的社会、文学和文化的元理论之中，以及会产生什么效果。”① 哈维所说的“元理论”，与一般哲学意义上的元理论完全不同，它并不是对所谓总体真理的一种陈述，而是从历史—地理唯物主义出发去追寻真理，这些真理在总体上赋予了资本主义以自身的特征。例如，现代性的文学体验与资本主义从19世纪中期以来对大都市的空间改造密切相关。这种改造首先从巴黎开始，巴尔扎克、福楼拜、左拉、波德莱尔等人的作品对此进行了文学上的表现。大都市的空间改造体现了西方现代性进程中以“创造性的破坏”和“时空压缩”为特征的物质化进程及其在情感体验上的结果。

在《巴黎，现代性之都》一书里，哈维曾经对巴尔扎克的文学创作进行过独特而深入的分析，这成了他将自己的理论付诸实践的典型事例之一。他认为：“巴尔扎克最大的成就是要解剖和表现资产阶级社会母体内部无所不在的各种社会力量。他通过使那个城市和充满着它的现代性神话非神秘化，展现了新的观点，不仅与城市是什么有关，而且也与它可能变成什么有关。至关重要的是，他揭示了很多与他自己表现的心理基础有关的东西，为欲望（尤其是资产阶级内心的）的各种较为昏暗的游戏提供了洞见，而那些欲望的游戏在那座城市档案的毫无生命的文件中已经失落

---

① David Harvey, “Space as a Keyword”, in David Harvey: *A Critical Reader*, edited by Noel Castree and Derek Gregory, Blackwell Publishing Ltd., 2006, p. 278.

了。城市的辩证法和现代本身如何构成，由此被揭示了出来。”① 哈维的这些评论，很容易让我们想起恩格斯在《致玛·哈克奈斯》的信中对巴尔扎克的评价。恩格斯认为巴尔扎克的伟大之处在于，他提供了一部法国社会，特别是巴黎“上流社会”的卓越的现实主义历史，而哈维则认为，巴尔扎克用印象主义式的广阔笔触进行写作，创造了一种在不断变迁中的城市世界的幻想的心理地理学，他渴望在那个世界中把握城市及其秘密。

总而言之，马克思主义的文学批评传统在21世纪如何发展，必定会面临各种挑战、困难和机遇。戴维·哈维在理论上做出的不懈努力，值得我们认真加以研究和借鉴。

（原载《当代文坛》2011年第6期）

---

① David Harvey, *Paris*, *Capital of Modernity*, New York and London: Routledge, 2003, p. 25.

纽约学派文化批评的马克思主义维度

冯　巍

西方文学批评的文化维度是一股从未中断的血脉，即使在新批评甚嚣尘上之时也始终存在。当美国新批评派的理论余绪凝定为一种文学研究的操作方法时，文化批评的维度就更加鲜明了。纽约学派的文化批评自觉地接纳了多方面的影响，提倡运用多种文学分析方法。对于纽约批评家而言，一部文学作品就是一个可以进行各种分析的文化现象。文化是多维的和动态的，既与经济组织和社会组织、民族传统和道德规范、宗教信仰和批评实践相关，也与政治体系和价值准则、知识趣味和艺术传统相关。其中，马克思主义所倡导的社会—历史维度，成为纽约学派文化批评的重要理论来源。作为一个文学批评家群体，纽约学派的重要支撑就是思想自由和表达自由的坚定信念以及把文学批评置于广大的文化背景之中的理论抉择。纽约学派的文化批评所提供的文学想象和社会存在的结合，是纽约批评家作为一个群体的基石，也正是这一点把他们与同时代的美国新批评派区别开来。①

一

无论是在政治立场较为一致的20世纪30年代，还是在观点走向分歧的20世纪40年代以及之后的岁月，纽约批评家主要通过《党派评论》（*Partisan Review*）结成了一个群体。《党派评论》作为约翰·里德俱乐部

---

① Vincent B. Leitch, *American Literary Criticism from the Thirties to the Eighties*, New York: Columbia University Press, 1988, p. 88.

(The John Reed Clubs)纽约支部的刊物，作为美国共产党参与文学运动的延伸，1934 年创刊的最初定位就是要更偏重文化功能，专门发表文学作品和批评文章，提供具体的作品分析和广泛的文化批评，以弥补《新群众》(*New Masses*)偏重政治功能的不足。这也是 1934 年约翰·里德俱乐部所拥有的一系列“小刊物”的办刊宗旨，与美国共产党成立这个俱乐部的初衷保持了一致，即通过参与“组织作家，培养日益增长的读者，为这两个基本要素在文化生活中提供联系”,① 以便成为连接文学与人生的手段。《党派评论》创刊伊始就是美国左翼文学运动的激进批评的知识分子阵地。

作为一份享有盛誉的左翼知识分子刊物，《党派评论》当然不可能与马克思主义脱开干系。但是，这一刊物所倡导的马克思主义批评究竟是一种什么样的批评，其间的错综复杂尚需仔细考量。在 20 世纪 30 年代的激进主义文学主流中，纽约批评家成为富有责任感的知识分子的典范，保持着一种“独立左翼”的声音，时刻不忘自己的自主性和反抗的天职。为此，《党派评论》经历了 1936 年的停刊，又在 1937 年复刊，并且提出了三点重大修正：一是重新评价斯大林式的马克思主义，二是在文学和批评中采取自主、宽容、活泼的新态度，三是争取现代主义和激进主义之间的联合。② 这标志着《党派评论》不再是政治运动的先锋，纽约学派旗帜鲜明地宣告了自己作为文学、文化的先锋派的立场。

《党派评论》与纽约学派在思想倾向上不能完全画等号，前者的激进色彩更浓，后者的知识分子色彩更浓，尤其是在特里林(Lionel Trilling)这位温和而敏锐的最外围成员的制衡之下。纽约学派运用马克思主义理论进行文学批评，在总体上是把马克思主义视作一种批评方法。即便如此，经典马克思主义的文化视野，还是在纽约学派的文学批评中得到了鲜明的体现。诚如安德森(Perry Anderson)所言，“西方马克思主义典型的研究对象，并不是国家或法律。它注意的焦点是文化”。③ 在《党派评论》1937 年复刊宣言的最后，编者明确提出“我们的编辑重点主要放在文化及其更为广阔的社会影响因素上”，“文化中的马克思主义，我们认为，是首

---

① Earl Browder, *Communism in the United States*, New York: International Publishers, 1935, p. 314.

② Harvey M. Teres, *Renewing the Left*, New York: Oxford University Press, 1996, pp. 41 – 42.

③ [英] 佩里·安德森：《西方马克思主义探讨》，高铦等译，人民出版社 1981 年版，第 97 页。

要的一个分析和评价手段；如果最后它胜过了其他体系，也是通过民主论争的媒介达到的。《党派评论》将愿意提供它的版面，成为这样的媒介”。[①]

尽管纽约批评家也站在美国左翼的政治立场上关心马克思主义的探索，但其首要目的在于重建激进传统与现代文学传统的和谐关系。这一追求体现了纽约学派综合均衡的理想。特里林把他们自己称为“反斯大林主义的马克思主义者（anti-Stalinist Marxist）”。正是出于这种理想，纽约学派认为，文学既要保持现代主义作品的精致大胆，又要融合马克思主义固有的社会分析，二者通过对历史发展方向和目标的积极理解紧紧地结合为一体。无论是现代主义还是激进主义，单独看来都很有价值，但发挥的作用都是不充分的，必须结合起来才能发展一种成熟的美国文学。尽管现代主义文学的审美主义传统在这一过程中已经更好地契合了对历史进程的深入把握，现代主义运动的审美实践本身仍然具有一定的文化价值。纽约学派就是要使这种文化价值也能够服务于新的美国文学的建设。

二

美国知识界在20世纪30年代普遍设想美国的社会变革必须超越政治变革的范畴，坚持对文化进行新的调整。在这一思潮中，处于鼎盛期的纽约学派文学批评，呈现出鲜明的马克思主义视角。威尔逊（Edmund Wilson）的文学批评深受马克思和弗洛伊德的影响，对美国文学批评传统的建构以及欧美一些现代主义作家经典地位的确立影响很大。他明显沿袭了圣伯夫（Charles Augustin Sainte Beuve）和阿诺德的文学批评方法，在综合了传统人文主义批评、传统社会历史批评、马克思主义文学批评和弗洛伊德心理批评的基础上，又融入了自己对文学批评的独特见解。以赛亚·伯林认为，威尔逊是20世纪最重要的批评家。韦勒克也谈到，威尔逊是“唯一在欧洲遐迩闻名，同时拥有广泛读者的美国批评家。在美国他

① *Editorial Statement*（1937），in William Phillips ed.，*Partisan Review*：*The 50th Anniversary Edition*，New York：Stein and Day，1985，p. 13. 尽管此时《党派评论》编委会有六位成员，包括威廉·菲利普斯、菲利普·拉夫、弗瑞德·杜贝、德怀特·麦克唐纳、玛丽·麦卡锡、乔治·莫瑞斯，这篇复刊宣言却主要是由威廉·菲利普斯、菲利普·拉夫精心策划的。

是（确切地说，曾经是）一言九鼎的人物：一代文豪，一位首席社会批评家”。[①] 威尔逊一直对社会问题感兴趣，1926—1931 年曾经担任《新共和》（*New Republic*）的副主编。《新共和》作为自由主义知识分子最坚强的堡垒进入 20 世纪 30 年代，承继了赫伯特·克罗利（Herbert Croly）的影响，强调传统的自由主义观点，即思想和个人应该完全不受束缚。然而，威尔逊却对《新共和》的胆怯和保守日益失望，“不仅不再相信自由主义政治，而且也不再相信美国知识分子会以其独特的方式拒绝表态，拒绝采取行动，拒绝在不依赖于空想的抽象概念和呆板的方程式的条件下直接体验生活”。[②] 在他看来，20 世纪 30 年代旷日持久的大萧条永远粉碎了克罗利式的自由主义，即相信资本主义有能力约束自己，相信传统政治和法律促进社会改革的有效性，拒绝国际工人阶级运动。因此，美国知识分子要变得有所作为，就必须抵制自由主义从思想的价值准则逐步退却，皈依一种新的共同文化，为生活带来稳定和意义，于是，威尔逊转向系统研究马克思主义，对一个衰亡的制度所提出的道义上的挑战支持了他自己的激进主义。但是，威尔逊对文风的关心大于对政治学说或策略的关心，鼓励作家把马克思主义和美国的实际情况结合起来。

威尔逊在《马克思主义与文学》（1938 年）一文中指出，完全从政治的意义和倾向来评判文学不是马克思主义的批评，他对当时美国马克思主义批评的可笑与不当提出了批评。他主张政治、社会与文学紧密结合，反对宣传鼓动式倾向，指责左翼文学的艺术水准低下，要求保留美国文化传统和人文精神。他特别提到一些左翼批评家对马克思主义的曲解，指出了苏联无产阶级文学批评对马克思主义文学批评的偏离。左翼批评是以历史与阶级意识作为文学批评的思想依据和动力的，威尔逊则认为对于必须赋予知识分子政治角色以及文学作品和政治行动而言，应当突出后者，这些最初都不是马克思主义固有的组成部分。[③] 马克思主义不等于苏联革命，也不是一个教条的体系，而是西方人文主义传统的一

① ［美］雷纳·韦勒克：《近代文学批评史》第 6 卷，杨自伍译，上海译文出版社 2009 年版，第 182、181 页。

② ［美］理查德·H. 佩尔斯：《激进的理想与美国之梦——大萧条岁月中的文化和社会思想》，卢允中、严撷芸、吕佩英译，上海外语教育出版社 1992 年版，第 68 页。

③ Edmund Wilson, *Marxism and Literature*, in *The Triple Thinkers*: *Twelve Essays on Literary Subjects*, New York: Octagon Books, 1938/1977, pp. 197 – 212.

部分。[①] 威尔逊在《到芬兰车站》（1940 年）一书中，以人物为主线，追溯了马克思、恩格斯、列宁及其所承继的 18、19 世纪以来的人文主义脉络，对马克思主义和苏联革命进行了一次前所未有的巡礼。这也是威尔逊调和马克思主义和人文主义最系统、最有力的一次努力。威尔逊认为，马克思主义思想本身以及那些马克思主义先驱者的行动都是西方人文主义传统的延续，建立“第一个真正的人类文化”的理想从根本上就是人文主义的理想。马克思主义是启蒙主义思想的产物，继承了西方人文主义的遗产，把全人类的进步和幸福当成自己的终极目的。[②] 威尔逊主张用这种马克思主义的人文主义与美国共和理想相契合，来唤醒美国精神，推动美国文学、文化的发展，为危机中的美国提供一种未来。卡津（Alfred Kazin）盛赞威尔逊的批评丰富而精确，“不追求美学的批评，也不追求社会的批评（而在近代批评中，这种非此即彼，真是最大的致命伤）”。为了揭示一部文学作品在文化之中的意义，威尔逊混合了美学批评和社会批评，使得文化能够给予文学作品以意义——“文化成了一件作品的背景”，“一切社会的、环境的以及智识的历史都被利用了来帮助这个作品的被理解”。[③] 这样，威尔逊赋予文学批评的意义，就是使文学获得历史阐释，使文学批评演变为人生批评。[⑫]

在 20 世纪 30 年代美国的马克思主义思潮中，菲利普斯（William Phillips）特别重视马克思主义批评的灵活性，反复强调马克思主义不是一个封闭的系统，不是一个公式；至少对文学而言，马克思主义是一种可以不断地进行试验的方法。他试图把纽约学派所有关注社会背景的文学批评都归属于马克思主义，主张在复数的意义上谈论纽约批评家的马克思主义批评。这种丰富多样的马克思主义批评，有助于把批评家的关注中心从文学创作本身转移到文学批评的实践。当批评以自己的方式来确认文学从社会生活中赢得的价值，进入社会生活之流，举起棍棒去抗击使其僵化的各种

---

① Elena Wilson ed. , *Edmund Wilson: Letters on Literatureand Politics 1912 - 1972*, New York: Farrar Straus Giroux, 1977, p. 227, p. 259.

② John Wain ed. , *Edmund Wilson: The Man and His Work*, New York: New York University Press, 1978, p. 94.

③ ［美］A. 卡津：《现代美国文艺思潮》，冯亦代译，晨光出版公司 1949 年版，第 584、第 558、第 536 页。

⑫ Lionel Trilling, *The Liberal Imagination: Essays on Literatureand Society*, New York: Charles Scribner' s Sons, 1949 /1976, p. xv.

学院作风，批评就分享了文学一直拥有的种种创造的可能。文学批评家不仅要揭示文学家的感性和观念共同构成的价值体系，还要履行均衡形式特质和社会事实、均衡文学因素和政治因素的功能。① 在近半个世纪之后，菲利普斯的《从新批评到结构主义》（1980 年）一文谈到马克思主义批评时，仍然把它作为新批评的另一极；同时，他仍然反对其忽略文学文本的艺术特质并将自身完全等同于历史阐释，反对其将文学作品的文本整体性、独特性和异质性统统简约为它的社会根源和社会内涵。这与卡津的《扎根本土》（1942 年）的观点非常一致。卡津也十分忧虑美国文学批评界堕入庸俗社会学批评和形式主义批评两极的简单割裂，希望综合二者以便更有效地阐释文学作品。纽约学派整体上都抵制“静态的”观念，本能地追求灵活与开放，相信积极的变化的可能，相信流动的自由思考的可能。

拉夫（Philip Rahv）的文学批评更具有政治倾向性。韦勒克在《近代文学批评史》中，把拉夫直接列在了“马克思主义批评”一章。韦勒克认为，拉夫之所以值得称赞，是因为他重视以往为人所忽视的文学的社会来源和社会含义，但他最优秀的批评是“从教条主义框架体系中解放出来之后著述立说，即使他依然标榜恪守马克思主义的总体信条”。② 拉夫在 1932 年发表的第一篇批评文章中就提出，文学是文化的神经中枢，要让文学重新发挥应有的功能，意识形态的变革就必须紧跟政治的变革，激发作家的创造才能，反映这个沸腾的时代。这就要建构一种能够把文学和宣传结合起来的理论，而马克思主义能够成为这种文学理论的基础。③ 1934 年，拉夫参与创办了《党派评论》，这个刊物最初的宗旨就是推动“无产阶级文学”。在《无产阶级文学：一种政治解剖》（1939 年）一文中，拉夫认为，现代美国文学批评几乎都会在某一时刻介入关于无产阶级文学的论战。文学批评家们探讨文学与政治、文学与社会的联系，但他们没有注意到这种联系不是总体性的抽象的联系，而从根本上是与特殊的政治历史相联系。④

在论托尔斯泰的文章中，拉夫表现出非常明显的马克思主义倾向，其

---

① William Phillips, *The Esthetic of the Founding Fathers*, in *Partisan Review*, 4 (March 1938), pp. 11 – 21.

② ［美］雷纳·韦勒克：《近代文学批评史》第 6 卷，杨自伍译，上海译文出版社 2009 年版，第 181 页。

③ Philip Rhav, *Open Letter to Young Writers*, in *Rebel Poet* (September 1932), pp. 3 – 4.

④ Philip Rahv, *Proletarian Literature: A Political Autopsy*, in *Literature and the Sixth Sense*, Boston: Houghton Mifflin Company, 1939/1970, p. 7.

中的伦理视角也非常突出。托尔斯泰就是怀着强烈的道德责任感，怀着对人类命运的无比真诚，描写了俄国由封建主义向资本主义转型时期社会伦理秩序的剧烈变迁，将道德的自我完善作为人生的理想目标，并视之为救治社会痼疾和救赎人类灵魂的良方。拉夫在《伊凡·伊里奇之死与约瑟夫·凯》（1940 年）一文中指出，伊里奇作为现代都市中一个无名的商品拜物者，已经不再拥有宗主制俄国那种简单明了的社会关系，非个人的现代力量已经颠覆了那个备受尊崇的牧歌式的世界。他所遭受的突如其来的灾祸，如同古老制度的幽灵在复仇。伊里奇的死，寓示了“剥夺者的被剥夺”。[①] 在《托尔斯泰：绿嫩枝和黑树干》（1946 年）一文中，拉夫直接提出，托尔斯泰作为“最后一个未被异化的艺术家”，他的小说的主旨就是不容人质疑也不容人改变的生命过程本身，他“对文明的抨击本质上就是对造成异化的社会现状的抨击”。[②]

卡津相信，马克思和恩格斯虽然没有提出现成的文学理论，但他们都深爱文学，有着极高的鉴赏力，而马克思主义也是伟大的现代思想。但是，庸俗马克思主义批评却把马克思主义当作“科学的仪器”教条化了，过度地追求绝对性，无意之中鄙视了过去的一切作家，或者认为他们没有意识到所处时代的阶级力量，或者认为他们没有站在当时“进步的”一面。对于这些批评家而言，“马克思主义早已不是原来的为群众底主义了：早已不是混乱底唯一的均衡力量，早已不是正确地引导历史底一个世界观，早已不是一个‘科学的’行动纲领了”。这样的马克思主义，就成为一种“形式的宗教”，一种“历史中的形式”。在卡津看来，马克思主义不可能系统地解释美国文学，它不是宗教性的法典，而是从事文学研究的工具之一；马克思主义批评的重要性表现在影响大于行动，“在马克思主义之下，批评常常成为文化精神之一种”。[③] 因此，马克思主义能够指引批评家从文学与社会的关系的角度进行文学批评，能够帮助人们看到文学作品如何在时间的川流中移动。

---

① Philip Rahv, *The Death of Ivan Ilyich and Joseph K.* , in *Literature and the Sixth Sense*, Boston: Houghton Mifflin Company, 1940/1970, p. 50.

② Philip Rahv, Tolstoy: *The Green Twig and the BlackTrunk*, in *Literature and the Sixth Sense*, Boston: Houghton Mifflin Company, 1946 /1970, p. 135, pp. 148 – 149.

③ ［美］A. 卡津：《现代美国文艺思潮》，冯亦代译，晨光出版公司 1949 年版，第 584、第 558、第 536、第 541 页。

就马克思主义的社会历史批评而言，蔡斯（Richard Chase）也很值得一提。在其代表作《艺术、自然和政治》（1950）一文中，蔡斯不仅在反斯大林主义、世俗主义、道德论调、机智好辩这些方面，而且在坚持促进一种大规模的文化批评事业上，都采取了纽约批评家最典型的姿态。他明确表示，文学批评家将发现他自己无法逃脱政治，因为文学涉及道德行为、情感、习俗、神话等，甚至可以说，文学的主题就是社会的建立、瓦解和重组。① 较之其他人，蔡斯更加强调文化批评的政治视角，把政治看成这种批评的固有特性，但他还是把政治放在社会生活中，作为其中的一个因素，而不是凌驾于其他因素之上。其他纽约批评家的马克思主义色彩，则较为轻浅。他们同威尔逊、拉夫一样，自认为是马克思主义者，但是，他们把文学批评家作为公共知识分子的独立自主看得高于一切。通过公共知识分子兼批评家的这种身份意识，他们希望在对美国履行义务的同时，保持其独立自主。也可以说，他们认为只有保持了自身的独立自主，才能履行对国家、民族的义务。卡津曾明确表示，纽约学派只是接受了马克思主义的影响，而没有纯粹意义上的马克思主义批评家。

三

在纽约学派的文化批评视野中，马克思主义更重要的价值是知性上的而不是政治上的，即它首要的并不是政治运动的指南，而是文学能够获得长足发展的思考路径。批评家的任务就是运用马克思主义对高度发达的、现代主义和激进主义相融合的文学进行必要的分析。菲利普斯和拉夫都觉得，马克思主义更多的体现为一种分析方法，而不是政治压力和策略。他们自认为是马克思主义意义上的真正的激进主义者（truly radical in the Marxist sense），所谓的政治就可以概括为一种独立的、批判的马克思主义——独立于所有的政治组织和政治运动，批判地重新检验社会主义运动的整个进程，以便理解其目前所处的困境。② 迈克尔·伍德认为，威尔逊是被其在马克思主义中发现的道德勇气和良知所深深打动而并未真正接受

---

① Richard Chase, *Art*, *Nature*, *Politics*, in *Kenyon Review*, 12 (1950), p. 591.

② William Phillips and Philip Rahv, *in Retrospect*: *Ten Years of Partisan Review*, in *The Partisan Reader*: *Ten Years of* "*Partisan Review*", 1934 – 1944: An Anthology, William Phillips and Philip Rahv ed. , New York: The Dial Press, 1946, pp. 680 – 683.

任何马克思主义的理论武器，特里林的忠于马克思主义体现为同一种很接近真理的谬误持续不断地进行辩论、较量的执着，拉夫实际上继承了马克思的自由开明的文学鉴赏准则，强调精明练达的判断力和一种对于作品上下文关系的敏感意识。①

纽约学派不赞成把激进的政治意识形态与人类经验和历史的其他领域相隔绝，坚持作家必须塑造把阶级斗争作为实际生活和文化的一部分的人物，坚持作家必须把现代主义文学传统作为激进主义文学背景的一部分。考利认为，如果说，象征主义者躲进了缺乏人类温情的“白色象牙塔”，那么，纽约批评家则从火热的政治实践退回了“红色象牙塔”。② 这恰恰从对立面肯定了纽约学派坚守独立的知识分子身份，既不附属于政治派别但又具有政治关怀的批评立场。对于纽约学派来说，这种政治关怀必须附属于文化关怀；文学反映政治，但只是把政治这种社会力量作为对现实总体理解的一部分。正是在这种意义上，文学成为激进主义运动的一部分，而真正的文学作品是不能仅仅依据政治煽动性的大小来判断它的优劣的。③

纽约学派始终坚信，对一部具体文学作品的理解，不是通过其所关联的政治或意识形态，而是通过其内容和形式的具体结合。如果仅仅凭着所谓革命性质的强弱来评判文学作品的优劣，就会不可避免地导致内容与形式的分离。激进主义文学应该能够把二者结合起来，但并不是提供一个内容与形式对应的简单公式。在菲利普斯看来，形式与内容相互关联结成一体，内容当然决定了形式，但无法预见一种内容就一定会采取某种形式。为了使作品内容与形式融为一体，激进主义作家必须在延续传统文学感性的前提下，培养出一种新的感性。这种新感性的形成，需要重估文学遗产，建立新的文学标准，修正对传统文化的态度。④ 只有把文学作为一个处于历史进程中的整体进行彻底的审度，才有可能收获值得珍视的批评标准，才有可能收获对文学现状以及未来的更深刻的理解。

特里·库内指出，马克思主义至少在三个方面吸引了纽约学派：一是

① ［美］埃默里·埃利奥特主编：《哥伦比亚美国文学史》，朱通伯等译，四川辞书出版社1994年版，第854页。

② Malcolm Cowley, *Red Ivory Tower*, in *New Republic*, 97 (November 9, 1938), pp. 22 – 23.

③ William Phillips [Wallace Phelps] and Philip Rahv, *Problems and Perspectives in Revolutionary Literature*, in *Partisan Review*, 3 (June – July 1934), p. 5, p. 9.

④ William Phillips [Wallace Phelps], *Form and Content*, in *Partisan Review*, 6 (January – February 1935), p. 36.

马克思主义能够提供一个统一的哲学，来结束美国文化长期存在的分歧；二是马克思主义能够体现并继续发扬世界主义的价值观；三是马克思主义支持在对持续变革的赞赏中尊重过去。① 纽约学派的马克思主义，只认定历史价值取向而不追求政治目标，赋予“人的尺度（human dimension）”以鲜明的知识分子色彩。在《党派评论》创刊之初，菲利普斯和拉夫就明确强调要把马克思主义作为一种“分析方法”来关注文学，反对把文学当作政治宣传的工具。纽约学派以《党派评论》为中心的身份认同，一开始就不是为了排除异己，而是为了更为宽广的人文关怀。他们吸收、超越和保留了马克思主义作为一种方法的独特价值，这不仅贯穿了20世纪30年代的讨论，而且延伸到了20世纪40年代。纽约批评家在二战前后不再以重建马克思主义为中心，但也没有与此完全隔绝。他们对曾经的一切抱有质疑的态度，其中自然也包含了对马克思主义的质疑。这种质疑本质上出于纽约学派反对静止、反对把马克思主义视作一个恒定不变的真理的一贯立场，也是随着运用马克思主义的不断深入以及社会局势的不断变化自然出现的。尽管收效甚微，他们仍然抱着重建马克思主义的希望，以质疑的方式继续关注马克思主义，既不赞同保持传统形态，也不赞同全盘抛弃，而是坚持其作为一种扎根于社会历史分析的科学方法在文学批评中发挥其强劲的力量。

（原载《文艺理论与批评》2011年第3期）

① Terry A. Cooney, *The Rise of the New York Intellectuals: Partisan Review and Its Circle, 1934–1945*, Madison: The University of Wisconsin Press, 1986, p. 62.

从卢卡奇到齐泽克

——评西方马克思主义意识形态理论

颜　岩

时至今日，意识形态的重要性日益凸显出来，已成为人们日常生活的一部分。在西方马克思主义发展史上，意识形态概念一直是理论家们争论的焦点。本文通过阐明卢卡奇、阿尔都塞和齐泽克的意识形态理论，意图揭示西方马克思主义意识形态理论的内在发展逻辑及后马克思主义转向，同时揭示其背后的社会历史根源。深入反思西方马克思主义的意识形态理论及其发展进程，将有助于我们在新形势下坚持和发展马克思主义的意识形态理论。

一　卢卡奇：物化与拜物教中的意识形态

在西方马克思主义意识形态理论的发展史上，卢卡奇是一位举足轻重的人物。这一方面归因于他的“西方马克思主义鼻祖”身份，更重要的是他运用了新的视角重新阐释了意识形态概念。这一点体现在两个方面：一是强调了意识形态相对于物质存在的独立性，二是赋予意识形态一种肯定性的价值内涵。当然，这些并非全是卢卡奇的原创，而是同第二国际理论家和列宁有关。拉布里奥拉早在1896年就强调了意识形态的相对独立性，他指出：“意识形式既然决定于生活条件，也就构成了历史的一部分。历史——这不仅是社会的经济解剖，而且是蒙住和遮盖这种解剖的种种现象，包括它在幻想中的种种反映的总和。”① 拉布里奥拉并未完全背离马克

① ［意］拉布里奥拉：《关于历史唯物主义》，人民出版社1984年版，第63页。

思唯物史观的基本原则，但他毕竟强调了意识形态的独立性，这对于那些企图将意识形态剥离出人类物质生活进程的人来说，确是一个可资利用的噱头。很快，伯恩斯坦便将意识形态的独立性夸大到无以复加的地步，他公开声称，“经济发展到今天已经达到的水平容许意识形态因素特别是伦理因素有比从前更为广阔的独立活动的余地”①。不仅如此，他还认为马克思主义就是一种意识形态。这个界定非常重要，因为无论是马克思还是恩格斯都不曾将自己的理论视为意识形态。当然，伯恩斯坦是在否定的意义上言说的，这与列宁在肯定意义上的界定完全不同。在《怎么办?》中，列宁明确指出，除了资产阶级意识形态和无产阶级意识形态外，再无第三种形式的意识形态，而在《唯物主义与经验批判主义》中，他进一步确认马克思主义就是一种意识形态，但与资产阶级的意识形态不同，它是一种“科学的意识形态”。

上述理论家关于意识形态的理解对卢卡奇产生了深远影响。在《历史与阶级意识》中，卢卡奇将一切阶级的阶级意识都视为意识形态，不同仅在于，资产阶级的阶级意识是虚假的，无产阶级的阶级意识是科学的，不难看出，这里有着列宁的影子。卢卡奇还相信无产阶级是潜在的“普遍阶级”，身上肩负着人类解放的历史重任，然而，残酷的社会现实却表明，无产阶级非但没有成为人类解放事业的主体，反而日益沦为资产阶级社会物化意识的附庸，这就迫使他必须思考这样一个问题，即在当前的“后革命氛围”（德里克语）中，如何将无产阶级从物化意识的迷梦中唤醒。为此，卢卡奇启用了“总体性”概念，正是这个范畴与意识形态概念联系在了一起。在卢卡奇看来，意识形态绝非仅仅是一种谬误或幻想，尽管它具有一定的虚假性，但这并非是因为它的内容不符合事物的真实状况，而是因为意识形态总以一种有限的、表面的方式反映现实，因而对事物的深层本质一无所知。也就是说，正是意识形态的非总体性特征导致了它的虚假性，因此，破除意识形态虚假性的最佳方法就是恢复总体性的理论原则，使其处于整个理论的中心位置。卢卡奇的这个观点是深刻的，他并没有简单地从阶级利益的角度判定资产阶级意识形态的非法性，而是指出资产阶级意识形态由于缺乏总体性的关照必然陷于片面，他清醒地意识到，任何一种批判如果“不能超出只是对局部的否定，如果它不能做到至少以对总

① 殷叙彝编：《伯恩斯坦读本》，中央编译出版社2008年版，第229页。

体的批判为目标，它就不能超过被否定的东西”[1]。我们认为，卢卡奇的这种深刻性应该归功于他对马克思《资本论》的精细研读。在论述商品的拜物教性质时，他说道：“这只是人们自己的一定的社会关系，但它在人们面前采取了物与物的关系的虚幻形式……在商品世界里，人手的产物也是这样。我把这叫做拜物教。”[2] 马克思要说明的是：在当代资本主义社会，人与人的关系采取了物与物的关系形式，社会关系采取了商品拜物教的虚幻形式，真实的人类社会历史进程被深深地掩藏了，这些正是我们应该着力批判的意识形态。可见，马克思这时的批判重心已经发生了偏移，他不再单纯地关注意识形态的虚假本性，而是把批判矛头直接指向意识形态背后那个万恶的资本主义社会，因为他明白，正是这个现实的资本主义社会不断制造着意识形态的幻象，要想彻底清除它，只有推翻资本主义制度本身。卢卡奇清醒地意识到，意识形态是从资本主义社会自身矛盾中生发出来的，因此，要彻底消灭意识形态，就必须扬弃资本主义社会的矛盾，而要扬弃矛盾，就必须揭示社会发展过程的真正趋势，即必须“在历史发展进程中来真正扬弃社会现实中的这些矛盾”[3]。

质言之，卢卡奇对意识形态概念的独特理解恰恰在于，他并不是简单将意识形态视为一种理论欺骗，而是将之视为一种与资产阶级社会的物化结构相认同的物化意识，正是这种物化意识让主体完全听命于外在规律和命运的摆布，丧失了一切批判和超越的维度。物化意识的宗旨只有一个，那就是让人们接受资本主义社会的现有秩序，让人们相信资本主义制度是永恒的。用马克思的话说即是，“以前是有历史的，现在再也没有历史了”[4]。由于卢卡奇在写作《历史与阶级意识》时并没有看到《德意志意识形态》，他对意识形态的理解便与传统的理解发生了分歧，这既是优点也是缺点，优点是可以直接参悟出马克思《资本论》中意识形态概念的真义，缺点是由于缺失了《德意志意识形态》这一关键文本，他对意识形态概念的理解最终偏离了唯物主义的正确航线。或许正是这个原因，卢卡奇的意识形态理论才饱受非议，有学者认为他的意识形态理论是一种经济主义与唯心主义的不合理混合，亦有学者认为他用无产阶级置换了黑格尔的

---

① ［匈］卢卡奇：《历史与阶级意识》，商务印书馆 1992 年版，第 137 页。

② 《马克思恩格斯全集》第 23 卷，人民出版社 1972 年版，第 89 页。

③ ［匈］卢卡奇：《历史与阶级意识》，商务印书馆 1992 年版，第 58—59 页。

④ 《马克思恩格斯选集》第 1 卷，人民出版社 1995 年版，第 151 页。

绝对精神，制造了新的神话，等等。无论怎样，卢卡奇的意识形态理论确实引发了人们的思考，仅就这一点而言，它的意义就不可低估。

二　阿尔都塞:从意识形态国家机器到意识形态的四重界定

在西方马克思主义意识形态理论的演进史上，阿尔都塞是一位极其重要的人物，在《意识形态与意识形态国家机器》中，他对意识形态概念进行了全新的界定。通过全面考察资本主义社会的劳动力再生产，他发现，“劳动力的再生产不仅要求再生产出劳动力的技能，同时还要求再生产出劳动力对现存秩序的各种规范的服从，即一方面为工人们再生产出对于占统治地位的意识形态的服从，另一方面为从事剥削和镇压的当事人再生产出正确运用占统治地位的意识形态的能力”①。换言之，“只有在意识形态臣服的形式下并受到这种形式的制约，才能为劳动力技能的再生产做好准备”②。与马克思对经济基础—上层建筑关系的论述不同，阿尔都塞似乎更强调上层建筑的重要性，在他看来，马克思的论述是描述性的，必须添加点什么“别的”东西才能完备，这个“别的”东西就是意识形态国家机器。所谓意识形态国家机器，指的是各种专门化的机构（涉及宗教、教育、家庭、法律、政治、工会、传播、文化等领域），它主要“运用意识形态”发挥功能。阿尔都塞坚信，“任何一个阶级如果不在掌握政权的同时对意识形态国家机器并在这套机器中行使其领导权的话，那么它的政权就不会持久”③。阿尔都塞的意识形态国家机器理论在一定程度上拓展了马克思的阶级斗争学说，它使人们的视线由传统的经济领域扩大到意识形态和文化领域，正是他提醒人们，“意识形态国家机器也许不只是阶级斗争的赌注，还是阶级斗争的场所”④。

阿尔都塞不仅提出了“意识形态国家机器”这一重要概念，还对意识形态本身进行了独到的阐发，我们主要探讨四个方面：第一，意识形态没有历史。马克思曾说过“意识形态没有历史”这样的话，他要表达这样两

---

① ［法］阿尔都塞：《哲学与政治：阿尔都塞读本》，吉林人民出版社2011年版，第273页。
② 同上书，第274页。
③ 同上书，第284页。
④ 同上。

层意思：一是意识形态是纯粹的幻觉，所有现实性都在它的外部；二是意识形态不是独立的，而是由从事具体物质生产活动的个人生活决定。阿尔都塞并不想表达这个意思，他强调的是，意识形态作为一种在历史上无所不在的现实，其结构和功能是恒定不变的，无论表现形式怎样不同，总是服务于生产关系的再生产，如他所说，“如果‘永恒的’并不意味着对全部（暂存的）历史的超越，而是意味着无处不在、无时不在、因而在整个历史范围内具有永远不变的形式，那么，我情愿一字不变地采用弗洛伊德的表达方式：意识形态是永恒的，恰好就像无意识一样”①。第二，意识形态是个人与其实在生存条件的想象关系的“再现”。阿尔都塞从不认为意识形态是人们真实生存条件的写照，而是反复强调它是对这种条件的想象关系的再现。如果说在马克思那里，意识形态歪曲事实的原因很大程度上归因于事实本身的复杂性或“虚假性”，那么在阿尔都塞那里，意识形态虚假性的问题则被取消了，因为显而易见的是，既然意识形态与实在的生产条件之间必然被一种想象性关系中介，那么虚幻本身就应该成为意识形态的题中应有之义。可见，阿尔都塞要证伪的正是意识形态的实在（现实）性，在他眼里，意识形态只有被置换为一种想象关系，才能再现自身。第三，意识形态是一种物质的存在。这句话的意思是说，任何一种意识形态都必须存在于某种机器或者对这种机器的实践当中，也就是说，观念只有被纳入实践行为，受仪式支配，通过意识形态国家机器才能发挥应有的作用。阿尔都塞在这里是想强调，行动（实践）可以塑造（生产）并强化意识形态。第四，意识形态把个人传唤为主体。在阿尔都塞看来，意识形态功能的实现机制非常独特，它总是试图将个体“招募”或“改造”成主体，从而使人们欣然接受意识形态的训导。那么，人们为什么不去挣脱意识形态的束缚而心甘情愿地作赝主体呢？一种可能的回答是，一方面，绝大多数人根本没有意识到自己身处意识形态之中，这一点不难理解，因为“意识形态的后果之一，就是在实践上运用意识形态对意识形态的意识形态特性加以否认”②；另一方面，即使主体洞悉了意识形态的全部“内幕”，也不得不臣服其下。因为按照拉康的理论，婴幼儿成长为成人的过程，同时也是意识形态教化的过程，也即符号象征秩序植入的过程。一个人要想在社会上作

---

① ［法］阿尔都塞：《哲学与政治：阿尔都塞读本》，吉林人民出版社 2011 年版，第 295 页。

② 同上书，第 306 页。

为正常人存在，就必须服从意识形态的询唤，接受“他者”的侵凌。

阿尔都塞的意识形态理论一出炉便遭到了猛烈的批判。有人认为他的意识形态国家机器理论是片面的，因为它似乎暗示只有统治阶级才能控制意识形态国家机器，这就忽视了不同阶级意识形态之间可能存在的对立和冲突。这个评价是中肯的，目前，随着互联网技术的兴起，赛博空间和赛博民主日渐成为理论家们探讨的热点，意识形态国家机器也愈加显现出亲民的特征，这种情况下一味强调意识形态的负性特征显然不合时宜。还有学者指出阿尔都塞的意识形态理论带有浓厚的经济（阶级）决定论色彩，一方面，他对意识形态概念的整体理解始终围绕资本主义生产关系的再生产展开；另一方面，他始终固守马克思对经济基础—上层建筑关系的论断，强调阶级斗争的重要性。我们无法认同这种批判，因为它暗含一个潜台词，似乎理论离马克思越远越好，这完全是一种谬见。最后，阿尔都塞关于意识形态将个体传唤为主体的理论也有问题。一方面，这是一种循环论证，主体先于意识形态与意识形态传唤出主体显然是相悖的；另一方面，这一分析有些绝对化了，没能给那些可能违反意识形态命令的行为主体留下任何余地和空间，这种忽略主体自主性的做法是我们不能接受的。

三　齐泽克：全面走向后马克思主义的意识形态理论

作为后马克思主义者，齐泽克与马克思的意识形态理论完全是两副面孔。以拉康哲学为内在基底，齐泽克将意识形态描绘为一种“社会存在”，它不仅与主体的生成密切相关，更是直接参与了当下社会现实的建构，其功能在于弥合不可能的实在与象征符号植入的现实之间的裂口，然而，这一裂口是无法最终弥合的，人类也永远无法回复到原初的精神状态，正是这种不可能性，使意识形态得以永存，使对抗得以永在，使历史得以续存。

齐泽克认为阿尔都塞关于个体与主体关系的论述是模糊不清的，尤其对“误认”的理解不够透彻，在他看来，“自我只能生存在它对自身条件的误认的基础上；自我就是这种误认的结果”①。如果说在阿尔都塞那里，误认是由于人们不了解萦绕在身边的意识形态而被迫产生的一种无意识，

① ［斯］斯拉沃热·齐泽克：《意识形态的崇高客体》，中央编译出版社2002年版，第95页。

那么在齐泽克那里，误认则是一种积极的现象，因为“误认是人类境遇的基本特征”，“历史必然性是通过误认形成的”[①]。在是否存在真实主体这一问题上，齐泽克与阿尔都塞的结构主义也产生了重大的分歧，如果说在阿尔都塞那里，象征是一个没有任何短缺的闭合回路，即一个完善的总体，那么在齐泽克那里，任何结构都是悖反的、短缺的，正是这种短缺特性使主体的再现成为可能，因为如果特定的社会构造真的将实在完全象征化了，那么历史和人类创造力（欲望）就会消亡。由此出发，齐泽克对意识形态的理解也与阿尔都塞不同，在前者看来，“意识形态不仅仅是‘虚假意识’，不仅仅是对现实的幻觉性再现，相反它就是已经被人设想为‘意识形态性的’现实自身”[②]。可见，正是齐泽克彻底颠覆了之前的一切意识形态观，将意识形态视为一种“社会存在”，在他看来，现实就是意识形态建构的产物，或者说意识形态就是现实，既然现实是一种社会存在，那么意识形态同样也是一种社会存在。

相对于阿尔都塞的意识形态理论，齐泽克可谓迈了一大步。当阿尔都塞声称“意识形态是个人与其实在生存条件的想象关系的‘再现’”时，他至少还将意识形态视为一种观念，齐泽克倒是干脆利落，直接将意识形态指认为一种“社会存在”。当然，他这样做是有用意的，即为了推出他的犬儒意识形态概念。按照齐泽克的阐释，马克思那个时代的意识形态的确有虚假的特征，那时的人们对之一无所知，却在勤勉为之，而现在则不同，人们对之一清二楚，但却依然坦然为之，这就是犬儒意识形态。意识形态的这一变化决定了它的功能已不再是掩饰事物的真实状态的“幻觉”，而是作为一种社会现实的“幻象”填补象征哲学研究性符号秩序的短缺，弥合主体在象征界和实在界的裂口。或者说，意识形态是一种颠倒，其目的在于尽力掩盖现实中的裂痕，营造一个完美的社会存在。正如齐泽克所说的：“意识形态的功能并不在于为我们提供逃避现实的出口，而在于为我们提供了社会现实本身，这样的社会现实可以供我们逃避某些创伤性的、真实的内核。”[③] 质言之，意识形态就是要让人们远离实在界，永远沉浸在象征界，忘却两者之间的裂口。齐泽克想要告诉我们，不要去反抗意

---

① ［斯］斯拉沃热·齐泽克：《意识形态的崇高客体》，中央编译出版社 2002 年版，译者前言第 5 页。

② 同上书，第 28 页。

③ 同上书，第 64 页。

识形态，因为这是徒劳无益的，人们能够做的只能是接受这种幻象，学会在幻象中生存。

与晚年拉康一样，齐泽克也幻想意识形态能够缝合现实与实在之间的裂口，为此，他借用了拉康的缝合点概念，用于标识表意链上作为基准点的能指对整组能指的接合。在他看来，意识形态是由“漂浮的能指”构成的，缝合在这里起着集聚的功能，正是凭借这种功能，意识形态才被固化在象征符号的网络之中。于是，意识形态斗争的焦点就变成了缝合点（主宰性能指）的确认。尽管与拉康一样，齐泽克最终否认了人类抵达实在的可能性，但他认为对占支配地位的象征秩序进行激进的再接合是完全可能的，而且他相信，当新的缝合点出现时，社会的象征领域便会发生移位，其结构化的原则也将发生改变。由此我们可以判定，齐泽克一定会反对马克思的共产主义社会，因为在他看来，这样一种消除了矛盾和对抗的全透明社会，违背了实在不可通约的原则，裂口一旦弥合，社会发展的动力也就消失了。最终，齐泽克选择了改良主义的道路和投降主义的政治路线，正如他所说：“不存在解决方案，也不能回避它；需要做的事情不是去‘克服’、‘消灭’它，而是向它表示让步，学着认识它各种可怕的维度，然后在这个基本认识的基础上，试着与其达成暂时的妥协。”①

四　简评

从卢卡奇到阿尔都塞再到齐泽克，意识形态概念已经完全脱离了马克思的原初语境，对这一发展进程的考察和评价，绝不能采取厚此薄彼的方式，而应将其置于现实社会历史的情境中进行分析。在马克思那个自由竞争资本主义时代，阶级矛盾异常尖锐，资产阶级为了完成资本的原始积累，必然会加重对工人阶级的剥削和压迫，同时为了安抚工人阶级，思想领域的意识形态欺骗是必不可少的。卢卡奇写作《历史与阶级意识》的那个时代，资产阶级的统治已大大加强，尤其是物化已经渗入工人阶级的内心深处，这时革命的主要任务就是唤醒无产阶级革命阶级意识的问题。由此出发，卢卡奇更多地看到了意识形态对于阶级利益的保护功能，既然资产阶级可以利用意识形态维护统治，那么无产阶级也可以利用本阶级的意

---

① ［斯］斯拉沃热·齐泽克：《意识形态的崇高客体》，中央编译出版社2002年版，第7页。

识形态反对资产阶级的统治，于是，揭示意识形态的正面内涵就成为他的意识形态理论的题中应有之义。阿尔都塞《意识形态与意识形态国家机器》的发表时间是1969年，这时资本主义社会的意识形态控制已经渗透到日常生活的方方面面，意识形态功能的发挥机制也变得更加隐蔽，正因如此，他的意识形态国家机器理论可谓恰逢其时。齐泽克的意识形态理论形成于20世纪80年代末，这时后现代主义已基本成型，一种沉重的断裂感似乎宣告消费社会已经来临，符号拜物教的出场更令人们相信，真实和虚假之间的界限已经内爆，幻象成为统治的预言已经一语成谶。因此，带着浓厚拉康情节的齐泽克一定会说，意识形态的幻象就是现实。可见，意识形态理论的嬗变始终根植于人类社会历史的现实，就这一点而言，马克思的唯物史观为我们判定和分析意识形态提供了有力的工具，至今仍是"不可超越的意义视界"。

就总体的逻辑进程看，从卢卡奇到齐泽克，西方马克思主义的意识形态理论明显存在一个后马克思主义的转向。在这一转变过程中，意识形态由一个负性概念转变为一个具有积极意义的正面概念，由一种观念转变为现实本身，由一个受经济基础决定的上层建筑转变为一个支配（构建）整个人类社会历史进程的"绝对精神"。必须指出，我们对后马克思主义的理解不能过于狭隘，尽管在一些关键方面，它的确游离出了马克思主义，但我们不能简单将之归为反马克思主义，正如拉克劳和墨菲声称的那样，"后马克思主义意味着仍然是马克思主义的探索，但是它加入了所有社会构造特性中的多样化方面"①。我们认为，后马克思主义最大的意义就在于，它时刻告诫我们要根据变化了的社会现实更新和发展马克思主义，在这个意义上，齐泽克的意识形态理论虽然离马克思主义最远，却又离现实最近。总之，无论是卢卡奇对意识形态社会历史意蕴的阐发，还是阿尔都塞对意识形态国家机器的强调，抑或是齐泽克对意识形态生存论内涵的诉求，都在某种程度上发展了马克思主义的意识形态理论，对于这些我们不能视而不见，而是应该洞察其实质，为我所用。

（原载《江苏社会科学》2011年第6期）

---

① ［英］恩斯特·拉克劳、查特尔·墨菲：《领导权与社会主义的策略》，黑龙江人民出版社2003年版，中译者前言第5页。

理论的困境与复兴

——试论马克思主义文论的危机与出路*

张良丛

毋庸置疑，马克思主义文论在中国的现状不容乐观，用危机这个词来形容马克思主义文论并不是很过分的词汇。当然很多人不敢正视，也不愿意承认这个事实，但是这是不以人的意志为转移的现实。其实，从20世纪80年代以来，我们的理论界就开始忧虑和讨论这个问题。也就是想给马克思主义文论寻找适应现实的当代形态。发表了大量的文章，开了许多次会议，也在我们使用的教材中体现出来。但是我们必须注意到，我们当前面临的马克思主义文论与20世纪80年代末的危机虽有相似性和连续性，但是所处的文化语境不同。20世纪80年代末马克思主义文论面临的基本语境是西方思潮的大量涌入和“文化大革命”之后的反思，而现在的危机除了这些历史的因素之外，后现代主义文化思潮、全球化时代、大众文化和消费文化的大语境也是不容忽视的。因此，思考马克思主义文论的当代存在的危机，必须有纵向的历史的眼光和横向的当代文化境遇相结合的方法，才能正确全面地认识问题。

一　马克思主义文论的危机

马克思主义思潮从它诞生那天起，它就是一个世界性的思潮，在西方和东方都获得了充分的发展和变迁。放眼世界，我们看到马克思主义本身

* 本文系教育部人文社科重点研究基地2009年重大项目“马克思主义与中国20世纪文学理论的发展研究”的阶段性研究成果，项目编号：2009JJD750009。

在世界的范围中，都经历了发展的起起伏伏的过程，其发展道路并不是一帆风顺的，而是发展变化的。

在西方，马克思主义本身也经历了一个发展的历程，从第一国际、第二国际，欧洲大革命，乃至二战之后西方的共产主义思潮，马克思主义获得了不同的发展。但是在20世纪60年代以“五月风暴”为代表的革命思潮的失败，以及苏联斯大林主义的倒台和其对其他东欧国家的粗暴干涉，一大批左派人物都出现了集体右转，这些都使得马克思主义在西方陷入了低潮，出现了信任的危机。但是在20世纪发展过程中形成了与之相关的“西方马克思主义”、“新马克思主义”、“后马克思主义”等思潮。马克思主义文论本身作为马克思主义理论体系中的一员，虽然在西方仍然是重要的研究领域，但是也随着马克思主义本身的命运在浮沉。20世纪60、70年代之后，随着后现代思潮的勃发，尤其是到了20世纪80年代末，东欧剧变，苏联解体。20世纪90年代，“反理论”、“理论终结”、“理论之后”、“后理论”的提法的出现，文化研究的出现，马克思主义文论作为一个宏大叙事本身的存在价值受到了普遍的质疑，和结构主义等思潮一样开始坐冷板凳。对此，英国马克思主义文论家伊格尔顿说道：“结构主义、马克思主义和后结构主义及其他相似的，已经不再是个性感的话题。”① 后现代语境的到来，文化研究的展开，人们的目光投向了现实的日常生活的文化现象，理论必然遭到了漠视，这个问题在马克思主义文论那里也不可避免显现。但是我们必须清楚马克思主义理论并没有消失，而是随着理论体系的淡化而融入其他的理论话语中了。“马克思主义的危机在20世纪60年代末和70年代初的政治激进主义核心思想里已经出现了，不仅如此，在很大程度上，它也是一些引起争论的新思想的背后的驱动力。”② 所以我们看到，马克思主义本身在西方也经历了浮浮沉沉的过程。经历和存在危机，但是也存在一个理论发展的必然过程。

在中国，马克思主义是适应救亡图存的世纪主题而进入的。在经历了相当长时间的发展后，随着新中国的成立成为指导性的思想。马克思主义文论与之相关，成为文学活动的指南。我们看到在1956年社会主义制度基本建立以后，中国继续坚持“以阶级斗争为纲”，“左”的文艺思潮成

① Terry Eagleton, *After Theory*, New York: Basic, 2003, p. 2.

② Ibid., p. 38.

为主流。尤其是“文化大革命”这种思潮更是走向了高潮。马克思主义文论完全成了政治斗争的工具。（当然这个时期的马克思主义文论到底是不是马克思主义性质的，这是个值得考虑的问题。）这个时期，马克思主义成了旗帜，成了处理问题的标准。而忽视了文学艺术本身的独立性，把文学艺术当作了阶级斗争的场所。这个状况，随着“文化大革命”的结束，慢慢地消解了。但是，我们也必须注意到，以这种方式对待马克思主义，也必然会给马克思主义的信仰带来新的问题，我们在这里暂且不论。随着“文化大革命”的结束，尤其是苏联解体和东欧剧变，中国的马克思主义受到了历史的挑战，出现了前所未有的危机。马克思主义文论也必然在学术界遭到了前所未有的冷场。虽然，我们看到马克思主义文论在教学中仍然被放到了指导思想的位置，但是其本身对文学艺术的现实缺乏解释力和受众对其无可奈何的冷漠，也是很明显的，令人记忆犹新的。我们看看从20世纪60年代到20世纪80年代的教材，通用的文论教材，以群的《文学基本原理》，蔡仪的《文学概论》，还有十四院校编写的《文论基础》，更多的是对马克思主义理论的一种机械的套用，这些教材所宣扬的理论成了文学的理论指导，对革命文艺或许还有一定适应性，但是面对改革开放之后出现的新的状况，必然力不从心，无法解释新的文学现实。改革开放后，西方文学思想的大量译介，也使得马克思主义文论独霸的局面结束了。在新的文学现实和西方思想的冲击下，中国的马克思主义文论出现了前所未有的危机。理论界出现了对马克思主义文论重新思考的思潮，追求建立马克思主义文论的当代形态，也恰恰是对这种现实的一种反应。这种努力也是马克思主义文论界对新的现实的一种积极的回应。我国的文论界，提出了中国马克思主义文论的许多新的理论成果，如实践美学、审美意识形态、艺术生产论等，都体现了这个时期中国马克思主义文论家的努力。但是20世纪90年代末，随着后现代主义的传入，大众文化的兴盛，消费主义意识形态成为统治性的思想形式。和西方一样，宏大的理论体系和理论建构在中国也陷入危机状态，文化研究成为显学。马克思主义文论在这个潮流中，也再次陷入了危机状态。对马克思主义文论的重新思考和建构，又成为摆在中国马克思主义文论工作者案头的一个迫切的任务。

对马克思主义文论的危机，我们不必回避。这个问题的存在是理论和实践关系发展中的必然问题。我们现在要做的不一定是要重新建立马克思主义文论，而是要看一看这些理论危机是如何出现的，然后，才能对马克思主义文论的重新回归、复兴提出更好的建议。

二　如何理解马克思主义理论

马克思主义的危机，很多时候都来源于对马克思主义的误解。如何看待马克思主义就成为解开这些危机的一个重要的理论基础。首先，马克思主义理论是一个广泛的理论思潮，对马克思主义的理解不能过于狭隘化。詹明信（詹姆逊）说："我们不应忘记如今马克思主义并不是只此一家，别无分店，事实上有形形色色的马克思主义理论话语。"① 在当代语境下审视马克思主义，这个问题尤其重要，我们不能把它局限在某些国家、某些地区，而应该把它放到全球化的视野中加以认识，充分利用各种马克思主义理论资源。

关于马克思主义的理论格局现在有多种分法。有的学者从整体上把马克思主义理论分为"经典时期的马克思主义"和"后经典时期的马克思主义"；还有的划分为"原典形态、承传形态、阐释形态和创新形态"。关于马克思之后理论划分，有"从20世纪马克思主义文艺学的全球性格局来看，最有影响的应是三种：一种是苏联模式的马克思主义文艺学，另一种是西方马克思主义文艺学，第三种是中国的马克思主义文艺学，特别是中国新时期的马克思主义文艺学"。② 有人从世界格局的划分来区分三种形态"苏联东欧的马克思主义文艺学、西方马克思主义文艺学和第三世界马克思主义文艺学"。还有的学者从东西方的角度将之分为东方马克思主义美学和西方马克思主义美学。上面这些对马克思主义文论的划分主要是按照地域来划分的。伊格尔顿提出了一种新的划分的方法，"马克思主义批评可以宽泛地区分为四种类型，其中的每一种都对应于马克思主义理论内部的某一'领域'，也对应于（大致地说）某一特定的历史时期。它们是人类学的、政治的、意识形态的和经济的——方式"。③ 这是一种从研究方法的角度进行的分类。虽然不同的分类方法涉及了不同的理论资源。我们看到各种马克思主义理论都有一个重要的前提，或者是理论原点。马克思恩

---

① 詹明信：《晚期资本主义的文化逻辑》，生活·读书·新知三联书店2003年版，第19页。

② 冯宪光：《对马克思主义文艺学的回顾与展望》，《河北学刊》2000年第3期。

③ Terry Eagleton, *Marxist Literary Theory: A Reader*, Cambridge: Blackwell, 1996, p. 7.

格斯写作的原典是一切马克思主义理论的源头。“马克思主义是从马克思发源的”，“马克思主义的各个流派都从马克思那里获取了灵感，因为马克思确确实实激发起了不同倾向的马克思流派。任何思维敏捷的激进的学者和活动家都可以轻而易举地在马克思本人的著作中为先验论、经验论、实验论、反思的批判以及革命的积极行动主义找到有关根据——使当代新马克思主义的每一重要意义合理化”。[①] 这就是我们当前提出的要以全球化的眼光来审视马克思主义的理论根据。不管什么类型的马克思主义理论都是发源于马克思主义的原典，所以我们当前要重新审视马克思主义理论的危机，就可以广泛地吸收这些理论资源，不要被所谓的正统不正统的狭隘观念所束缚。在中国问题的基础上，加以吸收和转换。

另外，对于国外的“马克思学”，我们也要予以充分的注意。所谓的“马克思学”是一批研究马克思主义，但通常不信仰马克思主义或并不以马克思主义自居的学者进行的一种学术研究。当然这里面有些是较为客观的学术研究，有些则是为了证明马克思主义的谬误或过时，而歪曲篡改了马克思主义。对于他们的研究成果，我们也不可忽视。要充分地利用这些资源，从正反两个方面来分析这种思想资源。

其次，对于马克思主义原典的理解，也必须进行一定的清理。马克思、恩格斯的著作本身非常庞杂，人们对于马克思主义经典著作的认识也不太一样。尤其是马克思主义本身的经典经历了一个发展历程。阿尔都塞在《保卫马克思》中，把马克思思想发展的历程分为四个时期，即青年时期（1840—1844 年）、断裂时期（1845 年）、成长时期（1845—1857 年）和成熟时期（1857—1883 年）。虽然这个分法有可商榷性，但是对于我们正确认识马克思经典著作有着重要的意义。对于马克思本身的思想的认识，我们必须清楚他的自身存在不同时期的思想，所以要从总体上衡量马克思的思想，不可囿于一点而去攻击其他。另外，马克思主义文论和美学，在马克思那里并没有系统的著作，只有一些片言只语的论述。因此马克思主义文论的建立不可局限于这些片段性的论述，要从马克思主义的整体体系来把握。马克思主义文论以辩证唯物主义和历史唯物主义为哲学基础，以实践作为理论的内在逻辑，以唯物辩证法为方法论。在这些总体性原则的基础上，来对日常生活的、具体的、活生生的文学艺术现实做出理

---

① 罗伯特·戈尔曼：《“新马克思主义”传记辞典》，重庆出版社 1990 年版，第 32—33 页。

论分析和提升，从而形成自己的理论形态。

最后，要反对神化马克思主义理论，不能教条地理解马克思理论，把马克思主义理论当作包治百病的良药。这是历史留给后人的经验教训。神化马克思理论的后果是违背了马克思主义，歪曲了马克思主义。在很长时期，受斯大林主义的影响，我们国家强调马克思主义的革命性，强调对马克思主义的信仰，以至于神化马克思主义，忽视了马克思主义自身的科学性和现实性，导致了教条化的理解。这个教训是极其深刻的。身处当代的文化语境中，我们必须清醒地认识到，对马克思主义的信仰不是宗教信仰，不是非理性的、盲目的，应该加以理性审视和随着现实来发展。在这里西方马克思主义理论给我们提供了先在的经验。作为马克思主义的信仰者，他们并没有盲目地、教条式地理解马克思理论，而是批判地加以接受和解释。卢卡奇曾说过，正统马克思主义并不意味着无批判地接受马克思的研究成果；不管正确与否，他即使反对恩格斯，也是为了维护正统马克思主义的立场。马克思理论作为对现实的批判性的理论，是随着历史的发展而发展的，且不可放弃其批判眼光和独立思考的能力。

此外，马克思主义理论不是固定不变的教条，而是随着时代问题的发展而不断地变化的，这也是马克思主义本身的内在精神。对马克思主义理论的发展也是建立在马克思本人所确定的这个基本的原则上的。马克思主义文论的中国化也是以此为基础的。

正确理解马克思主义理论是我们重新思考的前提，有了正确的认识，我们才能针对当前的理论困境提出有益的见解，才能有益于走出理论的困境。作为马克思理论的总体的一部分的马克思主义文论，也只有在这样的情况下才能重新解读自己，走出自己的理论困境。

三 走出理论的困境与复兴

马克思主义理论出现了危机，是否意味着马克思主义理论可以退出历史舞台了呢？这个问题在西方很多学者也做出了肯定的答案，把马克思主义理论的危机当作马克思主义过时和失效的根据，要求马克思主义退出历史舞台。这种论调明显缺乏对马克思主义的深刻理解。我们知道，马克思主义理论并没有把自己当作放之四海而皆准的指南针，而是主张发展的观点。经典马克思主义留给我们的是只是分析问题的方法和思路，并没有具体的答案。翻开历史画卷，我们发现不管是东方马克思主义还是西方马克思主义从来没有固定不变，都是随着现实的变迁而不断地发展自己。并且超越了马克思主义自身，成为其他理论的重要驱动力。对此王杰先生指出“马克思主义美学的方法和原则在当代美学思潮中的影响是引人注目的，成为后现代主义美学发展的重要动因”①。马克思在世界各地的传播都是结合本地的思想文化资源，形成了不同特色的马克思主义理论形态。马克思主义的问题是发展的核心，而不是坚持马克思的某些论断和某些马克思主义文论家总结的教条。所以，马克思主义文论不会消亡，会随着现实的变化而发展出适应新现实的理论形态。

目前，我们面临新的文化语境是消费主义主导的大众文化，面临的国际形势是全球化的推进，面临的理论态势是宏大理论的退潮、后理论的兴起，面临的学术思潮是文化研究的勃发。其实在这个环境下，马克思主义理论不是落后了，而是大展宏图的大好时机。困境的发现也是理论发展的动力。对于马克思主义理论的理解，我们要充分发挥其内在的精神，来应对当代新的文化和政治态势。除了坚持历史唯物主义和辩证唯物主义及实践的品格外，笔者认为马克思主义的内在灵魂在于其批判性、问题性和希望性。批判性是其生命力所在，独特的问题性是其理论的核心，希望性是其未来的导向。与之对应，马克思主义文论也具有这些品格。马克思主义文论要批判文学艺术中的丑陋的、惯常的现象，并给予理论的回答，并指引未来的希望。当然这些批判是围绕着马克思主义所关心的问题的。

对于马克思主义文论的问题性有必要强调一下。马克思主义理论能成为一个流派，判断的标准就是它们是否有一些共同的问题，而不是马克思主义理论家的具体答案。由于马克思、恩格斯本身并没有留下系统的著述，他们只是对文学艺术问题有着浓厚的兴趣，做了一些零星的议论。马克思、恩格斯之后，马克思主义文论到底有没有体系，对这个问题国内仍有不同意见。对此，我们不加以评论，也不是我们谈论的范围。但是我们必须承认马克主义文论要成立，必须回归经典马克思那里去，当然回归马克思并不是回归马克思的具体论述，而是回到马克思所关注的问题上，以及他们所确立的研究问题的方法和基本原则。对此，詹明信（詹姆逊）有着同样的看法，他指出“我说的不是马克思主义本身，而是马克思主义所

① 王杰：《马克思主义与现代美学问题》，人民文学出版社 2000 年版，第 227 页。

致力探讨和解决的问题”。[①] 这些所探讨和解决的问题就是众多马克思主义理论家的共同特质，也是判断一个理论家是否坚持马克思主义立场的根据。其中文学与社会的问题是一个核心问题，“马克思主义文论以文学和社会的关系作为基本的研究对象，包括文本与现实相互转换的理论研究”[②]。中国马克思主义文论的发展和复兴，需要走自己的路子。这就是形成马克思文论的中国形态。这个问题的建立需要处理好三方面的关系：中国传统资源的整合问题，西方资源和东方资源的整合，还有的就是当下的文学、文化现实的应对问题。两个资源的整合必然是回归文学艺术的现实。做好这个工作，我们的马克思主义文论就会重新以崭新的姿态站立起来，形成中国化的理论形态。

现实社会语境的变化恰恰是马克思主义文论发挥作用的良好时期。后现代文化思潮，消费主义文化、大众文化，乃至后殖民文化等问题的批判性分析，会形成新的马克思主义理论的高潮。而且我们看到文化研究的一个重要的理论资源就是马克思主义理论。所以，后现代主义之后是什么时期，利奥塔的回答是又将迎来一个伟大的现实主义的回归。笔者相信马克思主义理论恰是这个回归的核心力量。针对当代的现实问题，积极地批判分析，充分发挥自身的作用，这也是马克思主义理论复兴的开端。

（原载《文艺评论》2011 年第 1 期）

① 詹明信：《晚期资本主义的文化逻辑》，生活·读书·新知三联书店 2003 年版，第 2 页。
② 王杰：《马克思主义与现代美学问题》，人民文学出版社 2000 年版，第 228 页。

作为审美交往活动的“复调”和“对话主义”

曾　军

与其他许多被称为“马克思主义文艺理论家”的学者不同的是，围绕巴赫金及其理论与马克思主义关系的问题仍是困扰学界的难题，以至于成为一桩学术公案。本文拟从审美交往理论的角度，来透视巴赫金思想与马克思主义之间的理论关联。我们从理论自身的逻辑发展中仍可以清理出一条非常清晰的线索，以展现巴赫金以“复调”、“对话”为特征的具有马克思主义倾向的审美交往理论来。尽管巴赫金的思想往往被简化为“复调”、“对话”和“狂欢”，但如果要真正把握其思想的源头，还必须回到其早期的哲学美学思想之中。巴赫金正是在自己独创的行为哲学的理论基础上，以审美活动为对象，引入马克思主义交往思想，从而形成了具有马克思主义思想倾向的审美交往理论的，而“复调”和“对话”也只有在审美交往的范畴内才能获得更为准确的理解。

一　“我与他人”：作为交往行为的审美活动

首先，巴赫金的行为哲学是其审美交往理论的基础。他将“行为哲学”视为“第一哲学”。这一哲学的核心是“存在即事件”，“这个存在即事件，诚如负责行为所了解的，并不是行为创造出来的世界，而是行为在其中以负责精神理解自己、实现自身的那个世界”，[①] 它不仅仅是一个实有的世界，更是一个精神的、价值的世界，巴赫金的行为哲学即是以这一

---

① ［俄］巴赫金：《论行为哲学》，《巴赫金全集·哲学美学》，河北教育出版社 1998 年版，第 33 页。

“负责任的行为世界”作为研究对象的。

要理解巴赫金的“行为哲学”，必须要理解何为“行为”。在巴赫金看来，哲学研究所思考的“存在”就其现实性而言，就是人的行为世界、事件世界，即他创立的术语“存在即事件”，而“行为”则是对事件的参与。不过，在现实生活中，无论是推论性理论思维，还是历史描述，还是审美直觉，这些行为活动的内容含义与其历史的实际存在之间是彼此分离的，尽管行为是存在即事件的真正活生生的参与者，“但这种参与性并不反映到这一存在的内容含义方面”，因此，内容含义与实际存在之间的分离“便出现了彼此对立、相互绝对隔绝和不可逾越的两个世界：文化的世界和生活的世界”。巴赫金的这一思想最早发端于其短文《艺术与责任》一文中，巴赫金探讨了艺术与生活之间相互隔绝的问题，提出两者只能在个人身上获得统一，只能统一于个人的责任之中；艺术与生活既应该相互承担责任，也要相互承担过失。在《论行为哲学》中，这种将行为统一于个人的责任的思想得到了更为充分的展开。巴赫金将这种责任区分为两种：一种是对自己的内容应负的责任，他称之为“专门的责任”；一种是对自己的存在应负的责任，他称之为“道义的责任”。专门的责任应当是统一而又唯一的道义责任的一个组成因素。只有通过这一途径，才能克服文化与生活之间互不融合、互不渗透的关系。因此，在巴赫金看来，行为的目标，即在于弥合文化与生活之间的鸿沟，克服文化世界与生活世界之间的分裂。

那么，这种行为如何才能统一于个人的责任之中呢？巴赫金指出，从自我出发的生活和行为，并不意味着为自我生活、为自我实现行为，“我”在对存在即事件的参与性中居于中心地位，也不意味着就等于个人中心、自我中心。事实上，这种“我”或“个人”始终是处于与“他人”的关系之中。巴赫金将“我与他人”之间的关系分为三种：“我眼中之我”、“我眼中之他人”和“他人眼中之我”。其一是“我眼中之我”，即我对自我的确认。巴赫金对这一关系赋予了极高的地位：“我眼中之我是行为发源的中心，是肯定和确认一切价值的能动性的发源中心，因为这是我能负责地参与唯一存在的那个唯一出发点，是作战司令部，是在存在的事件中指挥我的可能性与我的应分性的最高统帅部。只有从我所处的唯一位置出发，我才能成为能动的，也应当成为能动的。”其二是“我眼中之他人”，即我对他人的认识及与他人关系的确认，任何他人都是建立在与“我”的关系之上的，都是以“我眼中之他人”进入到我的意识之中的，因此，无论是生活世界还是文化世界，对他人的理解都首先建立在对“我”的位置及其与他人关系的确立基础之上。其三是“他人眼中之我”，即他人对我的认识及与我关系的确认。这即是强调了“我与他人”关系中，他人的能动性，即他人永远不是被动的、接受“我”的认识和确认的，而是主动、积极地参与到与“我”的认识和关系的确认之中的。而审美行为正是介于文化世界与生活世界之间的一种行为活动：一方面，它创造了想象与虚构的精神世界，即文化；另一方面，它又是由现实生活中的具体的个人在特定的时间、空间、境遇中采取的行为方式，即生活。艺术活动中的创造与欣赏同样也是游走在对现实生活的再现与超越之间，因而成为行为哲学最为重要的研究领域之一。

巴赫金在其《论行为哲学》中曾有过一个宏大的理论抱负：他将自己行为哲学研究领域确立为三个：艺术创作伦理学、政治伦理学和宗教伦理学。可惜的是，由于命运多舛，巴赫金最终只是在审美活动、小说理论等方面施展了自己的才华，不过，巴赫金聚焦于以“作为行为的审美活动”的艺术创作伦理学，也从另一方面显示了审美之于解决文化与生活分裂的问题的重要地位。

其次，基于“我与他人”的审美关系，巴赫金创造性地引入马克思主义的交往理论，弥合了艺术世界与现实世界之间的鸿沟，确立了马克思主义社会学诗学的审美交往基本原则。

据考证，马克思在1846年12月28日写给巴·瓦·安年柯夫的一封信中第一次正式对“交往”进行了界定：“为了不致丧失已经取得的成果，为了不致失掉文明的果实，人们在他们的交往（commerce）方式不再适合于既得的生产力时，就不得不改变他们继承下来的一切社会形式。——我在这里使用‘commerce’一词是就它的最广泛的意义而言，就像在德言语中使用‘verkehr’一词那样。例如：各种特权、行会和公会的制度、中世纪的全部规则，曾是唯一适合于既得的生产力和产生这些制度的先前存在的社会状况的社会关系。”[①] 从词源学角度来看，马克思所使用的“交往”一词分别对应于英语中的“communication”和德语中的“verkehr”，而德语“verhehr”在现代并不通用，与“communication”相对应的德文词是“kommunication”和“verstandingung”。马克思不仅认为“verkehr”的词义

① 《马克思恩格斯文集》第10卷，人民出版社2009年版，第43—44页。

与“commerce”一样，而且强调是“就它的最广泛的意义而言”的，该词除了有“交往”的意思外，还有类似信息、传播、交流、联络、贸易、交通等多个意思。在《德意志意识形态》中还有一条注释特别值得重视。在对马克思的“这种生产第一次是随着人口的增长而开始的。而生产本身又是以个人彼此之间的交往（Verkehr）为前提的。这种交往的形式又是由生产决定的”[①] 的译者注中，对“交往”作了明确的解释：“在‘德意志意识形态’中，Verkehr（交往）这个术语的含义很广。它包括单个人、社会团体以及国家之间的物质交往和精神交往。马克思和恩格斯在这部著作中指出：物质交往，首先是人们在生活过程中的交往，这是任何其他交往的基础。《德意志意识形态》中所用的‘交往形式’、‘交往方式’、‘交往关系’、‘生产关系和交往关系’这些术语，表达了马克思和恩格斯在这个时期所形成的生产关系概念。”[②] 虽然这一看法目前已被不少学者所纠正，认为“交往关系”并不与“生产关系”相等同，而是相并列的概念，[③] 但是由此也可以看出马克思经典著作中“交往”使用的复杂性。

从对马克思经典著作中“交往”一词的词源学和语用学考查，马克思对交往问题的思考主要有两个鲜明特点：其一，在马克思思想的不同时期，“交往”的含义有广义和狭义之别，并形成了普遍交往、现实交往、交往异化、物质交往、精神交往、世界交往等不同领域和层面的交往理论；其二，马克思更多的精力花在具体的、现实的、物质的交往方式、形态、活动的研究上。

巴赫金对当时无论是形式主义者还是马克思主义者都普遍认同的形式与内容二分观念——即认为对艺术诗学形式领域的研究与社会外部的现实条件毫无关系，反之，对艺术之外的社会环境的研究则不必考虑形式、技巧等文学的形式因素——提出了反对。认为真正的马克思主义意识形态理论并非如此，在艺术作品中，没有所谓外在于艺术形式、艺术话语、艺术风格之外的社会现实。艺术同样也是内在地具有社会性：艺术之外的社会环境在从外部作用艺术的同时，在艺术内部也找到了间接的内在回声。由此，巴赫金提出一个重要的结论：“‘审美的’领域，如同法律的和认识的

---

① 《马克思恩格斯文集》第1卷，人民出版社2009年版，第520页。

② 同上书，第808页。

③ 张亮：《〈德意志意识形态〉中的交往概念》，载韩立新主编《新版〈德意志意识形态〉研究》，中国人民大学出版社2008年版。

领域，只是社会的一个变体。艺术理论，很自然，只能是艺术社会学。在艺术社会学中，没有任何'内在的'任务。"[①] 由于马克思主义意识形态思想的引入，巴赫金在艺术与生活关系上发生了一次重大的理论"调整"。在《艺术与责任》中，巴赫金还将艺术与生活视为断裂的两个领域，各自都有自己的原则、责任、义务及其过失，也因此，巴赫金主张彼此相互承担责任和过失，才能实现填补艺术世界与生活世界的光辉。但是，在他们所认为的马克思主义社会学诗学看来，艺术世界只是生活世界（社会）的一个变体，从本质上讲是社会性的，即使是艺术形式、技巧、风格等，都无不与这种社会性发生的关联——即"间接的内在回声"。

经过这一理论调整，巴赫金创造性地发展了马克思主义关于现实交往、精神交往、物质交往、社会交往等的交往思想，确立了审美交往的基本原则。其一，审美活动的整体性原则。巴赫金不同意单纯从艺术作品内部（俄国形式主义）或者艺术作品外部（庸俗社会学）寻找艺术的整体性。他认为，艺术包容艺术作品、创作者和观赏者三种成分，"艺术是创作者和观赏者相互关系固定在作品中的一种特殊形式"[②]。因此，对艺术作品的分析必须置于审美主体之间的交往行为之中才能得到准确的解释。其二，艺术交往既建立在物质交往、现实交往、社会交往的基础上，又具有自己的特殊性。巴赫金认为，"这种'艺术交往'在与其他社会形式相关的共同的经济基础上生长，但是，像其他形式一样同时保持着自己的特殊性：这是一种独特的交往类型。它具有自己的为其专属的形式。理解实施和固定在艺术作品材料中的社会交往的这个特殊形式正是社会学诗学的任务"。[③] 按照马克思主义物质与意识关系的理论，交往行为也是物质交往决定精神交往，但精神交往又有其独特性，反过来也反作用于物质交往。因此，对于审美交往而言，一方面我们要充分重视其与物质交往、现实交往、社会交往之间的密切联系，但另一方面又不能简单地将之等同，而应该把注意力集中在其特殊性上。其三，审美交往以话语为材料。基于"存在即事件"的行为哲学观点，巴赫金认为艺术作品只有在创作者和观赏者相互作用的过程中，作为这个相互作用事件的本质因素才具

---

① ［俄］巴赫金：《生活话语与艺术话语——论社会学诗学问题》，《巴赫金全集·周边集》，河北教育出版社 1998 年版，第 79 页。

② 同上书，第 80 页。

③ 同上书，第 82 页。

有艺术性。凡是无法进入这一审美主体相互作用的因素，都无法获得其艺术意义。巴赫金进一步强调，这种特殊的审美交往形式有其特殊的表述形式，即材料即是话语。在此，巴赫金在《艺术与责任》、《论行为哲学》中所探讨的艺术世界与生活世界的断裂问题被重新表述为“艺术话语与生活话语”的关系问题，在话语层面上获得了统一性，也实现了通约性。

最后，巴赫金认为审美交往有其特殊的表述形式，即是话语。审美交往行为的“话语”有生活话语与艺术话语之分，巴赫金从话语的角度分析了审美交往的特点。

巴赫金的话语理论历来被人所称道，但是对于巴赫金的“话语”一词，在语用和翻译上却存在诸多问题。如《巴赫金全集》中的“высказывание”，除个别学者翻译为“言说”外，其余的都最初通译为“言谈”，而至全集出版时，通译成“表述”,[①] 不过语言学研究者则将之译为“话语”；再如在巴赫金文章中可被翻译成“话语”的就有“слово”、“текст”、“речь”、“высказывание”等,[②] 一词多译和多词一译的情况比较普遍。

所谓“艺术话语”就是艺术作品中的各种艺术表述，而“生活话语”则是“平常的生活言语”。生活话语与艺术话语最大的区别在于，生活话语与其所产生的非语言的生活情景保持着紧密的联系，因此对生活话语的理解不可能脱离生活来理解；而艺术话语则相对具有更大的自足性，它遵循自己制定的话语方式与表述逻辑，可以与外部现实拉开距离，甚至可以凭借话语创造一个完全虚构与想象的世界。但是，无论是艺术话语还是生活话语，都具有话语所共有的社会本质，这也使得艺术话语与生活话语具

---

① 钱中文曾对此专门做过解释：“原文 высказывание，可译作话语、表述，本书统译为‘表述’。理由是：一、此词从动词 высказываться 衍化而来，采用表述，保持了词源所有的表达、表示意思的原有意义。二、在本书中，常有在一个句子里 слово 与 высказывание 并用的情况，在翻译上对两者的意义不能不作区别，而这里的 слово 在超语言学意义上只能译作‘话语’。высказывание 显然，不能同时译作话语。三、与 высказывание 相对应，常有 самовысказывание 出现，后者显然只能译作‘自我表述’，而不能译为‘自我话语’。”钱中文：《理论是可以常青的——论巴赫金的意义》，《巴赫金全集》“序”，河北教育出版社 1998 年版，第 32 页。

② 关于“слво”、“текст”、“речь”、“высказывание”等几个词的翻译，凌建侯根据俄国学界 С. Г. Бочаров 等人的观点，结合巴赫金自己的注解，认为这几个词其实所指对象是同一个，因在不同语境中侧重点不一，所以采用不同的词来表示。参见凌建侯《试析巴赫金的对话主义及其核心概念“话语”（слово）》（《中国俄语教学》1999 年 1 期）和《话语的对话性——巴赫金研究概说》（《外语教学与研究》2000 年 3 期）。

有了相关性。

对生活话语的分析不能只关注话语本身，即话语的材料和内涵，而应该将之置于“非语言的语境”中进行考察。这个“非语言的语境由下列三个因素组成：（1）说话人共同的空间视野（可见的统一体——房间、窗户等）；（2）两者共同的这个知识和对情景的理解；（3）他们对这个情景共同的评价”[①]。巴赫金/沃洛希诺夫举了个很经典的例子：

两个人坐在房间里，沉默不语。一个说“是这样！”另一个则什么也没说。

如何分析“是这样！”所包含的意义？单纯从语言学角度是分析不出来的，必须与其非语言的语境联系起来。事实上，在生活话语中，由于非语言的语境存在，使得对话的双方并不需要用语言将所有信息全盘托出，而是采取一种“省略推理”的方式，以暗示的方式让对方知晓和理解。所省略的语境可宽可窄，所暗示的内容也有多有少，完全取决于当时的情景。一旦我们恢复了对这一生活话语的非语言的语境，我们便能够把握住这一话语的语调，也便能够理解这一话语的意义了。因此，巴赫金/沃洛希诺夫认为，“任何现实的已说出的话语（或者有意写就的词语）而不是在词典中沉睡的词汇，都是说者（作者）、听众（读者）和被议论者或事件（主角）这三者社会的相互作用的表现和产物”[②]。

那么，艺术话语是否完全与生活话语的非语言语境毫无关系呢？其实不然。艺术作品与未言说的生活语境也是紧密交织在一起的，巴赫金/沃洛希诺夫通过分析艺术作品中的“评价”现象指出，“艺术作品是未言说的社会评价和强大的电容器；艺术作品的每个话语都充满着这些评价。就是这些社会评价构成了有如其自身直接表现的艺术形式”[③]。艺术创作也绝非作者闭门造车式的“独白”，而是始终处于与主人公、潜在读者（听众）积极的对话性关系之中，“听众和主人公是创作事件经常的参与者，创作是听众和主人公之间分秒不停的交往事件”[④]。也就是说，任何艺术作品的分析，都不可能只满足于从语言学层面分析其内部构成，而应该纳入

---

① ［俄］巴赫金：《生活话语与艺术话语——论社会学诗学问题》，《巴赫金全集·周边集》，河北教育出版社 1998 年版，第 84—85 页。

② 同上书，第 92 页。

③ 同上书，第 94 页。

④ 同上书，第 95 页。

审美交往的维度，考察作者、主人公与读者之间的交往关系，分析其未言说的非语言语境，挖掘其未明说的暗示性内涵。

二 “作者与主人公”：巴赫金的复调小说理论

早年的巴赫金欲以“行为哲学”为核心，建构起包含艺术创作伦理学、政治伦理学和宗教伦理学在内的第一哲学体系，而其艺术创作伦理学的研究对象就是审美交往活动。在《审美活动中的作者与主人公》中，巴赫金探讨了作者与主人公的相互相关，并对“作者的危机”现象进行了初步分析，这成为其复调小说理论的先声。

首先，作者的危机动摇了审美活动中并非天然稳固的作者与主人公的关系。

不同于俄国形式主义割裂作者与作品文本之间的关系，只强调作品的形式、结构及其表现手法，巴赫金将人作为艺术整体中的价值中心所具有的建构功能作为自己以审美活动为中心的艺术创作伦理学的基础。而巴赫金所说的艺术活动中的审美主体，则主要包括三个方面：作者、主人公和读者。在这三者的关系中，巴赫金认为，作者与读者居于艺术作品的“外位”。他们共同围绕着作品中的主人公，构成由不同的审美价值层面所组成的艺术整体。值得注意的是，巴赫金在《审美活动中的作者与主人公》中处理作者（包括读者）与主人公的关系时，强调了作者对于主人公的外位性和能动性，认为作者和读者所处的地位，居于“艺术上的能动性的始源地位”，“它毫无例外地外在于艺术观照中内在建构范围里的全部因素；这样一来，才能以统一的、积极确认的能动性，来囊括整个建构，包括价值上的、时间上的、空间上的和含义上的建构”①。由于该书只是残稿，现有的标题只是编者补添上去的，因此，整个书稿是否均衡地讨论了作者、读者与主人公三者间的关系尚无从得知，仅从现有的书稿来看，论述的重心集中在了作者与主人公的关系上。而且，不同于此前大家对巴赫金复调小说理论的印象：在《审美活动中的作者与主人公》中，巴赫金特别强调了作者之于主人公的外位性、能动性、“超视超知”性，认为在整个审美

① ［俄］巴赫金：《审美活动中的作者与主人公》，《巴赫金全集·哲学美学》，河北教育出版社1998年版，第78页。

活动过程中，作者始终承担着建构艺术整体性的功能，他甚至将这种关系概括为一种具有普遍性的公式："作者极力处于主人公一切因素的外位：空间上的、时间上的、价值上的以及含义上的外位。"①

但是，这并不是说，在审美活动中作者对主人公拥有天然的毫无争议的绝对统治权威了，相反，这种"外位的立场要靠奋斗才能取得，而且斗争往往是你死我活的，特别是在主人公具有自传性质的时候"②。正是这一重要的判断，使得巴赫金开启了通向复调小说理论的大门。在《审美活动中的作者与主人公》一文中，巴赫金以自传性作品为例，分析了偏离作者对主人公的直接立场的三种典型情况：第一种是主人公控制着作者，即"主人公指物的情感意志取向，他在世上的认识伦理立场，对作者极具权威性，以至于作者不能不通过主人公的眼睛来看对象世界，不能不仅仅从主人公生活事件的内部来体验这个事件"③。在巴赫金看来，陀思妥耶夫斯基笔下几乎所有的主要人物都属于这种类型的主人公。第二种是作者控制着主人公，作者对主人公的立场部分地成为主人公对自己的立场。主人公开始自己评判自己，作者的反应进入主人公的心灵，或者表现在他的话语中。第三种是主人公本人就是自己的作者，他对自己的生活以审美方式加以思考，仿佛在扮演角色。

正因为作者对主人公的控制权并非天赋的，而是通过斗争得来的，如果作者失去了斗争的主动性，如果主人公巧妙地窃取了审美活动的实际控制权，那么，便会出现"作者的危机"。巴赫金详细分析了在审美活动中"作者的危机"所表现的三种情况：第一种是艺术史意义上的作者的危机。在巴赫金看来，"内容创作中的不自然状态及标新立异，大多已经标志着审美创作的危机"④。其主要的表现是：作者对艺术在整个文化中的地位有了重新的认识；艺术传统中的经典地位受到了作者的质疑；作者的艺术追求不再只是在艺术中超越他人，而是超越艺术本身；不接受现存艺术领域中的内在标准，等等。第二种是具体艺术创作活动中的作者的危机，即"外位立场本身发生动摇而显得无足轻重，作者外位于生活并完成生活的

① ［俄］巴赫金：《审美活动中的作者与主人公》，《巴赫金全集·哲学美学》，河北教育出版社1998年版，第110页。

② 同上书，第111页。

③ 同上书，第114页。

④ 同上书，第299页。

权利受到质疑”[①]。巴赫金将这种“一切稳固的外位形式都开始瓦解”的最佳代表又指向了陀思妥耶夫斯基的创作。第三种是作为第二种作者危机的进一步发展，“外位性立场可能开始向伦理立场转化，从而丧失自身的纯审美特征”，[②] 在众多艺术表现中，“外位性变成病态的伦理外位性”，即“被侮辱和被欺凌的人成为观照的主人公”便是最突出的表现。而这，再一次指向了陀思妥耶夫斯基的创作。

其次，多声部性成为复调小说的根本特征。在《陀思妥耶夫斯基诗学问题》中，巴赫金对何为复调小说下了一个重要的定义：“有着众多的各自独立而不相融合的声音和意识，由具有充分价值的不同声音组成真正的复调”，[③] 判断复调小说的标准首先是看小说中是否存在众多的各自独立而不相融合的声音和意识，即复调小说的观察角度是从审美主体的交往关系出发的，且主要是从小说中的主人公及其与作者的关系角度出发的。巴赫金指出，“陀思妥耶夫斯基对主人公的兴趣，在于他是对世界及对自己的一种看法，在于他是对自己和周围现实的一种思想与评价的立场。对陀思妥耶夫斯基来说，重要的不是主人公在世界上是什么，而首先是世界在主人公心目中是什么，他在自己心目中是什么”[④]。这就强调了在陀思妥耶夫斯基小说中，作者对主人公不再是天然的绝对权威，不再是上帝和最后审判者。

在巴赫金看来，陀思妥耶夫斯基小说中出现了几个鲜明的特点：第一，陀思妥耶夫斯基小说中主人公的构成因素不是现实本身的特点，如人物的外貌、身体、行动及其所生活的环境等，而是主人公的意识和自我意识。因此，这里的主人公形象首先不是外表形象，而是思想形象。如果主人公有外表无意识（意识和自我意识）便无法成为复调小说中的主人公；如果作者不将重点放在主人公意识及其自我意识的描写上，那也不会创作出复调小说来。第二，在作者与主人公关系问题上，主人公拥有了自我意识，也便拥有了相对于作者意识的独立性，作者对主人公的评价便无法外

---

① ［俄］巴赫金：《审美活动中的作者与主人公》，《巴赫金全集·哲学美学》，河北教育出版社1998年版，第299页。

② 同上书，第301页。

③ ［俄］巴赫金：《陀思妥耶夫斯基诗学问题》，《巴赫金全集·诗学与访谈》，河北教育出版社1998年版，第4页。

④ 同上书，第61页。

在于主人公的自我意识，而只能与主人公的意识保持平等、并行不悖的位置。于是，作者与主人公的关系，不再是简单的统治与被统治、控制与被控制的关系，而是一个平等对话、相互竞争的关系，由此，此前小说中外在的、相对稳定的作者立场、作者视野不复存在，取而代之的则是众声喧哗的由不同价值的声音所组成的复调。第三，复调小说中出现了一种全新的作者立场，这一立场确认主人公的独立性、内在的自由、未完成性和未论定性。纵观陀思妥耶夫斯基的小说，主人公的内心独白和高谈阔论往往是给读者印象最深的特点，前者就是内在对话，即自我与自我的对话或自我在脑海中与他人展开假想性对话；后者则是外在对话，即主人公与其他人物展开对话，其中通常是大篇幅的争论。但是，巴赫金并不满足于这类表象性的对话，他认为，在陀思妥耶夫斯基小说中，“主人公是对话的对象，而这种对话是极其严肃的，真正的对话，不是花里胡哨故意为之的对话，也不是文学中假定性的对话”。面对可能的质疑，巴赫金指出，复调小说中作者与主人公关系的对话性并非是指作为作者的陀思妥耶夫斯基完全放弃了对小说的控制权，事实上，陀思妥耶夫斯基的小说仍然是陀思妥耶夫斯基亲自创作的，他笔下的主人公也是其创作的；主人公也并非完全脱离作者陀思妥耶夫斯基而独立存在（事实上也不可能独立存在）。那么，这种主人公的独立性究竟具有何种特点呢？巴赫金坦言：“我们确认的主人公的自由，是在艺术构思范围内的自由。从这个意义上说，他的自由如同客体性主人公的不自由一样，也是被创造出来的。”但是，陀思妥耶夫斯基在小说创作中努力打破作者视野对主人公视野的控制，这才是复调小说的要义之所在。

最后，复调小说的全方位的对话性在艺术上的体现，可以分为大型对话、公开对话和微型对话三种类型。所谓“大型对话”，是指陀思妥耶夫斯基的整体小说都具有对话性的特点，这种对话性并非指所有的小说均由对话体构成，而是说作者在整个艺术创作活动中都处于一种很高的、极度紧张的对话积极性之中，不仅不以已完成的、稳固的态度对待他笔下的主人公，而且整个艺术都是作为一个非封闭的整体构筑起来的，因此，未完成性成为其艺术作品的重要特点。作为“大型对话”在复调小说中的艺术体现，巴赫金强调，陀思妥耶夫斯基特别擅长抓住主人公的心灵危机时刻，通过处于“边沿”、“门坎”的生活本身来透视和展开主人公的意识和自我意识，这使得陀思妥耶夫斯基的小说具有了类似惊险小说的情节布局的特点。而所谓“微型对话”则是指相对于具有可识别性的公开对话形式的“内在对话”。巴赫金指出，“到处都是公开对话的对语与主人公们内在对话的对语的交错、呼应或交锋。到处都是一定数量的观点、思想和语言，合起来由几个不相融合的声音说出，而在每个声音里听起来都有不同”[①]。因此，陀思妥耶夫斯基的小说绝对不是描写人物形象，而是展现主人公的思想意识；而且也不是展现被作者所完全认识和把握之后的稳固的意识，而是充满复杂的矛盾、冲突、处于无法结束的对话性状态中的意识和自我意识；由此，小说中的主题也不再是由作者预设的结论，而是一个由作者和主人公共同参与讨论的议题，陀思妥耶夫斯基小说的杰出性正表现在这个主题是如何通过不同的声音来展示的。因此，复调小说的主题从根本上说，就是多声部性的和不协调性的。

复调小说的这种全方位的对话性在其小说语言上的表现，便是突显了语言的“双声性”。巴赫金认为，陀思妥耶夫斯基的语言也具有复调小说的特点，作为“活生生的具体的言语整体”，“陀思妥耶夫斯基作品的惊人之处，首先就在于语言的大类和细类异常纷繁多样，而且每一类都表现得极为鲜明。明显占着优势的，是不同指向的双声语，尤其是形成内心对话关系的折射出来的他人语言，即暗辩体、带辩论色彩的自白体、隐蔽的对话体”。在陀思妥耶夫斯基的构思中，对话具有潜在的无限性，它使得复调小说中作者及其主人公之间的这种对话不可能成为严格意义上的情节性对话。因为情节性对话要努力达到终点，而“陀思妥耶夫斯基的对话永远是超情节的”，其基本公式很简单：“表现为‘我’与‘他人’对立的人与人的对立。”[②] 由此不难发现，巴赫金的复调小说理论再次回应了其早期思想中基于“我与他人”的哲学思考。

三　走向对话主义

当巴赫金从审美活动的角度，关注作为审美行为主体的作者与主人公的对话性关系，进而通过对陀思妥耶夫斯基小说的创造性解读发展出复调

---

① ［俄］巴赫金：《陀思妥耶夫斯基诗学问题》，《巴赫金全集·诗学与访谈》，河北教育出版社 1998 年版，第 359 页。

② 同上书，第 340—341 页。

小说理论之时，也就意味着一种全新的审美交往理论的形成。巴赫金将陀思妥耶夫斯基的小说称为"全面对话性"的小说，这种对话性不仅仅表现在作品语言层面的"双声语"，而且表现在情节布局的"危机时刻"及其在这一时刻作者和主人公的意识和自我意识。托多洛夫在《巴赫金、对话理论及其他》一书中做过一个精彩的判断："文学史使他对人类学进行思考；不论他的目标是什么，对话理论是他的主要内容。"① 也是托多洛夫在《批评的批评——论教育小说》中受到巴赫金的启发，提出了引起广泛共鸣的"对话批评"的主张。随着"对话思想"日益受到哲学社会科学各学科领域的普遍重视，巴赫金的对话思想也成为对话主义中的重要组成部分。

事实上，虽然巴赫金并没有亲自将自己的理论命名为"对话理论"或"对话主义"，巴赫金到了晚年，确实也开始从人文学科方法论的高度重新理解对话，走向了"对话主义"。其突出的表现在于，分散在巴赫金各个时期各类著作中的"我与他人"的关系、"审美活动中的作者与主人公"、"超语言学"、"复调小说"、"言语体裁"、"狂欢"等理论思想中的对话性因素开始上升为他对人文学科整体性的认识，将用"对话性"思想进行了重新的理解和阐释。

首先，要想更好地理解巴赫金的对话理论或对话主义思想，"超语言学"是绕不开的首要问题。正是针对形式主义在理论上将语言地位无限抬高和语言学研究方法的泛化现象，巴赫金提出了建立"超语言学"的主张。在他看来，"超语言学"即是对严格依照语言学理解的语言的超越，他以诗歌为例指出："诗歌所需要的，是整个的语言，是全面的，包括其全部因素的运用；对语言学含义上的词语所具有的任何细微色彩，诗歌都不是无动于衷的。"② 虽然语言对诗歌的意义只是一种技术因素，如同自然科学的自然作为材料（而非内容）对造型艺术一样，但是，诗歌因为自己利用材料的不同方式而使自己区别于日常或其他意义上的对语言的运用。是否是从全部语言、是否是对语言的所有复杂性都细心体察，正是诗歌语言与日常语言的区别所在，也是诗歌对语言学的超越。从这个意义上，巴

① ［法］托多洛夫：《巴赫金、对话理论及其他》，蒋子华等译，百花文艺出版社 2001 年版，第 191 页。

② ［俄］巴赫金：《语言艺术创作中的内容、材料和形式问题》，《巴赫金全集·哲学美学》，河北教育出版社 1998 年版，第 346 页。

赫金对诗歌之于语言的促进作用亦进行了高度的评价。他认为，由于诗歌（即宽泛意义上的文学创作）对语言整体的拥有和把握，在创作中将语言的所有方面都发挥得淋漓尽致，所以，语言的意义只有在诗歌中才能得到充分的体现。巴赫金将这种超越更为清楚地用另一术语表现出来："克服材料。"他认为，"艺术创作受材料的制约，但又是对材料的克服制胜"①。就文学创作而言，即是对作为语言学意义上的语言的克服和超越。

到了《马克思主义与语言哲学》中，巴赫金/沃洛希诺夫站在马克思主义社会学诗学的角度对语言问题进行了思考，更明确地提出"话语是作为一个独特的意识形态的符号"的观点，将超语言学对语言学的超越具体化了。值得注意的是，巴赫金/沃洛希诺夫提出的"意识形态的符号问题"并非仅仅指各种属于精神领域的意识形态具有符号属性，而是指只要"任何一个物体都可以作为某个东西的形象被接受"，那么，它都具有了某种"意识形态的符号"特性，他们分析作为生产工具的镰刀和斧头到了国徽中则拥有了纯意识形态的符号意义，日常生活中的消费品如面包和酒到了基督教圣餐仪式中也成了宗教象征符号，等等。正因为如此，"哪里有符号，哪里就有意识形态。符号的意义属于整个意识形态"，这种意识形态的符号特性进一步扩展到阶级关系和阶级斗争当中，则更为复杂：虽然各个阶级使用的是同一种语言，但是"在每一种意识形态符号中都交织着不同倾向的重音符号。符号是阶级斗争的舞台"。由此，"意识形态符号的这种社会的多重音性"成为巴赫金/沃洛希诺夫所创立的马克思主义语言哲学，即他们的"超语言学"的基础。正因为不同的言说主体的"重音"不同，才会产生思想意识的论争与分歧，才可能展开永无休止的对话。这种"多重音性"到了《陀思妥耶夫斯诗学问题》中也获得了另一种理论表述："多声部性。"

其次，如果说"超语言学"从语言学角度解决了对话主义的媒介属性，那么，备受巴赫金青睐的"外位性"则确立了对话主义的主体属性。巴赫金特别关注审美活动的主体因素，尤其强调审美主体的相对独立性，以及在思想、情感、意志、语调、价值上的自主性。此前所谈到的"我与他人"之间的相互关系、复调小说中作者与主人公的平等对话，均离不开

① ［俄］巴赫金：《语言艺术创作中的内容、材料和形式问题》，《巴赫金全集·哲学美学》，河北教育出版社 1998 年版，第 345—346 页。

彼此自主、互不融合的位置和立场，巴赫金将之命名为“外位性”。这一理论主要包括三方面的内容：第一，外位性是相对的概念，即必须要有一个确定的参照物，才可能出现相对于这一参照物的外位性；第二，外位性是一个价值的概念，物理上并不具有外位性。如拥有同一立场的群众汇聚在广场振臂高呼，他们的思想意识、情感价值都具有共同性，尽管彼此都是独立的个体，但相互却构不成外位性关系；第三，外位性也不是固定不变的，随着交往主体思想观念、情感价值的变化，彼此之间的关系也在发生变化：或者形成共识（外位性彻底消失），或者部分兼容（仍保留部分的外位性），或者矛盾激化（外位性强化）。

早年的巴赫金对外位性的强调主要集中在了主体身上，但是到了晚年，巴赫金将这种外位性上升到文化主体间交往的高度，认为“在文化领域，外位性是理解的最强大的推动力”[①]。不同于科学研究所主张的客观主义立场，巴赫金强调在文化的理解上必须重视理解者主体自身的外位性位置。他对那种认为要更好地理解别人的文化，应该融入其中忘却自我，即用别人文化的眼光来看世界的想法是片面的。相反，只有深刻地意识到自我的位置、自己文化的特点以及提出自己所关心的问题，才能“创造性地理解任何他人和任何他人的东西。即使两种文化出现了这种对话的交锋，它们也不是相互融合，不会彼此混淆；每一种文化仍保持着自己的统一性和开放的完整性。然而它们却相互得到了丰富和充实”[②]。这种文化观，可以说与中国传统文化所倡导的“和而不同”的文化交往精神不谋而合。也正因为如此，巴赫金的对话主义才超越了具体的作家作品研究、超越了具体的文艺学学科领域，而成为在全球化扩张的时代，处理民族、国家、文化沟通交往的基本原则。

最后，与“外位性”这种空间性原则相响应的，是巴赫金提出了“长远时间”的问题，并以此作为对话主义在审美主体性问题上的时间性原则。在《在长远时间里》一文中，巴赫金指出：

我在自己的著作里，引进了长远时间这个概念。在长远时间里，

---

① ［俄］巴赫金：《答〈新世界〉编辑部问》，《巴赫金全集·文本对话与人文》，河北教育出版社 1998 年版，第 370 页。

② 同上书，第 371 页。

> 平等地存在着荷马与埃斯库罗斯，索福克勒斯和苏格拉底。其中也生活着陀思妥耶夫斯基。因为在长远时间里，任何东西都不会失去其踪迹，一切面向新生活而复苏。在新时代来临的时候，过去所发生过的一切，人类所感受过的一切，会进行总结，并以新的含义进行充实。[①]

“长远时间”的提出，是巴赫金文化整体观的重要体现。其理论要点有：（1）这里的“长远时间”（在另一些地方，巴赫金也称之为“大时代”）是相对于“短暂时间”，严格地说就是“现时代”而言的。巴赫金在回答《新世纪》编辑部的提问时明确指出，文学作品应该打破自己所处的时代界限，为了扩大的自己的意义，必须将自己置于长远时间里去，他甚至做出一个绝对的判断：“如果作品完全是在今天诞生的（即在它那一时代），没有继承过去也与过去没有重要的联系，那么它也就不能在未来中生活。一切只属于现在的东西，也必然随同现在一起消亡。”[②]（2）那么，如何才能与过去和未来这一“长远时间”建立起联系呢？巴赫金进一步提出“遥远语境”问题。不同于“长远时间/短暂时间”之间的二元对立式的思维，即为了寻求所谓“长远时间”的价值而忽略或放弃“短暂时间”内的位置，也就是那些所谓“自命清高”的艺术家，闭门造车一相情愿式地以为只要自己彻底地与“现时代”决绝了，便可以获得在文化史、艺术史中的“长远时间”中的意义和价值。巴赫金的观点完全不赞同这类想法，他认为，“短暂时间（现代、不久前的过去和可预见的未来，即希望实现的未来）与长远时间——无穷尽的和不会完成的对话。在这一对话中没有任何一个含义会消亡”[③]。立足当下，响应过去，想象未来，可能才是具有巴赫金对话主义精神的文化立场。（3）正因为拥有了长远时间的维度，任何作品、思想都拥有了复活的可能。巴赫金的对话思想是无始无终的，既没有绝对的开头，也没有绝对的终结，“从对话语境来说，既没有第一句话，也没有最后一句话，而且没有边界（语境绵延到无限的过去和无限的未来）”，

---

① ［俄］巴赫金：《在长远时间里》，《巴赫金全集·文本对话与人文》，河北教育出版社1998年版，第373页。

② ［俄］巴赫金：《答〈新世界〉编辑部问》，《巴赫金全集·文本对话与人文》，河北教育出版社1998年版，第366页。

③ ［俄］巴赫金：《在长远时间里》，《巴赫金全集·文本对话与人文》，河北教育出版社1998年版，第392页。

在对话的任何阶段，都可能产生无穷无尽的新的含义，也许有的含义在现时代得到了放大、凸显，也许有的含义受到了压抑、被迫沉默，但并未真正消失。因为“在对话进一步发展的特定时刻里，它们随着对话的发展会重新被人忆起，并以更新了的面貌（在新语境中）获得新生”。也正因为如此，巴赫金以极大的文化包容力和穿透力指出：“不存在任何绝对死去的东西：每一涵义都有自己复活的节日。长远时间的问题。”①

不难看出，当巴赫金自觉地将对话主义上升为文化间的交往原则、并引入空间上的“外位性”和时间上的“长远时间”维度之后，这一对话已经不再仅仅是针对现实的、个别的、具体的审美主体、文化主体之间的交往现象而言的了，而是与马克思所说的“普遍交往”、“世界交往”，相对于“交往异化”而言的人类理想的交往模式有了相互响应之处。

（原载《人文杂志》2011年第5期）

---

① ［俄］巴赫金：《在长远时间里》，《巴赫金全集·文本对话与人文》，河北教育出版社1998年版，第392页。

后　记

中国社会科学院外国文学研究所马克思文艺思想研究中心根据中国社会科学院马克思主义理论学科建设与理论研究工作领导小组的委托，编辑了这本《马克思主义文艺理论研究》。

2011年，中国的马克思主义文艺理论研究在论题的深度和广度上都继续有所推进。学者们在马克思主义原理的指引下，结合中国和国外文艺研究进程的现状与实际，从我国的文化建设和哲学社会科学学科建设的切实需要着眼，十分关注中外当代文艺现象和理论问题的新态势，深入考察，理性分析，有的放矢，用马克思主义的方法多维度、多向度、多层次地评析中国和外国马克思主义文论研究涉及的传统问题和当下问题，着力深化文艺经典的阐释理解，对文艺的生产理论问题、文化研究问题、生态问题、文论的中国化问题、文论范式转换等问题展开了多方面的研究与评析。

近年来，马克思主义文论的中国化问题，仍然是马克思主义文论界十分关注的重大课题。学者们就马克思主义文论的提问方式和演说方式做了进一步的探讨，力求以创新探索的精神努力构建马克思主义文论和文学批评的中国形态，为创造出中国特色、中国风格、中国气派的马克思主义文学理论和批评体系而尽心尽力。

回顾60年来的马克思主义文论的基本问题和话语转换方式也是学者们重要的关注点，及时总结新时期国内马克思主义文论研究的经验，是研究界的一个新的侧重点，研究者对学科这些方面的收获、经验和问题所做的历史和理论的考察，彰显了中国新世纪马克思主义文论研究的新成绩。

他山之石，可以攻玉。国外马克思主义文艺理论的研究，始终是相同学术领域学者们关注和借鉴的思想参考资源。马克思主义经典在近些年世界经济危机时期在德国和英国出版界和研究界重获重视，成为理论研究新热点，也吸引了研究者的学术视点。英国马克思主义文论家特里·伊格尔顿的《马克思为什么是对的》一经发表，很快就得到国内研究界的及时评析，在这些及时评论中显示了学者们以中国特色的社会主义理论的视点与立场对当代西方马克思主义研究新成果的历史和辩证的审视。

文选编选小组衷心感谢入选文章的各位作者对外文所马克思主义文艺思想研究中心文集编选工作的大力支持。

由于编选者的理论水平和学术视野的局限，我们的编选可能没有充分地展示 2011 年这个学术领域的全貌，恳请专家学者读后提出宝贵的批评意见。

在文选的编辑过程中，外文所的乔修峰副研究员和张娜助理研究员以及任晓同志做了许多工作，在此也向他们致谢。

文选执行主编　吴晓都

2012. 11